象棋大师射门秀

万安平 编著

黑 方

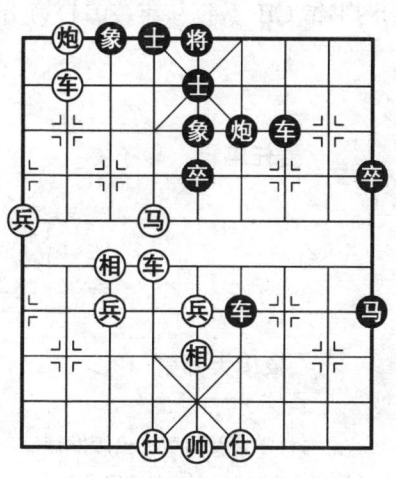

红 方

临门一脚　叹为观止

上海科学普及出版社

图书在版编目(CIP)数据

象棋大师射门秀/万安平编著.—上海：上海科学普及出版社,2012.3
 ISBN 978-7-5427-5020-4

Ⅰ.①象… Ⅱ.①万… Ⅲ.①中国象棋—对局(棋类运动) Ⅳ.G891.2

中国版本图书馆 CIP 数据核字(2011)第 158099 号

责任编辑　郭子安

象棋大师射门秀
万安平　编著
上海科学普及出版社出版发行
(上海中山北路 832 号　邮政编码 200070)
http://www.pspsh.com

各地新华书店经销　上海金顺包装印刷厂印刷
开本 850×1168　1/32　印张 10　字数 241 000
2012 年 3 月第 1 版　2012 年 3 月第 1 次印刷

ISBN 978-7-5427-5020-4　　定价：19.80 元
本书如有缺页、错装或坏损等严重质量问题
请向出版社联系调换

内 容 提 要

本书汇集了历届全国象棋个人赛等赛事中象棋大师的实战残局 300 余局，以射门为主线，着法精彩，耐人寻味。尤其是临门一脚扣人心弦，可全面提升读者的残局功力和入局技巧。编著者针对部分残局撰写必要的解读和注释，使读者能全面领略残局的精、气、神，开卷有益，掩局有味。

象棋实战残局对于全局具有收官的作用，是对弈双方进入短兵相接的冲刺阶段。而全国象棋大师的射门秀，更是炉火纯青、百读不厌，是广大象棋爱好者和专业棋手学习的楷模。

作者简介

万安平 生于1948年,上海市嘉定区人。1963年参与棋类活动,尤其酷爱残、排局。1969年赴黑龙江嫩江农场五分场务农。曾获1977年黑龙江省国际象棋比赛第六名。1995年,代表上海市普陀区图书馆与吴龙宝先生(代表上海市普陀区东新路街道办事处)共同策划东新杯"书海拾贝"全国征局大赛。2002年,出资主办扬子晚报"北斗拱天"解局大赛。任《象棋世界》杂志编委、《象棋世界》报编委和棋友排局研究会副主席。先后荣获全国象棋排局比赛第九名、第五名和第三名,并连续多年获全国象棋八大家荣誉称号;在国内外书报、刊物和网络上发表排局、棋诗、采访和棋话等数百篇。2005年,与朱鹤洲联袂编著《象棋11冠军中局风采》、《象棋11冠军残局飞刀》;2008年,编著《象棋13冠军残局飞镖》;2010年,编著《象棋特级大师入局秀》,上述著述均由上海科学普及出版社出版。

前　言

　　中国象棋源远流长，经久不衰，彰显出无穷的艺术魅力和强大的生命力。

　　全盘对局，通常分为开局、中局、残局三个阶段，残局对于全局来说具有冲刺的作用，是对弈双方进入短兵相接的决战阶段。如何运用现有的局势取势入局、弃子入局等是一门大学问，因为无论你局势多么好，子力多么强，没有临门一脚的功夫，还是无法取胜的。而全国象棋大师的射门秀，则功力过人，匠心独运，意境无穷，是广大象棋爱好者和专业棋手学习的典范。

　　编写本书的目的是展示象棋大师们精湛的棋艺以及非凡的风采。众所周知，对弈双方如果都走正着，结果就是和局；如果分出了胜负，那就是败局一方走出劣着、软着或超时等所致。进入残局阶段，如何集中兵力，有意识地抢占有利地形，抓住对方稍纵即逝的弱点，克敌制胜，这就是我们要向全国象棋大师学习的地方。本书对这些精彩的残局进行了剖析，在不少关键着法上，在评注中都列出变化，着重分析并解读了象棋大师如何展示临门一脚的功夫的。

　　笔者承蒙上海科学普及出版社的鼎力支持，提供施展身手的平台，给我以精神支柱。我边治病，边编书，调整心态，自得其乐。责任编辑郭子安先生反复提出作品贵在创新，要不落俗套，要有自己的声音，要闯出一条新路来。书稿完成后，象棋好手郭子才棋友作了校阅，象棋好手戴耀玉棋友作了指正，万力先生提供了部分象棋对局资料。本书在编著中得到排局王朱鹤洲和排局大师谈金仪的帮助，在此一并表示感谢。限于水平，不妥之处，敬请读者批评赐教。

为了感谢读者的支持,特设排局征答试题两则。

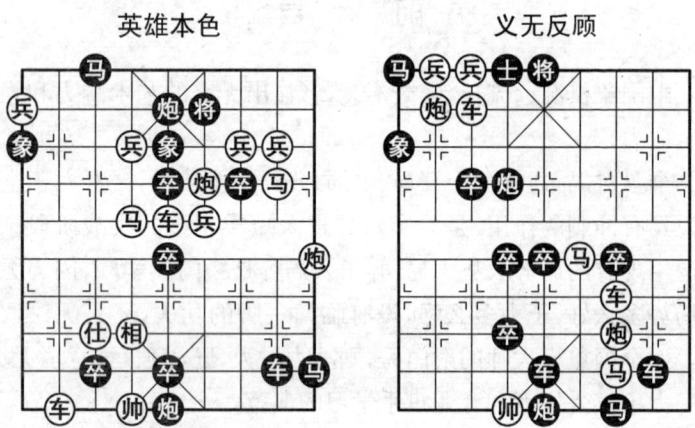

英雄本色　　　　　义无反顾

红方先行,请写清着法和主要变化。将向答案正确的征答者赠送象棋杂志两本或棋谱一本,并在以后由上海科学普及出版社出版的棋书中公布其姓名及所在区域。

来信请寄:上海市中山北路832号,上海科学普及出版社文教室象棋组。邮编:200070。

万安平

目 录

第一章　弃车射门 …………………………………… 1

第二章　弃马射门 …………………………………… 10

第三章　弃炮射门 …………………………………… 27

第四章　弃兵(卒)射门 ……………………………… 40

第五章　破仕(士)射门 ……………………………… 55

第六章　杀相(象)射门 ……………………………… 95

第七章　谋车射门 …………………………………… 131

第八章　谋马射门 …………………………………… 150

第九章　谋炮射门 …………………………………… 174

第十章　谋兵(卒)射门 ……………………………… 204

第十一章　兑子射门 ………………………………… 215

第十二章　运子射门 ………………………………… 254

附录　排局征答"挽弓射天狼"、"高纬度战栗"题解 …… 304

后记 …………………………………………………… 307

棋坛英杰　为人师表 ………………………………… 308

第一章 弃车射门

(9局)

第1局

双车马双炮四兵仕相全对
双车双炮三卒士象全

北京傅光明——青海胡一鹏

(1966年4月12日弈于河南郑州)

全国象棋个人赛

著名导演张艺谋说:"艺术在很多情况下,是非走极端不可,往完整走就毁了。"言之有理。此局体现了这种哲理。

如图,黑方先行。

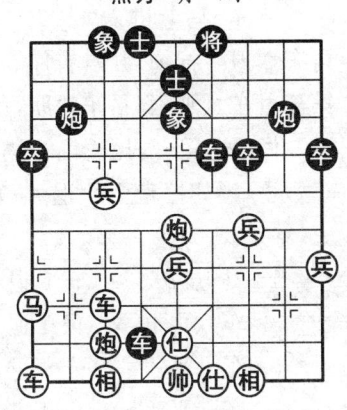

黑方 胡一鹏

红方 傅光明

首先,首着车4平5,弃车食中仕,石破天惊,一锤定音。红如炮五退三,车6进6闷杀;又如帅五进一,车6进4杀)车6进6杀。其次,第3着炮8进7,飞炮沉底叫将,逼红落仕解杀,如相三进一,车6进6妙杀。第三,第7着炮2进6,挥炮叫将,逼帅上三楼,再车6退2杀。

1. ……	车4平5	2. 仕四进五	炮8进7
3. 仕五退四	车6进6	4. 帅五进一	炮2进6
5. 帅五进一	车6退2	黑胜	

第 2 局

双车双马炮仕相全四兵
对双车双马炮双卒单缺士

河北阎文清——甘肃李家华

（2000年11月12日弈于安徽蚌埠）

全国象棋个人赛

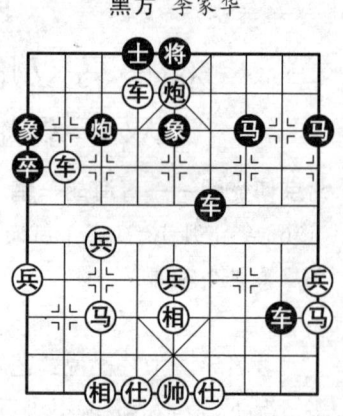

黑方 李家华

红方 阎文清

如图，红方先行。

首先，马七进六，先跃马捉车，再车六退一捉炮，井然有序。其次，第7着车八平六，平车软肋，伏车六进二做杀。第三，尾着前车进一，弃车妙手，黑如接走士5退4，车六进三，绝杀。

1. 马七进六　　车6退3　　2. 车六退一　　士4进5
3. 车六平七　　象1退3①　4. 车八平六　　士5退4
5. 车七平六　　士4进5　　6. 前车平七　　士5退4
7. 车七平六　　士4进5　　8. 前车进一　　将5平6②
9. 前车进一　　红胜

注：① 如改走车8平9，则车七平五绝杀。
② 如改走车8平6，则仕六进五，前车退4兑车，较顽强。

第3局

双车双马炮四兵仕相全对
双车双马炮四卒士象全

沈阳苗永鹏——浦东廖二平

(2001年10月16日弈于陕西西安)

全国象棋个人赛

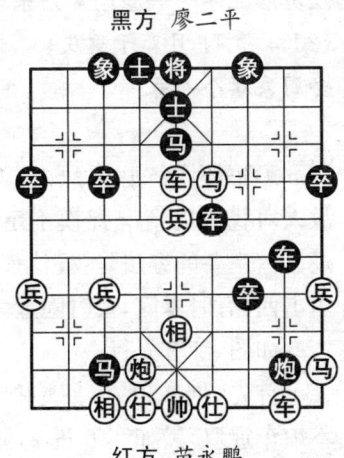

黑方　廖二平

红方　苗永鹏

车变龙蛇活,军雄鼓角知。此句是说,阵势变了战士们手中的武器也随着动,军队的威武有力可以从鼓角声中听出来。

如图,黑方先行。

首先,车6进4,挥车入宫捉肋炮,逼红防范。其次,第3着车8平4,左车右调再捉炮,逼帅护炮,黑对九宫左右夹击,志在必得。第三,尾着车6平5,弃车斩中仕,胆识双全,红如接走仕四进五,则车4进3,帅六平五,车4退2,帅五平四,车4平6,仕五进四,车6进1,胜利喽,耶!

1. ……　　　车6进4!　　2. 仕六进五　　车8平4
3. 帅五平六　车6平5!　　**黑胜**

第4局

车马炮双兵对
车马双卒象

江苏廖二平——厦门郑乃东

（2004年11月弈于重庆）

全国象棋个人赛

黑方　郑乃东

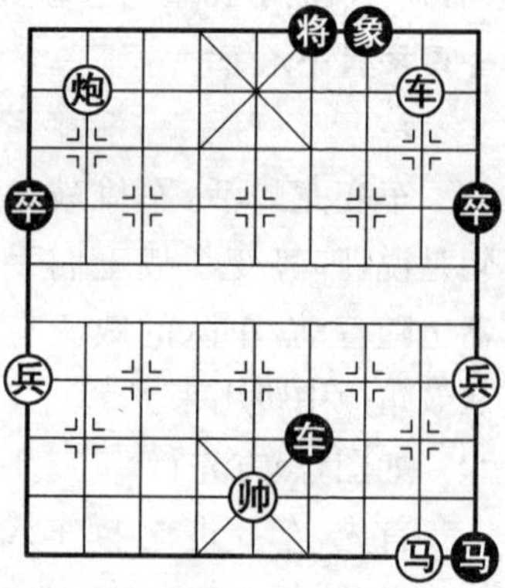

红方　廖二平

彭德怀说："麻痹敌人，就是使敌人对我们的情况捉摸不定，疑神疑鬼。主要的办法是：昼伏夜行，声东击西，有时暴露，及时隐蔽。"

如图，红方先行。

首先，炮八退八，回炮捉边马，不怕车捉双，黑如车6进2，则车二退七，再车二平四，红胜势。其次，车二退六，车口斩马，出人意料，黑如接走车6平8，马二进四捉车，再炮八平四做杀。

1. 炮八退八！　　马9退8　　2. 车二退六　　红胜

第5局

车双马双兵仕相全
车马炮三卒单缺象

广东宗永生——沈阳卜凤波

(2004年11月9日弈于重庆)

全国象棋个人赛

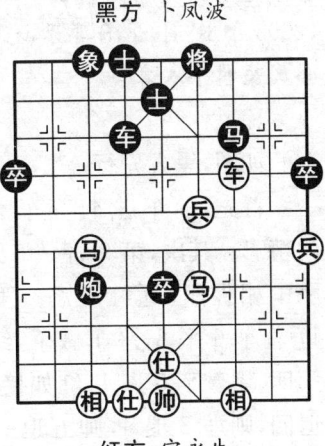

黑方 卜凤波

红方 宗永生

如图,红方先行。

首先,马四进五,铁骑过河捉车,逼车离肋道,再马七退五吃卒。其次,第12回合兵四进一,拱兵入宫捉马,再兵四进一,有戏。第三,14回合黑如士4进5,兵四平五,将5平4,车三平四杀! 第四,尾着车三平四,弃车射门,漂亮,黑如马4退6,则马四进六,妙杀。

1. 马四进五!	车4平2	2. 马七退五	炮3退5
3. 相三进五	将6平5	4. 后马进七	车2平3
5. 马七进八	马7退6	6. 马八进七	车3退1
7. 车三平一	马6进5	8. 兵四进一	马5退7
9. 车一平三	车3进3	10. 马五退三	马7退5
11. 车三进三	士5退6	12. 兵四进一	马5进3
13. 马三进四	车3平6	14. 兵四进一	马3退4
15. 车三平四!	**红胜**		

第6局

双车双马炮兵仕相全对
双车双马炮三卒士象全

农协陈建昌——通信赵 剑

(2005年10月28日弈于山西太原)

全国象棋个人赛

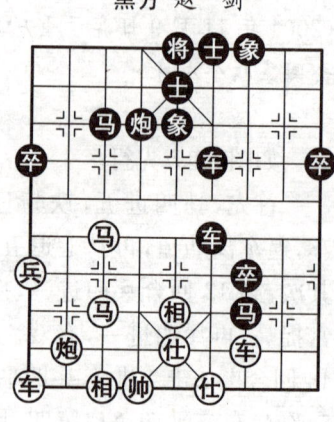

红方 陈建昌

如图,黑方先行。

首先,前车进4,弃车啃仕,射门精彩。其次,第9着马3进5,马趴中相捉车,逼红表态。第三,第17着车6平8,平车做杀,红难堪。第四,尾着卒6进1,红如接走马五退四,则马3退4,帅五退一(如帅五进一,车8平6胜)车8平6,再马4进3,帅五平六,车6进1,帅六进一,马3退4,绝杀。

1. ……	前车进4!	2. 仕五退四	车6进6
3. 帅六进一	马3进4	4. 前马进六	马4进3
5. 马六退七	马3进5	6. 车三进一	卒7进1
7. 帅六平五	马5进3	8. 前马退五	卒7平6
9. 车九进一	车6平8	10. 马五退四	车8退1
11. 马七进五	卒6进1	**黑胜**	

第7局

车马炮兵仕相全对
车马炮双卒单缺象

河北阎文清——广东宗永生

(2005年11月5日弈于山西太原)

全国象棋个人赛

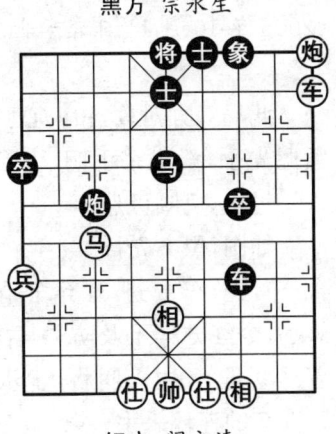

黑方 宗永生

红方 阎文清

如图,黑方先行。

首先,马5进4,欲右炮中调,红方仕六进五,应改走车一退四,如黑马4进6,则车一平四,卒7进1,车四进一,马6进7,帅五进一,红可搏一记。其次,第5着炮3平5,右炮中调摆当头,做杀。第三,尾着车3进3,弃车做杀,红如接走相五退七,马6进4,帅五平六,炮5平4杀;又如接走仕五退六,马6进4,帅五进一,车3退1杀。

1. ……	马5进4	2. 仕六进五	车7平3
3. 车一平三①	炮3平5	4. 帅五平六	炮5平4
5. 帅六平五	马4进6	6. 车三平四	炮4平2!
7. 马七进六	炮2平5	8. 马六退五	车3进3

黑胜

注:① 车忌低头,应改走车一退四,较积极。

第8局

双车马炮三兵仕相全对
双车马炮双卒士象全

重庆洪 智——北京张 强

(2006年10月11日弈于北京)

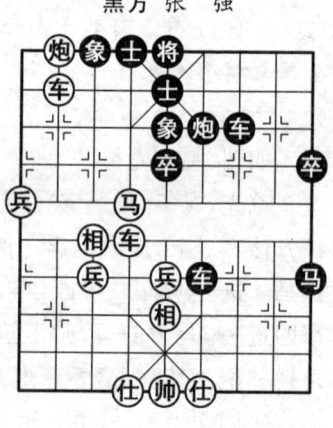

黑方张 强

红方洪 智

此局双方对攻,扣人心弦,黑方紧握先手,祭出杀手锏,飞弹摧城,入局过程,可圈可点。

如图,黑方先行。

首先,车6进3,弃车啃底仕,妙手,令红方猝不及防。其次,第3着马9进8,边马叫将,步步紧逼,是弃车的连环杀手。第三,至此,红如接走帅四进一(如帅四平五,马8退6,帅五进一,车7进6杀),车7进6,帅四退一,车7平5,黑胜。

1. ……　　车6进3　2. 帅五平四　马9进8

黑胜

第9局

双车马炮兵仕相全对
双车马双炮卒士象全

上海孙勇征——河北苗利明

(2008年7月2日弈于河北石家庄)

第6届象甲联赛

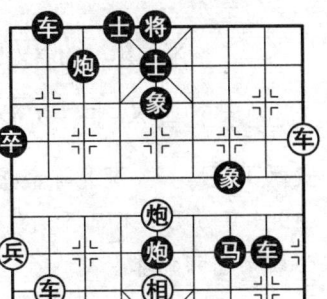

黑方 苗利明

红方 孙勇征

此局黑方低开高走,边、中结合,请看不寻常的入局过程。

如图,黑方先行。

首先,车8退6,弃右车退左车,颇有见地,有大局观。其次,第5着马6退7,退马捉炮,伏马7进8等手段。第三,第11着车8平6,伏马6退8等凶着。第四,尾着炮3平5,右炮中调摆头炮,红如接走车五平八,则象5退7,车八平五,马6退5,抽车胜。

1. ……	车8退6!	2. 车八进七	马7进6
3. 车一退六	马6退7	4. 车八退五①	马7进8
5. 车八退一	马8退6	6. 帅五平四	车8平6
7. 炮五平四②	车6进5	8. 车一进九	士5退6
9. 车八平五	炮3平5	**黑胜**	

注:① 如改走车八退六,则马7进9,黑胜势。

② 如改走车八平五,则马6退8,再马8进7,抽车胜。

第一章 弃车射门

第二章 弃马射门

(17局)

第10局
双车马双炮双兵仕相全对双车马双炮双卒士象全

安徽丁晓峰——湖北陈金盛

(1964年5月9日弈于浙江杭州)

全国棋艺锦标赛

如图,红方先行。

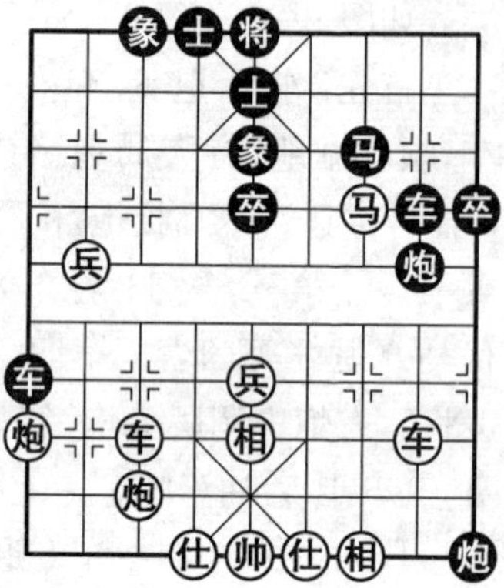

首先,首着马三进五,弃马踩中象,再炮七平九打边车,颇有章法。其次,第7着前炮进七,飞炮沉底叫将,再后炮平七捉象,凶着,逼将离将座。第三,尾着炮七退二,退炮叫将,由车三退一,胜哉。

黑方 陈金盛

红方 丁晓峰

1. 马三进五!	象3进5	2. 炮七平九 车1平2①
3. 前炮进七	象5退3	4. 后炮平七 将5平6
5. 炮七进八	将6进1	6. 炮九退一 士5进4
7. 车七进六	将6进1	8. 车七平三! 车2退2
9. 炮七退二	红胜	

注:① 黑如改走车1进1砍炮,也难逃败局。

第11局

车双马兵仕相全对车马炮三卒单缺象

北京傅光明——广东杨官璘

(1964年5月14日弈于浙江杭州)

全国棋艺锦标赛

黑方 杨官璘

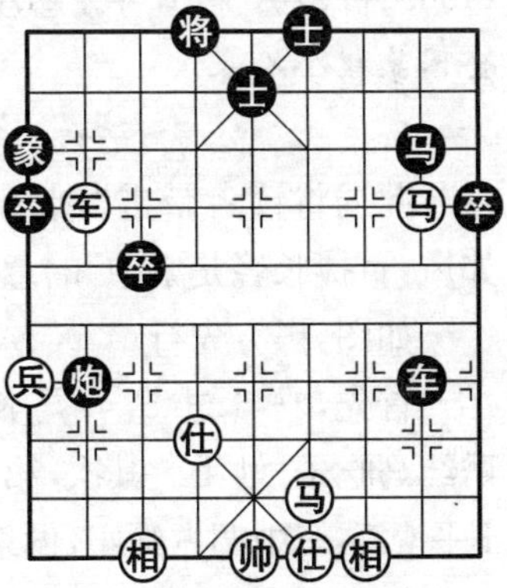

红方 傅光明

库图佐夫说:“在胜利的情况下,会战可以改变战略形势,使形势有利于赢得整个的战争。”本局体现了这种战理。

如图,红方先行。

马二进四,弃马跳士口,出手不凡,纹枰变色,堪称射门秀。黑如接走象1退3(如士5进6,车八平六杀),则车八平六,士5进4,车六进一杀。又如马8退6,则车八进三,象1退3,车八平七杀。

1. 马二进四　　**红胜**

当年傅光明年仅19岁,胜得此局委实不易。

第 12 局

车双马双兵单缺仕对车双马士象全

上海浦东葛维蒲——重庆许文学

(1966年10月25日弈于浙江宁波)

全国象棋个人赛

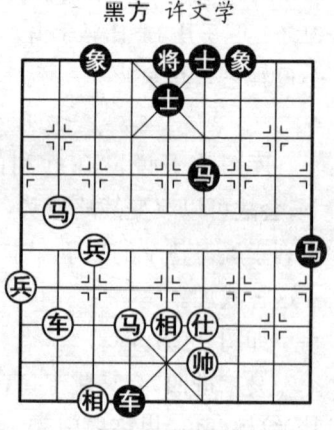

黑方 许文学

红方 葛维蒲

此局将读者带进"剑光如电马如风,百捷长轻是掌中"的意境。

如图,黑方先行。

首先,马6进5,弃马奔中路,诱红马吃子,妙手。其次,第3着车4平5,右车中调占帅座,做杀,伏马9进8杀。第三,尾着车5退1,退车吃中仕,做杀,红如接走马五退三,则车5平6,马三退四,马8进7,妙杀!

1. ……   马6进5   2. 马六进五   车4平5
3. 仕四退五   马9进8   4. 帅四进一   车5退1

黑胜

第 13 局

双车双兵仕相全对
车马炮卒士象全

浙江陈孝堃——安徽许 波

(1986 年 11 月 25 日弈于湖南湘潭)

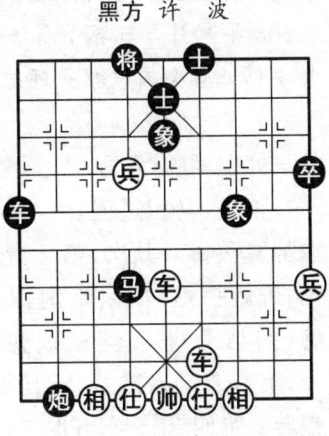

黑方 许 波

红方 陈孝堃

如图,黑方先行。

首先,车 1 平 4,平车捉兵保马,含蓄,伏马 4 进 3 的攻击手段。其次,第 3 着马 4 进 3,马奔卧槽,车口叫将,算准弃马后可抽中车。第三,尾着士 6 进 5,至此,战成车炮单缺象必胜车双相的盘面。

1. ……	车 1 平 4		
2. 兵六平五①	马 4 进 3		
3. 车四平七	车 4 进 5	4. 帅五进一	车 4 平 5
5. 帅五平四	车 5 退 3	6. 车七平八	炮 2 平 1
7. 车八进八	将 4 进 1	8. 车八退三	车 5 平 9
9. 车八平六	士 5 进 4	10. 车六平九	车 9 平 6
11. 帅四平五	炮 1 平 6	12. 兵五进一	象 7 退 5
13. 车九平一	士 6 进 5	**黑胜**	

注:① 可改走车五进三护兵,较硬朗。

第 14 局

车双马双炮三兵仕相全对
车双马双炮双卒士象全

黑龙江聂铁文——北京蒋　川

（2003年8月5日弈于浙江磐安）
磐安伟业杯全国象棋大师冠军赛

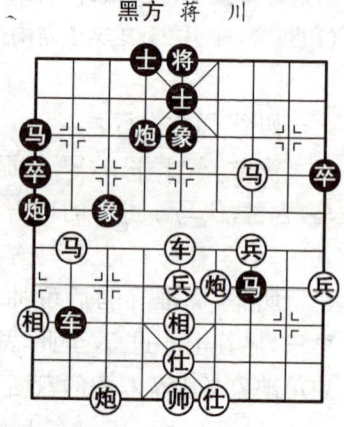

黑方　蒋　川

红方　聂铁文

如图,红方先行。

首先,马三进五,一马换双象,取势真英雄。其次,第7着炮七进三,进炮拦炮,如误走炮四平九吃炮,则马7进5,黑反败为胜。第三,第9着马六进八,跃马捉死马,狠着。第四,尾着车五退二,退车让马道,伏马六进四杀。

1. 马三进五!　　象3退5　　2. 车五进三　　马1退3①
3. 马八进六　　炮1进2　　4. 炮七进三　　车2平5
5. 马六进八　　炮4退1　　6. 马八进七　　车5平3
7. 马七退五　　炮4进1　　8. 车五退二　　红胜

注：① 如改走炮1平3,则马八退六,炮3进2,马六进五,伏杀,黑如接走车2退6,则马五进六,车2平4,马六退五,下着马五进四杀,红胜。

第15局

双车马双炮三兵仕相对
双车马双炮三卒单缺士

河北陈　翀——黑龙江聂铁文
(2004年2月21日弈于北京)
第3届威凯房地产杯象棋精英赛

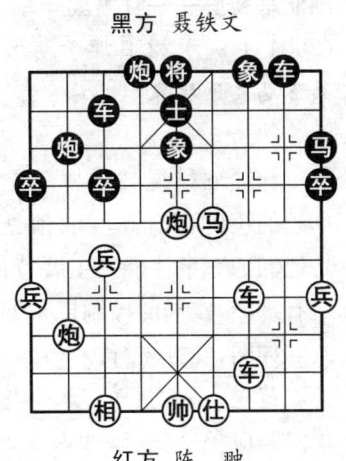

黑方　聂铁文

红方　陈　翀

维戈尔说："如果你能在战争开始阶段就取得胜利,那么你极有可能赢得整个战争。"此言掷地有声。

如图,红方先行。

首先,炮八平五,左炮中调镇中路,非常有戏,黑右炮冲底叫将,有惊无险。其次,第3着相七进九,底相飞边路,安然无恙。第三,尾着马四进五,弃马踩中象,入局妙手! 黑如接走象7进5,后炮进五,将5平6,后车平四,士5进6,车四进六,车4平6,车四进一,将6进1,车三平四杀。

1. 炮八平五　　炮2进7　　2. 相七进九　　车3平4
3. 马四进五　　**红胜**

第16局

车马炮四兵仕相全对车马炮五卒士象全

湖北李智屏——甘肃梁 军

(2004年9月22日弈于湖北武汉)

第2届象甲联赛

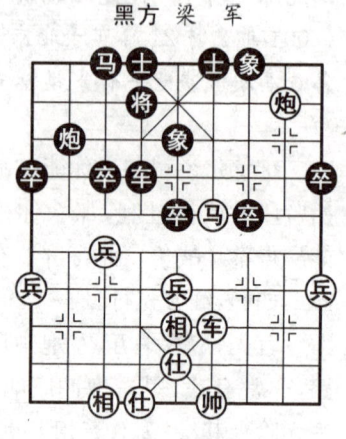

黑方 梁 军

红方 李智屏

什捷缅科说:"指挥就是预见。卓越的统帅都有高度的预见性,这是他们的军事才能的主要特征。"言之有理,对棋局的控制也是如此。

如图,红方先行。

首先,马四进五,弃马啃象,含蓄。黑应象7退5,如改走车4退1,则马五进三,士4进5,马三退四抽车;又如改走车4平5,则车四进六,将4进1(如士4进5,车四退二抽车),马五进四,将4平5,车四退二抽车胜;再如改走车4进3,则车四进六,士4进5,车四平五,将4退1,车五平四,将4平5(加士6进5,车四进一杀),车四退一,将5进1,马五进三杀。其次,第3着车四进六,进车叫将,逼将上三楼,如士4进5,车四退二抽车胜。

1. 马四进五!　　象7进5①　　2. 车四进六　　将4进1
3. 炮二退一　　　红胜

注:① 可改走将4进1,较积极。

第17局

双车双马三兵单缺相对
双车马双炮双卒士象全

吉林洪　智——北京张申宏
(2004年12月15日弈于北京)
第2届象甲联赛

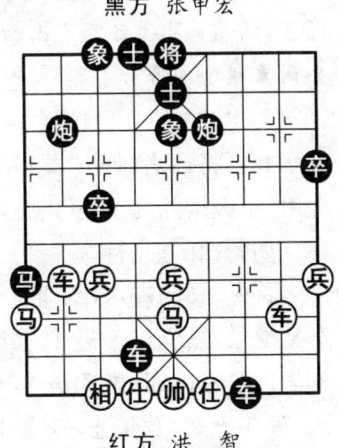

黑方　张申宏

红方　洪　智

如图,黑方先行。

首先,炮2平4,弃马平炮有见地,红应车八平九,如改走仕六进五,则炮4进4打双,伏炮4平9打边兵,再沉底,有戏。其次,第3着炮4进7,挥右炮轰底仕,摧毁红底线。第三次,第5着炮6进7,再挥左炮轰底仕,双炮齐发,胜算在握。第四,第11着车7平4,双车合力,组成霸王车,发动总攻。第五,尾着车4平5,黑再前车平6绝杀。

1. ……	炮2平4	2. 车八平九①	炮4进7
3. 车二平四	炮6进7	4. 马五退四	炮4平6
5. 车四退二	车7退2②	6. 车四进六	车7平4
7. 车九进三	前车进1	8. 帅五进一	后车进1
9. 帅五平一	前车平5	10. 帅五平四	车4平5

黑胜

注:① 应改走仕六进五,较积极。
② 应改走车7退1,这也是一种选择。

第18局

双车双马炮三兵仕相全对
双车双马炮双卒单缺象

广东黄海林——通信赵　剑

（2005年11月3日弈于山西太原）

全国象棋个人赛

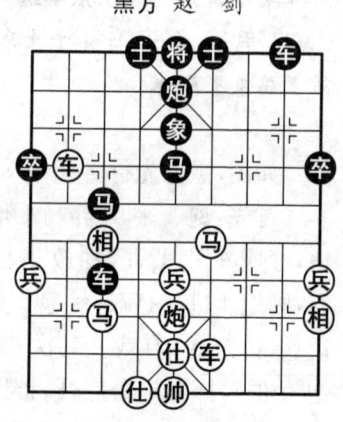

黑方 赵　剑

红方 黄海林

此局将读者带进"黄沙百战穿金甲，不破楼兰终不还"的意境。

如图，红方先行。

首先，马四进六，跃马过河既捉车又捉象，黑应车3进1，如改走车3退1，炮五进四，炮5进2，车八平五，车3进2，车五进一，士4进5，车五平七，红优。其次，第3着马6进5，马食中象欲奔卧槽，有戏。第三尾着，马五退七，退马必得子，红再马七进六，马5退4，车六平七；黑又如炮4平3，则车六进四，将5平4，车八进三杀。

1. 马四进六　　车3进1　　2. 马六进五　　车8进9
3. 仕五退四①　车8退8　　4. 车四平六②　炮5平4
5. 车六进四③　车3平5　　6. 相七退五　　车8平5
7. 马五退七　　红胜

注：① 可改走相一退三，先弃相再落仕，较含蓄。

② 可改走炮五进四，这也是一种选择。

③ 红可炮五进四，马3退5，车八平五，红胜。这也是一种选择。

第19局

车双马双炮三兵仕相全对
车双马双炮三卒士象全

大连金　松——浙江张申宏

(2006年5月1日弈于浙江宁波)

第4届象甲联赛

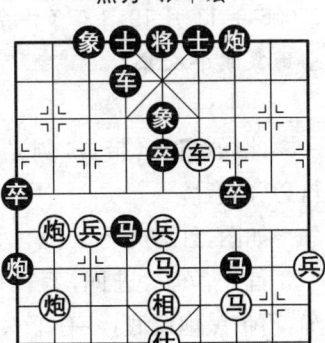

黑方　张申宏

红方　金　松

如图,黑方先行。

首先,马4进5,弃马啃中相,有大局观。其次,第3着车4进5,挥车挤马,必得一子。第三,尾着炮6进4,进肋炮既可打边兵,也可平中叫将,妙手！至此,黑车可车2退1杀炮,黑胜矣。

1. ……	马4进5！		
2. 相七进五	车4进5①		
3. 相五退七②	炮1平5	4. 帅五平四	士6进5
5. 马三进五	车4平5	6. 后炮平二	炮7平6
7. 帅四平五	车5平2	8. 炮二进七	炮6进2
9. 车四平三	将5平6	10. 车三进三	将6进1
11. 炮二退三	炮6进4！	黑胜	

注：① 可改走马7进5斩中相,这也是一种选择。
② 如改走车四退三,则车4平2或炮1进三,黑胜势。

第20局

双车马双炮双兵仕相全对
双车马双炮四卒士象全

大连金　松——湖北熊学元

（2006年11月19日弈于广东深圳）

全国象棋个人赛

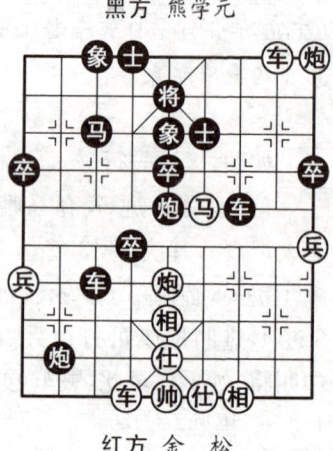

黑方　熊学元

红方　金　松

此局将读者带进"剑光照空天自碧"的意境。

如图，红方先行。

首先，车六进四，弃马吃卒亮车，不怕黑炮沉底，红有车六平二的凶着。其次，第13着炮五进三，弃炮轰中卒，确保九宫应无恙。第三，尾着仕五进六，支仕，黑无力反扑，红胜势。

1. 车六进四！	车7平6	2. 车二退一	将5退1
3. 车六平二	士6退5	4. 前车进一	士5退6
5. 前车退四	象5退7	6. 前车平四	士4进5
7. 炮五进二	马3进5	8. 车四平五	炮2进1
9. 仕五进六	**红胜**		

第21局

车双马炮双兵仕相全对
车双马炮卒士象全

上海孙勇征——上海洪　智

(2007年6月25日弈于上海)
"朱家角杯"全国象棋精英赛

如图,红方先行。

首先,炮一平三,平炮瞄准底象做杀,伏炮三进五,车7退2,马五进四,士5进6,车六进三,将5进1,车六退一,将5进1,马二退四杀。其次,第5着马二进四,虎口叫将,黑应士5进6,如走车8平6,马五进四,士5进6,车六进三,将5

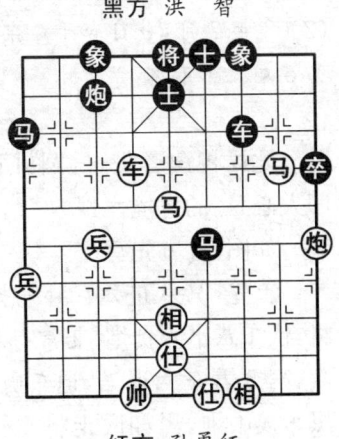

黑方 洪　智

红方 孙勇征

进1,车六退一,将5退1,车六平七,红多子胜。第三,第17着炮五进三,中炮轰中马,黑应炮3进二,如走炮3进1,则马五进三,红胜定。

1. 炮一平三	车7平8	2. 炮三退一①	马1进2
3. 马二进四	士5进6	4. 炮三平五	马6退5
5. 车六进三	将5进1	6. 车六退一	将5退1
7. 车六进一	将5进1	8. 车六退一	将5退1
9. 炮五进三	炮3进2	10. 兵七进一	车8进1
11. 炮五平三	**红胜**		

注: ① 可改走马五进三得马,这也是一种选择。

第 22 局

车双马双炮兵仕相全对
车双马双炮三卒士象全

开滦杨德琪——北京张　强

(2008年7月10日弈于广东)

第6届象甲联赛

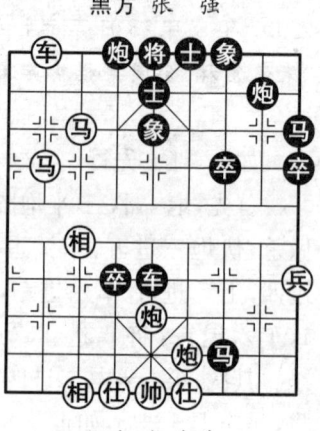

黑方　张　强

红方　杨德琪

此局将读者带进："临门一脚，叩人心弦"的意境。

如图，红方先行。

首先，马八进六！弃马挂角叫将，伏车八平六食炮，非常有戏。其次，第5着车六退二，退车碾士，逼黑车换中炮，黑如改走将5平6出将，则车六退四！车5平4，炮五平四，重炮杀。第三，尾着车三退二，如黑接走马8退9，相五进三，捉死黑马，红胜。

1. 马八进六！　　士5进4　　2. 车八平六　　将5进1
3. 车六退二　　　车5进1　　4. 相七进五　　炮8进1
5. 车六退四　　　炮8平3　　6. 车六平三　　马7退9
7. 车三退一　　　前马进8　　8. 车三退二　　**红胜**

第23局

双车双马双炮五兵单缺仕对
双车双马双炮四卒士象全

湖北汪　洋——河北张　江

(2008年7月24日弈于四川眉山)

"道泉茶叶杯"全国象棋明星赛

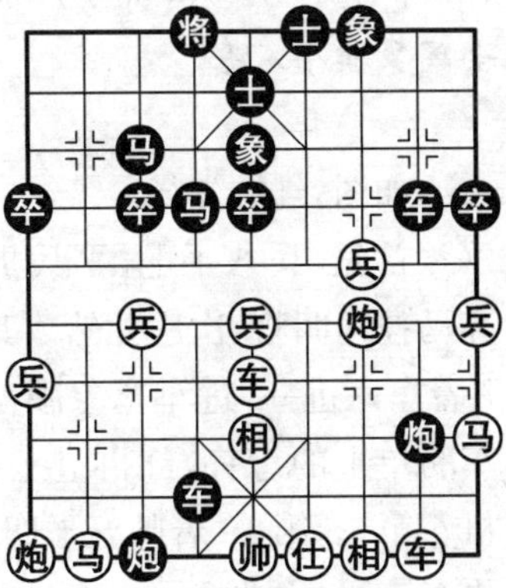

"虎帐春风远,铠甲清霜寒。"此句是说,边疆的驻军帐幕春风是吹不到的,将士穿的铠甲上的清霜更加寒冷。

如图,黑方先行。

首先,马4进3,弃马咬兵亮将,颇有见地。其次,第3着车4进1,进车冲底叫将,逼帅上二楼,有戏。第三,尾着炮3平1,底炮吃炮做杀,红如接走马8进9,则车8平6,马九退七,炮1退1,马七进六,车6进6,黑胜势。

1. ……　　　马4进3　　2. 炮三平七　　车4进1
3. 帅五进一　　炮3平1　　**黑胜**

第24局

双车马三兵相对
车双马炮三卒士象全

上海浦东宇　兵——河南赵　力

(2008年11月6日弈于广东顺德)

全国象棋个人赛

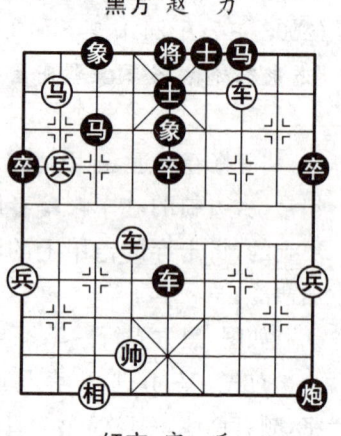

黑方　赵　力

红方　宇　兵

如图,红方先行。

首先,兵八平七,平兵捉马,再弃马挂角叫将,次序井然。其次,第7着车六进一,进车塞象眼,形成双车肋单士的态势,红再进七兵伏杀机。第三,第19着帅五平四,亮帅,再车三平四,做杀。第四,第23着车六平五,弃车斩中士,妙手,黑应马7进5,兵七平六,再后六平五,将5平4,车四进一,胜哉。

1. 兵八平七	车5平2	2. 马八退六!	士5进4
3. 车六进三	士6进5	4. 车六进一	车2进2
5. 帅六退一	车2进1	6. 兵七进一	车2平3
7. 帅六进一	炮9平4	8. 帅六平五	卒5进1
9. 兵七进一	炮4退7	10. 帅五平四!	卒5进1
11. 车三平四	卒5平6	12. 车六平五!	马7进5
13. 兵七平六	红胜		

第25局

车马双炮四兵仕相全对
车马双炮四卒士象全

浙江谢丹枫——北京蒋　川

(2008年12月13日弈于浙江宁波)
第10届北仑杯全国象棋大师赛

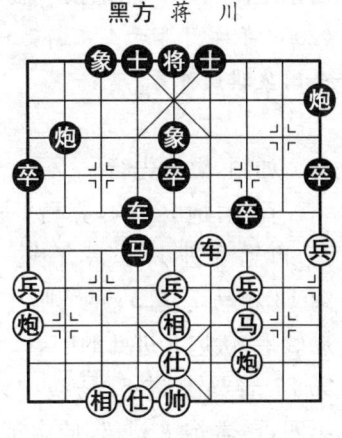

黑方　蒋　川

红方　谢丹枫

　　如图,黑方先行。

　　首先,炮2进7,飞炮沉底马捉相,含蓄。其次,第3着马4进5,马啃中相,不怕车四退二捉死马。黑有对策。第三,第7着车4平3,平车伏炮3进8打闷宫,红应帅五平四,如改走仕五退四,炮3进8,帅五进一,炮2退2,炮六退一,炮3退1。黑胜势。第四,第11着炮3退2,退炮串打,厉害,红如炮六退一,炮2退2,重炮打死车。

1. ……	炮2进7	2. 炮九平六	马4进5
3. 车四退二	炮9平3	4. 车四平五	车4平3
5. 帅五平四	炮3进8	6. 帅四进一	炮3退2
7. 车五平四	炮3平6	**黑胜**	

第26局

双车双马炮三兵仕相全对车双马双炮卒士象全

山东王跃飞——北京张　强

（2009年4月弈于山东新泰）

全国象棋团体赛

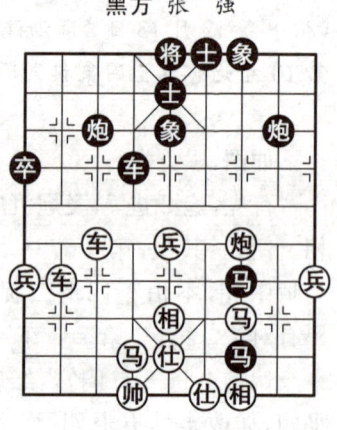

黑方　张　强

红方　王跃飞

如图，黑方先行。

首先，炮3平4，弃马肋炮拴马，再炮8进1，非常有戏。其次，第13着马7退5，弃马啃中相，入局妙手，伏炮8进6的凶着。第三，第21着马6进5，马换中仕，值。第四，尾着炮8进6，伸炮沉底线，伏车7退1，车五退一，车7平4杀；红如接走车五进一，则车7平6，车五退二，炮8平5，车六进四，炮5退1，绝杀。

1. ……	炮3平4	2. 车八平三	车4平2
3. 马六进七	炮8进1	4. 炮一进一	车2平4
5. 马七退六	车4平7	6. 车三平六	车7进4
7. 兵五进一	马7退5	8. 车七平二	车7进2
9. 帅六平五	马5进7	10. 帅五平六	马7退6
11. 车二退三	马6进5	12. 车二平五	炮8进6

黑胜

第三章 弃炮射门

(13局)

第27局

双车双马双炮三兵仕相全对双车双马双炮四卒士象全

湖北李智屏——广东吕　钦

(2004年7月7日弈于湖北武汉)
第2届象甲联赛

这是一则精彩的射门秀,它就像一颗洋葱头,你一片片剥下去,总会有一片让你流泪,让你激动不已,让你挥之不去。

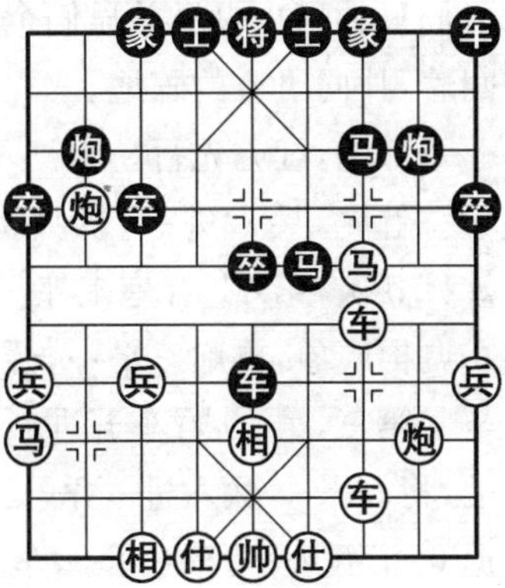

如图,红方先行。

首先,首着前车平二,兑炮拆散黑担子炮,伏马三进四的凶着。其次,第3着炮八平一,左炮右调打边卒,此着妙也! 第三,第5着马三进四,跃马挂角叫将,逼将上2楼。第四,尾着炮二进五,弃马进炮叫将,黑如接走将5平6,则车三进六,绝杀。

黑方 吕　钦

红方 李智屏

1. 前车平二　　炮8平9　　2. 炮八平一!　　马7进9
3. 马三进四　　将5进1　　4. 车二进四　　将5进1
5. 炮二进五　　**红胜**

第28局

车双炮三兵双仕对
车炮四卒单缺象

江苏徐　超——沈阳金　松

(2005年5月25日弈于辽宁沈阳)

第3届象甲联赛

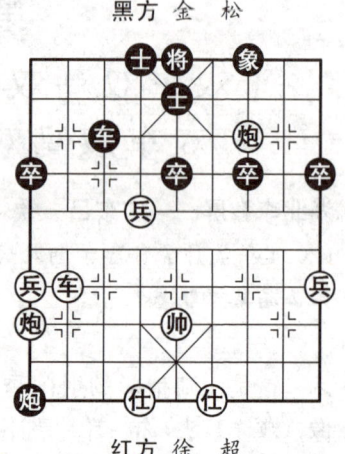

黑方 金 松

红方 徐 超

此局，红帅站在城头上，双炮都在黑车的枪口上，这时红帅高喊：弟兄们！冲啊！只见弟兄们个个嗷嗷叫着，扑向黑方的阵地。

如图，红方先行。

首先，兵六进一，拱兵捉中卒，妙！其次，第11着炮七平三，左炮右调捉底象，再炮三平一，开边捉边卒。第三，第19着车五进二，弃炮砍中象，如黑车9退3，则车五平七，将5平4，兵六进一杀。第四，尾着炮二平一，伏炮一进三，车8退6，车五进一，车8平9，车五进一，将4进1，兵六进一，将4进1，车五平六杀。

1. 兵六进一！	卒5进1	2. 车八平五	车3平7
3. 炮九平七	士5退6	4. 帅五退一	车7平2
5. 车五进二	士4进5	6. 炮七平三	象7进5
7. 炮三平一	车2平6	8. 帅五进一	车2平9
9. 炮一进四	车9退2	10. 车五进二	将5平4
11. 炮一平二	车9平8	12. 炮二平一	**红胜**

第29局

车双马炮三兵仕相全对车马双炮卒士象全

沈阳尚　威——北京张申宏

(2005年6月29日弈于北京)

第3届象甲联赛

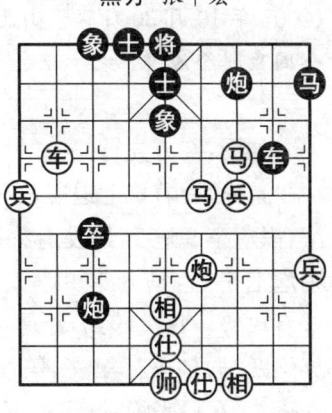

黑方　张申宏

红方　尚　威

此局将读者带进"社稷逢今日,英雄在此行"的意境。

如图,红方先行。

首先,炮四平五,右炮中调摆头炮,击中要害。其次,第3着车八平四锁将门,非常有戏。第三,第11着炮五进四,炮轰中象,一炮换双象,其势必恢宏。第四,尾着前马退四,黑如接走将5平4,则马三进四,踩车伏前马退五杀。

1. 炮四平五	卒3进1	2. 车八平四	炮7进3
3. 马四进六	炮7平5	4. 马六退四!	车8进1
5. 车四进二	卒3平4	6. 炮五进四!	象3进5
7. 马四进五	士5进4	8. 马五进三	炮5平7
9. 车四退三	将5进1	10. 前马退四	**红胜**

第30局

双车双马双炮三兵仕相全对
双车双马双炮三卒单缺象

广东黄海林——江苏徐天红

(2005年10月30日弈于山西太原)

全国象棋个人赛

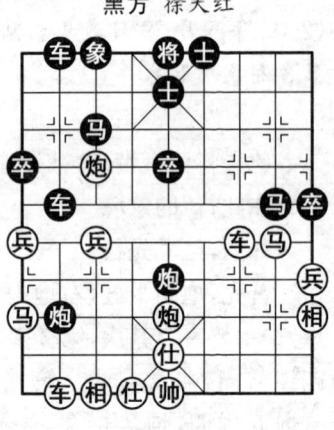

黑方 徐天红

红方 黄海林

如图,红方先行。

首先,首着炮七退一,退炮打边卒,黑应卒9进1,如改走象3进5,则炮七平一,马8退9,马二进三,红有攻势。其次,第7着马二进四,弃炮跃马,凶着。第三,第13着车八进二,车口啃炮,欺黑车不能离开要地。第四,第15着马六进七,车口奔卧槽兼捉底车,我行我素,漂亮。第五,第17着车六进四,挥车吃肋车,做杀。第六红接走兵七进一,胜矣。

1. 炮七退一!	卒9进1	2. 兵一进一	象3进5
3. 车二平五	炮5平1	4. 马二进四	马8退0①
5. 车五平六	象5进3	6. 马四进六!	前车退3
7. 车八进二	前车平4	8. 马六进七	车2进7
9. 车六进四	车2退6	10. 兵七进一	**红胜**

注:① 如改走象5进3,马四进六,前车退3,车八进二,红胜势。

第31局

车马双炮双兵单缺相对
车马双炮四卒单缺士

河北苗利明——黑龙江聂铁文

(2005年10月31日弈于山西太原)

全国象棋个人赛

如图,黑方先行。

首先,首着卒5进1,拱卒捉炮,再炮9平5镇中路。其次,第9着炮8进7,挥炮冲底叫将,红车垫将。第三,第13着马3进5,后援部队,开赴前线,胜利近在咫尺。第四,第21着马3进2,再奔卧槽,胜局板上敲钉。

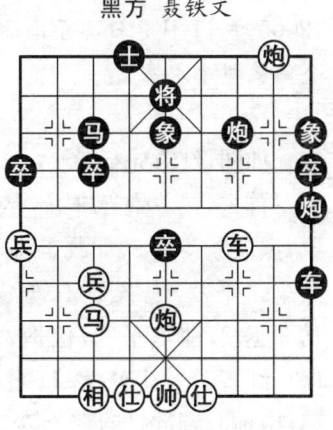

黑方 聂铁文

红方 苗利明

1. ……	卒5进1	2. 炮五进五	炮9平5
3. 马七退五[①]	炮7平8	4. 炮五平一	卒5平4
5. 相七进五	炮8进7	6. 车三退四	车9平8
7. 炮二退九	马3进5	8. 车三进八	将5退1
9. 车三退二	马5进3	10. 车三退一	炮5退2
11. 车三平五	马3进2	12. 车五进二	仕4进5

黑胜

注:① 如车三平五,车9退2,马七进五,车9平8黑优。

第32局

双车马双炮三兵仕相全对
双车马炮三卒士象全

北京蒋　川——浙江于幼华

（2005年11月2日弈于山西太原）

全国象棋个人赛

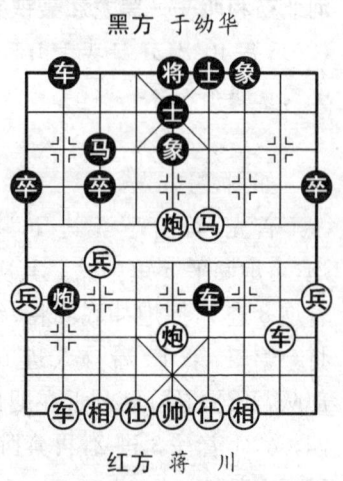

黑方　于幼华

红方　蒋　川

如图，红方先行。

首先，首着炮五进五，弃炮轰中象，黑应象7进5，如改走将5平4，则车二平六，炮2平4，车八进九，马3退2，前炮平八，伏炮八退二，保马红多子。其次，第11着炮五平三，中炮右调欲打闷宫。第三，尾着车口斩炮，至此，红双车都在黑双车嘴边，黑如接走，车7平4，帅六平五，黑无法解除红车八进九和炮三进四的双杀；黑又如接走车2进9，则车六进五，将6平5，车六进一，绝杀。

1. 后炮进五　　象7进5　　2. 马四进五　　车6平5
3. 仕六进五　　马3进5①　4. 马五进七　　将5平4
5. 车二平六　　马5退4　　6. 炮五平三　　车5平7
7. 帅五平六　　炮2平4　　8. 车六进一　　**红胜**

注：① 如车5退2，则马五进三，将5平4，车二平六杀。

第33局

车双马双炮二兵仕相全对
车马双炮双卒双士

开滦郝继超——厦门林文限

(2006年10月14日弈于河南荥阳)
"楚河汉界杯"全国象棋等级赛

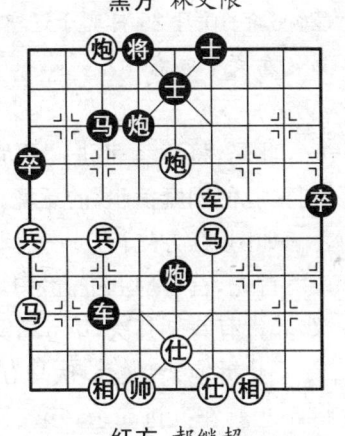

黑方 林文限

红方 郝继超

如图,红方先行。

首先,首着帅六进一,面对险情,从容上楼,大帅风度。其次,第7着炮五平七,中炮左调,压住马头,危急时马九退七,为老帅保驾护航。第三,第9着兵七进一,拱兵过楚河,志在必得,黑应炮5退4,如改走马1退3,则车四平五,红胜势。第四,尾着帅六平五,平帅中路,至此,黑藩篱尽丢,招架不住,输矣。

1. 帅六进一①	车3平2	2. 仕五进四	车2进1
3. 帅六退一	车2退5	4. 炮五平七	马3退1
5. 兵七进一	炮5退4	6. 车四平五	炮5平8
7. 前炮平四	士5退6	8. 帅六平五	**红胜**

注:①如误走相三进五,车3平4,帅六平五,炮4平7黑胜。又如误走仕五进四,车3平4,帅六平五,炮4平5,黑胜。

第34局

车马双炮双兵单缺相对
车马双炮三卒士象全

大连尚　威——重庆许文学

(2006年10月25日弈于辽宁大连)

第4届象甲联赛

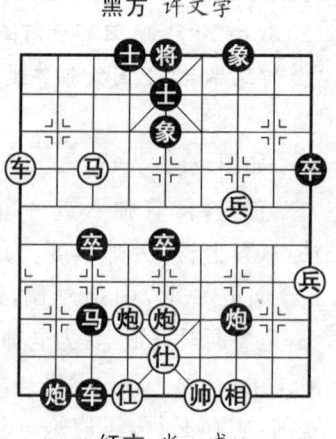

黑方　许文学

红方　尚　威

此局，将读者带进："不管风吹浪打，胜似闲庭信步"的意境。

如图，红方先行。

首先，首着炮五进五，中炮换双象，非常有戏。其次，第5着兵三平二，平兵拆炮架，做杀，伏马五进三，将5进1，车九进二杀。第三，第17着车九退三，弃马退车做杀，妙。第四，尾着帅四退一，再马六退四做杀。黑如士4进5，则马六进八，士5进4，马八退七，将4退1，车九进四，车2退8，车九平八杀。

1. 炮五进五！	象7进5	2. 马七进五	士5进4
3. 兵三平二	车3退1	4. 帅四进一	炮2退8
5. 车九进二	车3平2	6. 马五进三	将5进1
7. 马三退四	将5进1	8. 马四进三	将5退1
9. 车九退三！	卒3平4	10. 马三退四	将5平4
11. 马四进六	马3进4	12. 帅四退一	**红胜**

第35局

车马双炮三兵单缺相对
车马双炮三卒士象全

广东李鸿嘉——浙江于幼华

(2006年11月21日弈于广东深圳)

全国象棋个人赛

如图,红方先行。

首先,首着炮二进七,挥炮沉底,车捉中象,有戏。其次,第5着炮三进二,弃二路炮,进三路炮,再右炮左调,三子归边,有思路有远见。第三,尾着马七退九,黑如接走将4平5,车七进二,士5退4,车七退一,士4进5,马九进八,士5退4,马八退七,士4进5,车七进一,士5退4,车七平六杀。

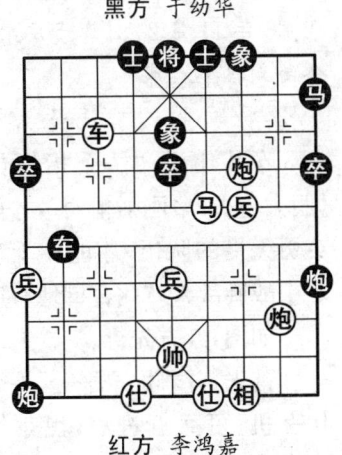

黑方 于幼华

红方 李鸿嘉

1. 炮二进七	象5进7	
3. 炮三进二!	车8退5	
5. 帅五进一	车8退7	
7. 车七进二	士5退4	
9. 马六进七	将5平4	
2. 马四进六	车2平8	
4. 炮三平九	车8进8	
6. 炮九进一	士4进5	
8. 车七退五	士4进5	
10. 马七退九	**红胜**	

此局获胜李鸿嘉进入前16名。

第36局

车马炮兵仕相全对
车双炮卒士象全

广东李鸿嘉——开滦杨德琪

(2006年11月24日弈于广东深圳)

全国象棋个人赛

秦基伟说:"一个指挥员只有'胆大包天'、'刚强精明',才能带出英勇无畏的队伍,才能在千难万险之中战胜敌人。"此言掷地有声。

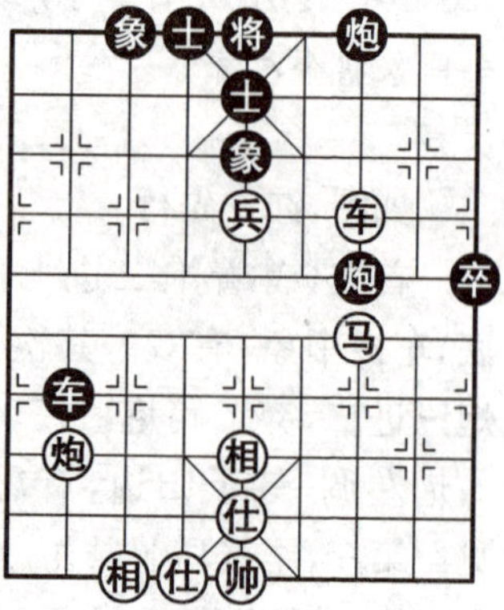

如图,红方先行。

首先,首着炮八平七,平炮瞄象伏玄机,可兵五进一,黑难堪。其次,第3着炮七进七,弃炮轰象,射门精彩。第三,尾着兵五进一,拱兵斩象入宫,伏红车捉双炮,黑难应,必丢其一,输矣。

黑方　杨德琪

红方　李鸿嘉

1. 炮八平七　　车2平3　　2. 炮七进七!　　车3退6
3. 兵五进一　　红胜

第37局

双车马炮三兵仕相全对
双车马双炮四卒单缺象

江苏程　鸣——北京才　溢

(2008年5月弈于浙江慈溪）

"洁达杯"全国象棋等级赛

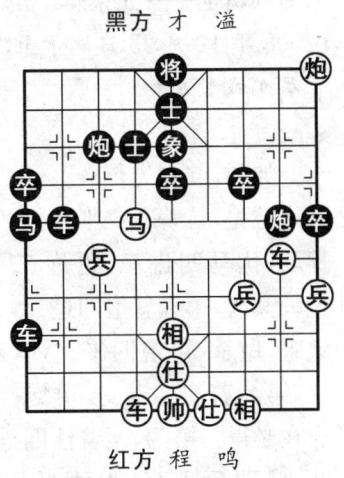

黑方　才　溢

红方　程　鸣

此局黑方攻势凶猛,精彩纷呈。如图,黑方先行。

首先,首着马1进2,弃炮跃马直奔要地,凶着。其次,第3着马2进3,马跳卧槽叫将,逼肋车垫将解杀。第三,尾着车2平4,底车吃仕叫将,妙！红如续走帅五进一,则马3退4,帅五平四(如车六进二,车1进1杀)车4退1,仕四进五,车4平5,帅四退一,车1进2,黑胜。

1. ……　　　马1进2　2. 车二进一　　马2进3
3. 车六进一　　车2进5　4. 仕五退六　　车2平4

黑胜

第38局

车双马双炮五兵仕相全对
车双马双炮双卒士象全

上海孙勇征——北京蒋　川
(2008年12月25日弈于上海)
首届九城置业杯

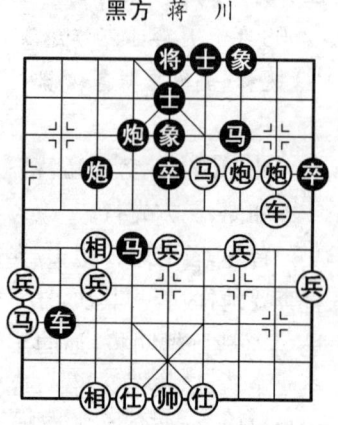

黑方　蒋　川

红方　孙勇征

如图,红方先行。

首先,首着车二平六,右车左调捉马,伏马四进三,再炮三平七得子。其次,第5着炮四进二,伸炮塞象眼,做杀,再炮四平二,有戏。第三,第9着炮二退一,退炮打中象,志在必得。第四,尾着仕四进五,至此,黑缺象少卒,无法抵抗,投子认负。

1. 车二平六	炮3平6	2. 炮二平四	车2平6
3. 炮四进二	象7进9	4. 炮四平二	车6退4
5. 炮二退一	车6平7	6. 炮二平五	将6平5
7. 炮五平一	马7退8	8. 炮一进二	马4进3
9. 车六平二	车7进2	10. 车二进四	将4进1
11. 兵九进一	车7平5	12. 仕四进五	**红胜**

第 39 局

双车马双炮四兵仕相全对
双车马双炮四卒士象全

开滦郝继超——广西秦　荣

(2009 年 4 月 11 日弈于山东新泰)

全国象棋团体赛

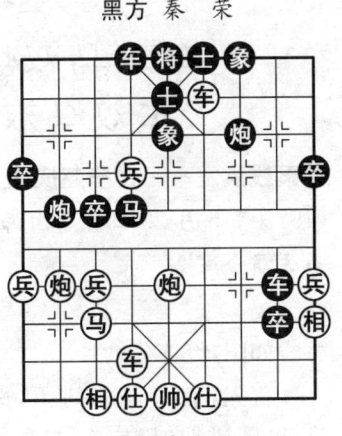

黑方　秦　荣

红方　郝继超

如图，红方先行。

首先，首着炮五退一，退中炮左炮打车，黑如车 8 平 3，则车六平四杀。其次，第 9 着前车平二，平车兑车，简明局势，再左炮右调再沉底。第三，第 13 着炮五进五，弃炮轰中象，伏炮二进七冲底叫将，再车四平三捉底象，凶着。第四，尾着兵五进一，拱兵入九宫，做杀，红再车三退一，炮 8 退 8，兵五进一，绝杀。

1. 炮五退一　　车 8 退 2　　2. 兵六平五　　炮 2 退 3
3. 车四退五　　炮 2 平 4　　4. 车六平四　　炮 7 平 6
5. 前车平二　　车 8 进 2　　6. 炮八平二　　马 4 进 3
7. 炮五进五！　象 7 进 5　　8. 炮二进六　　象 5 退 7
9. 车四平三　　炮 4 进 7　　10. 车三进八　　炮 4 平 8
11. 炮二平一　　卒 8 平 9　　12. 兵五进一　　**红胜**

第四章 弃兵(卒)射门

(15局)

第40局

车双马双炮四兵仕相全对车双马双炮四卒士象全

甘肃钱洪发——辽宁赵庆阁

(1975年6月29日弈于上海)

第3届全运会

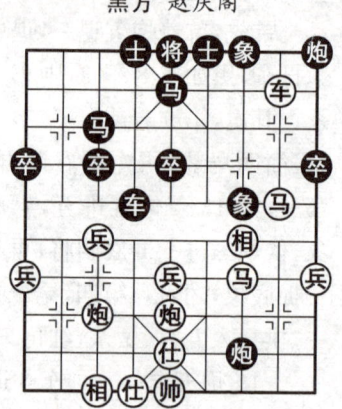

黑方 赵庆阁

红方 钱洪发

如图,红方先行。

首先,首着马三进五,跳马河沿,徐图进取,黑应车4平5,如改走卒5进1,则兵七进一,卒3进1,马五退七,红优。其次,第17着马四进二,红方通过运子,现将右马占得最佳位置。第三,尾着兵七进一,象口拱兵弃兵,再马五退七,红胜势。

1. 马三进五	车4平5	2. 炮七进四	炮7平8
3. 车二平四	炮8退3	4. 炮七平一	马5退3
5. 马二进三	士4进5	6. 炮一退一	后马进4
7. 车四退五	象7退5	8. 马三退四	炮8退1
9. 马四进二①	炮8进5	10. 马二进三	将5平4
11. 炮五平六	马4退3	12. 炮一退一	炮8退4

13. 兵七进一　　红胜

注：① 也可走马四进五吃中象，这也是一种选择。

第41局

车马双兵单缺相对
双马双炮双卒双象

上海孙勇征——沈阳金　松

（2001年10月弈于陕西西安）
全国象棋个人赛

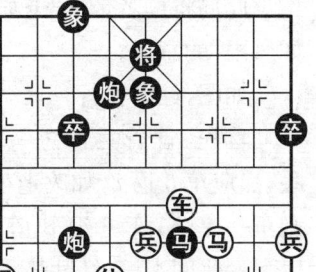

黑方 金　松

红方 孙勇征

如图，红方先行。

首先，首着马三进二，跃马过楚河，寻找射门的感觉。其次，第9着兵五进一，拱兵车捉马，配合车马围困九宫。第三，第21着弃兵斩中象，再车六退一食炮。第四，车六平三，左车右调，捉左马，马七进六将军抽炮，至此，黑放弃抵抗。

1. 马三进二！	将5退1	2. 马二进四	炮4退1
3. 马四退六	炮4平3	4. 相九进七	前炮平4
5. 兵五进一	马6进7	6. 车四进五	将5进1
7. 马六进七	炮4退4	8. 兵五进一	马4退2
9. 兵五进一	马2退3	10. 车四平六	炮3平4
11. 兵五进一	将5进1	12. 车六退一	马3退5
13. 车六平三	红胜		

第42局

车马炮双兵单缺相对
双车双卒士

火车头杨德琪——重庆洪 智

(2005年3月25日弈于北京)

"威凯房地产杯"全国象棋排名赛

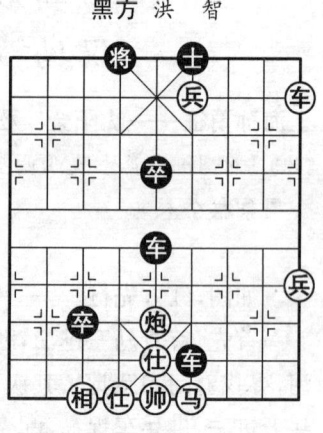

黑方 洪 智

红方 杨德琪

此局将读者带进"退如山移,进如风雨"的意境。

如图,红方先行。

首先,首着兵四进一,车口拱兵,黑应车6退8,如改走卒3进1,则车一平五,车6退8,车五平七,以下变化同本谱,红胜势。其次,第3着车一平七,右车左调,既抽车又捉卒,有戏。第三,第5着车七退二,回车欲叫将,抽中卒。第四,仕六进五,左仕中调捉双车,必得其一,红胜矣。

1. 兵四进一！ 车6退8   2. 车一平七   车6进5
3. 车七退二   车5平4   4. 炮五平二   卒3平4
5. 仕五进六   车4进2① 6. 马四进五   车6进2
7. 仕六进五   红胜

注：① 昏招,应改走车6平5,较硬朗。

第43局

双车炮三兵仕相全对
双车马双卒士象全

沈阳金　波——湖南谢　岿

(2005年4月20日弈于辽宁沈阳)

第3届象甲联赛

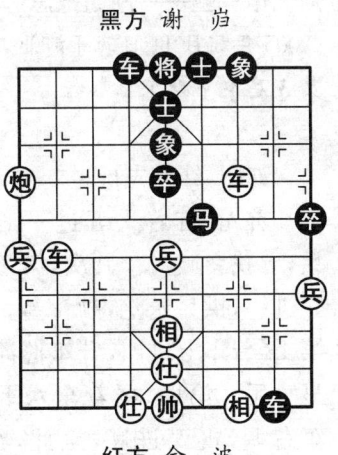

黑方　谢　岿

红方　金　波

如图,红方先行。

首先,首着兵五进一,弃兵架中炮,气势贯长虹。其次,第7着车四进一,伸车细棋,防黑马8退7提中炮。第三,第9着帅五平四,亮帅助攻,黑如改应马8进6(如卒5平6,车八平四!)车四退三,卒5平6,车八平四,绝杀。第四,第23着车三进五,挥车吃底象,再退车捉中象,胜矣。

1. 兵五进一！　　卒5进1　　2. 车三平四！　　马6进7
3. 炮九平五　　　马7退8　　4. 车四进一！　　卒5进1
5. 帅五平四！　　马8退7　　6. 车四平三　　　车8退6
7. 车八进二　　　车8平6　　8. 帅四平五　　　卒5进1
9. 兵九进一　　　卒5平4　　10. 兵九进一　　　卒4平3
11. 车三退三　　　车6进3　　12. 车三进五　　　卒3退1
13. 车三退二　　　**红胜**

第44局

双车双马炮四兵仕相全对
双车双马炮双卒士象全

河北申 鹏——湖南范思远

(2005年5月11日弈于河北石家庄)
第3届象甲联赛

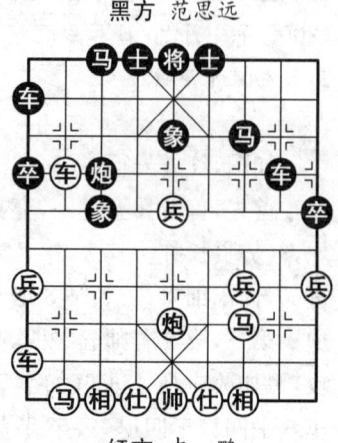

黑方 范思远

红方 申 鹏

如图,红方先行。

首先,首着兵五进一,拱兵弃兵,寻找突破口。其次,第11着兵三进一,拱兵送吃,颇含蓄。第三,第13着车七进四,升车巡河,将大显身手。第四,尾着车六平二,左车右调,再谋进展,至此,红多子胜定。

1. 兵五进一!	炮3进6	2. 仕六进五	车8平5
3. 车九平七	马3进4	4. 车八平五	马7进5
5. 车七退一	车1平7	6. 兵三进一!	士6进5
7. 车七进四	车7平6	8. 车七平五	马5退3
9. 马八进七	车6进5	10. 车五退一	车6退3
11. 兵三进一	马3进4	12. 车五平六	后马进2
13. 车六平二	**红胜**		

第45局

双车马炮三兵仕相全对
车双马双炮三卒士象全

江苏徐　超——江苏徐天红

(2005年9月5日弈于浙江杭州)

三环杯象棋公开赛

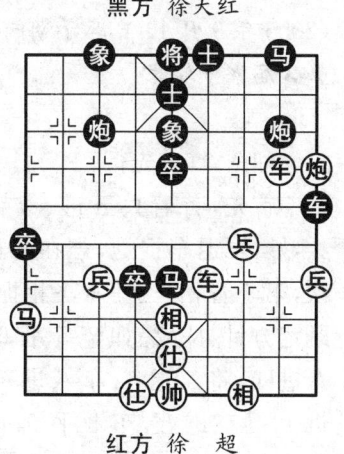

黑方　徐天红

红方　徐　超

此局将读者带进"挽弓当挽强，用箭当用长"的意境。

如图，红方先行。

首先，首着兵一进一，虎口拱兵，红将黑车赶到暗角。其次，第3着炮一平五，边炮轰中卒，再炮五平八欲沉底，黑应车9平2，如改走炮3平2，则马九退七，红大优。第三，尾着车二进一，进车食炮，得子胜。

1. 兵一进一！　　车9进1　　2. 炮一平五　　车9退1
3. 炮五平八　　车9平2　　4. 兵七进一　　马8进7
5. 炮八平三　　车2平6①　6. 车四进二　　马5退6
7. 车二进一　　**红胜**

注：① 败笔，应改走炮8退2，较硬朗。

第46局

车马炮三兵仕相全对
车双炮五卒单缺象

北京蒋　川——湖南程进超

(2005年9月14日弈于湖南耒阳)

第3届象甲联赛

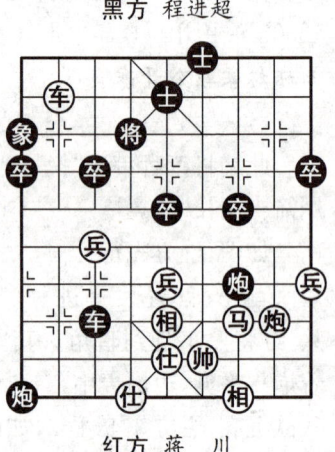

黑方　程进超

红方　蒋　川

如图,红方先行。

首先,首着兵五进一,拱兵弃兵,妙,再退车捉炮,志在必得。其次,第5着相三进一,飞相捉卒,按既定方针办。黑如卒5平6,则车八进四,将4退1,车八进一,将4进1,马三进五,车3平5,炮二进六,士5退4,马五进六,车5退3,车八退一,将4退1,马六进五,红胜。第三,尾着马五进四,再车八平五,将5平4,马四进六,再马六进四双杀。

1. 兵五进一!	卒5进1	2. 车八退五	卒7进1
3. 相三进一	炮1退6	4. 相一进三	炮1平6
5. 帅四退一	炮7平6	6. 帅四平五	后炮平1
7. 马三退四	车3进1	8. 车八平四	炮1进5
9. 相五退七	车3进1	10. 车四平六	卒5平4
11. 车六平九	卒4平3	12. 炮二平六	车3平2
13. 马四进五	将4平5	14. 马五进四	**红胜**

第47局

车马炮双兵仕相全对
车马炮三卒单缺象

广东许银川——开滦景学义

(2005年9月21日弈于广东广州)

第3届象甲联赛

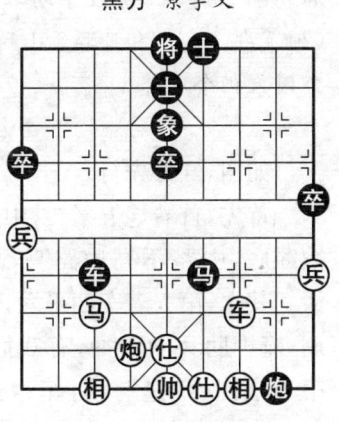

黑方 景学义

红方 许银川

如图,黑方先行。

首先,首着炮8退5,欲左炮中调摆头炮,战术灵活多变。其次,第7着卒9进1,弃卒妙手,让兵过不让炮过。第三,第15着卒5平6,平卒叫将让马道,有戏。第四,尾着卒6平5,伏卒5平4的凶着。

1. ……	炮8退5	2. 车三进一	卒5进1
3. 车三退一	卒5进1	4. 炮六进四	卒9进1
5. 兵一进一	炮8平5	6. 炮六退四	马6退4
7. 马七退六	车3进2	8. 车三平六	卒5平6
9. 仕五进四	马4进6	10. 车六进三	卒6平5

黑胜

第48局

车炮三兵仕相全对
车炮三卒士象全

河北申 鹏——浙江于幼华

(2005年10月29日弈于山西太原)

全国象棋个人赛

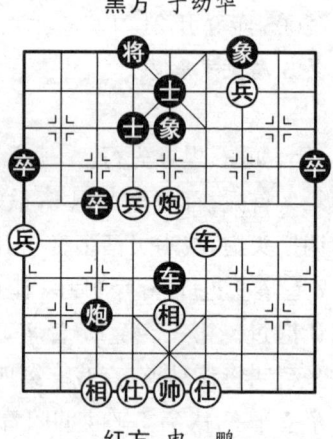

黑方 于幼华

红方 申 鹏

如图,红方先行。

首先,首着炮五平二,中炮右调欲冲底,中路不亮边路亮,战术灵活。其次,第5着车四平六,右车左调,掩护肋兵向前冲,有戏!第三,第11着兵六进一,再车六进五食士,消灭九宫卫士。第四,尾着兵三进一,拱兵冲底,再炮二进一,绝杀。

1. 炮五平二	车5平8	2. 炮二进三	车8退3
3. 车四平六	将4平5	4. 兵六进一	卒3进1
5. 车六退二	炮3退1	6. 兵六进一	士5进4
7. 车六进九	炮3平9	8. 车六进	卒9进1
9. 仕六进五	车8进3①	10. 相五退三	卒1进1
11. 车六平五	将5平4	12. 车五平四	将4平5
13. 兵三进一	**红胜**		

注:① 如改走炮9平5,帅五平六,炮5平4,车六平五,将5平4,车五平四,将4平5,兵三进一,红胜。

第49局

双车双马双炮四兵仕相全对双车双马双炮四卒士象全

上海孙勇征——厦门陈富杰

(2006年7月19日弈于上海)

第4届象甲联赛

此局将读者带进"吴楚东南坼,乾坤日夜浮"的意境。

如图,红方先行。

首先,首着兵五进一,车口拱兵护三路兵,黑如应卒5进1,(如炮4平2,兵七进一!)兵七进一,车3平4,炮六进五,士5进4,兵三平四,红优。其次,第7着马九进七,跃马

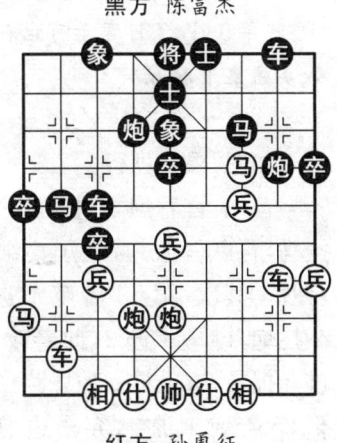

黑方 陈富杰

红方 孙勇征

兑马,撕开黑方车马的防线。第三,第11着车八进八,挥车进底线捉象,有戏。第四,尾着炮五进五,入局飞弹,黑如续走象3进5,则马三进五,车4平2,马五进三,将5平4,车七平六,士5进4,车六进四杀。

1. 兵五进一!	卒3进1	2. 兵五平六	车3平4
3. 炮六进五	士5进4	4. 马九进七!	马2进3
5. 车二平七	士4退5	6. 车八进八	车4退4
7. 炮五进五	红胜		

第50局

车马炮三兵仕相全对车马炮三卒士象全

大连金 松——河北苗利明

(2006年9月27日弈于河北石家庄)

第4届象甲联赛

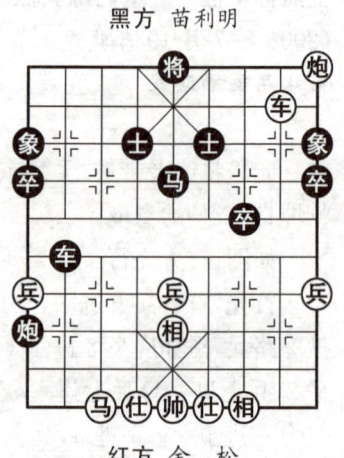

黑方 苗利明

红方 金 松

如图,黑方先行。

首先,首着炮1进2,边炮沉底拴马,再跃马象口,三子集结,非常有戏。其次,第13着卒7进1,弃卒拦炮,再马4进3,此着改走车2进3捉马,这也是一种思路。第三,第25着炮1退1,弃马边炮叫将,伏抽子。第四,尾着车3退4,退车捉炮做杀,红难应付,黑胜。

1. ……	炮1进2	2. 车二进一	将5进1
3. 车二退三	马5进3	4. 炮一退三	车2进1
5. 炮一退一	马3进4	6. 车二平五	将5平6
7. 炮一退一①	卒7进1	8. 相五进三	马4进3
9. 帅五进一	车2进3	10. 帅五平四	车2平3
11. 相三退五	炮1退1	12. 仕四进五	马3退5
13. 帅四进一	炮1退1	14. 帅四退一	车3退4

黑胜

注:① 如改走仕四进五,车2进2杀仕,红难应。

第51局

车马炮三兵仕相全对
车马炮卒士象全

厦门谢　卣——河北苗利明

(2008年11月4日弈于广东顺德)

全国象棋个人赛

此局将读者带进"戎马鸣兮金鼓震,壮士激兮忘身命"的意境。

如图,红方先行。

首先,首着车九进三,挥车进底线捉右象,逼黑保象。其次,第3着兵九进一,拱兵弃兵,红马进入前沿阵地。第三,第9着兵七进一,拱兵妙手,切断车马炮防线,伏马九进八抽车。第四,尾着马九进八,黑如接走将4平5(如将4进1,马八退七抽车)马八退六,将5平4,炮五平六,红胜。

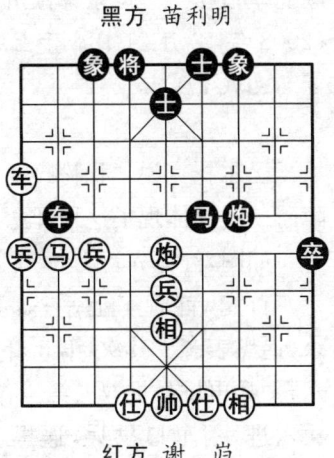

黑方　苗利明

红方　谢　卣

1. 车九进三	象7进5	2. 兵九进一	车2平1
3. 马八进九	将4进1	4. 车九退一	将4退1
5. 兵七进一!	马6进5	6. 马九进八	**红胜**

第52局

双车双马双炮五兵仕相全对
双车双马双炮三卒士象全

湖北李雪松——广东许银川

(2008年12月21日弈于上海)

首届九城置业杯

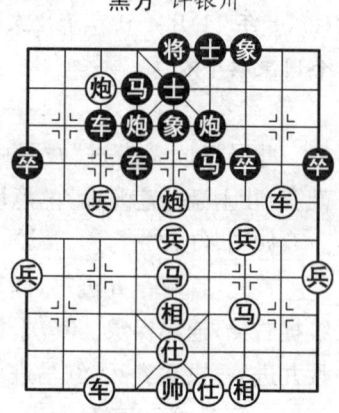

黑方 许银川

红方 李雪松

巴尔扎克说:"我粉碎了每一个障碍。"此局体现了这种理念。

如图,红方先行。

首先,首着车七平八,亮车做杀,逼黑表态。其次,第3着兵七平六,平兵再拱兵捉双。第三、第5着兵六进一,车口拱兵,逼黑右车吃兵,离开要地,第四,尾着车二进三,进车伏妙杀,红车二平五,士6进5,炮七进一闷杀;黑如接走车4平3,则车二平六,士6进5,炮七平五,红胜。

1. 车七平八！   车4平5   2. 兵七平六   车3进1
3. 兵六进一   车3平4   4. 兵八进九   士5退4
5. 车二进三   **红胜**

第53局

车双马炮三兵仕相全对
车马双炮三卒双象

北京蒋　川——江苏徐天红

(2009年2月21日弈于广东广州)

第29届"五羊杯"象棋赛

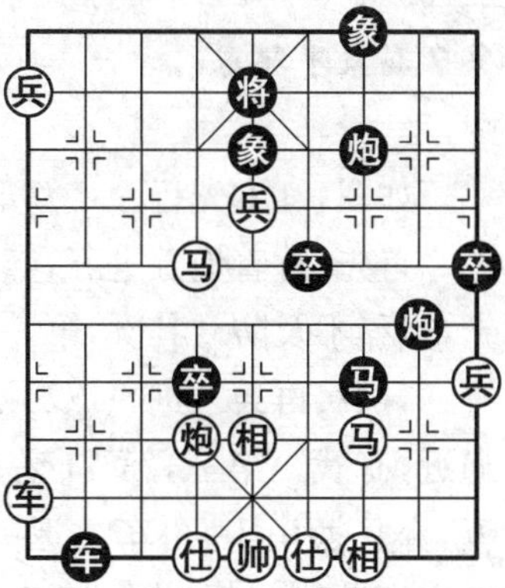

如图,红方先行。

首先,首着马六进四,左马右调叫将,逼黑防范。其次,第9着兵五进一,弃兵换象,削弱其防守力量。第三,第19着炮五进六,中炮轰中象,至此,黑士象全无,后果不堪设想。第四,尾着车二进五,挥车捉肋炮,掩护边兵逼近九宫,红攻下城池,近在咫尺。

黑方　徐天红

红方　蒋　川

1. 马六进四	炮7平6	2. 炮六退一	车2退6
3. 炮六平五	炮8进3	4. 车九进二	卒4进1
5. 兵五进一	象7进5	6. 相五退七	卒4平5
7. 相七进五	车2平6	8. 车九平三	车6平4
9. 车三平二	将5平4	10. 炮五进六	车4进6
11. 帅五进一	炮6退1	12. 车二进五	**红胜**

第54局

车炮双兵仕相全对
车炮双卒单缺象

河北申　鹏——四川李少庚

(2009年6月21日弈于广东惠州)

第7届象甲联赛

如图,红方先行。

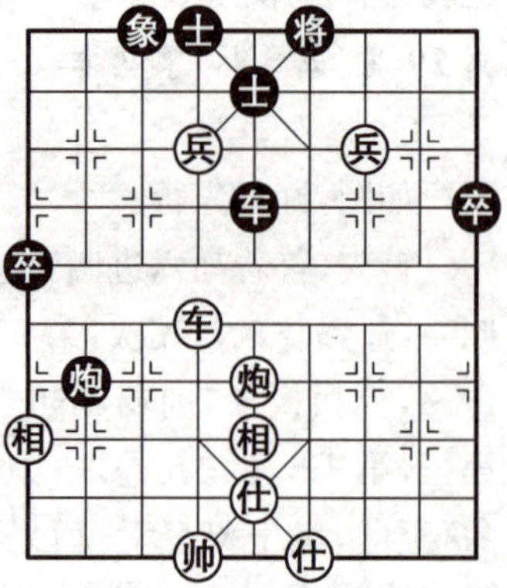

首先,首着炮五进五,弃炮轰中士,黑猝不及防。其次,第3着兵六进一,拱兵再兵三进一,双兵向黑将逼近,有戏。第三,第11着兵六平五,弃兵换中士,再车八退一吃炮,红方离冲刺目标,渐行渐近了。第四,尾着车七平五,左车中调占中路,再落仕相,亮帅做杀。

1. 炮五进五	士4进5	2. 兵六进一	将6平5
3. 兵三进一	车5平6	4. 帅六平五	车6退1
5. 车六平八	车6平4	6. 兵六平五	将5进1
7. 车八退一	车4进2	8. 车八进五	将5进1
9. 车八平七	象3进1	10. 车七退一	车4退2
11. 车七退一	车4进2	12. 车七平五	将5平4
13. 兵三平四	象1进3	14. 相五退七	**红胜**

第五章　破仕(士)射门

(40局)

第 55 局

车马炮双兵单缺仕对
车马双炮双卒双士

山东王秉国——上海胡荣华

(1979 年 9 月 24 日弈于北京)

第 4 届全运会

黑方　胡荣华

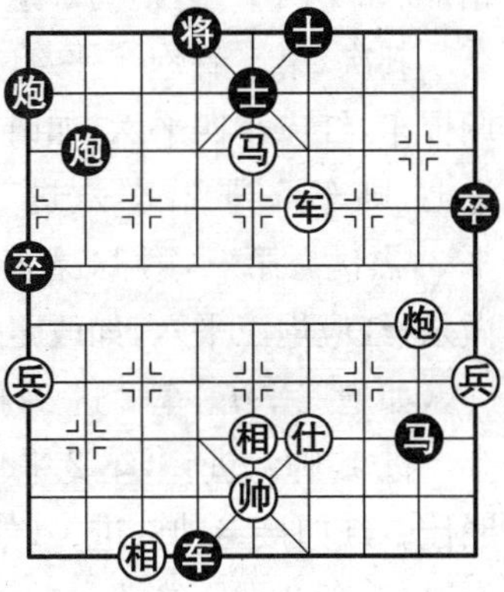

红方　王秉国

此局将读者带进“女娲炼石补天处，石破天惊逗秋雨”的意境。

如图，红方先行。

首先，首着车四进三，挥车斩士，再车四平七，欲车马冷着射门。其次，第 11 着马五退七，中马左调，回马金枪，逼将上 3 楼。第三，第 13 着车七退一，红车退一步，再车七平六，绝杀。

1. 车四进三	将 4 进 1	2. 车四平七	车 4 退 1
3. 帅五退一	车 4 进 1	4. 帅五进一	车 4 退 1
5. 帅五退一	炮 1 进 1	6. 马五退七	将 4 进 1
7. 车七退一	车 4 进 1	8. 帅五进一	**红胜**

第56局

双车马炮三兵仕相全对
双车马炮卒士象全

浙江于幼华——黑龙江孙志伟

(1985年10月6日弈于江苏南京)

全国象棋个人赛

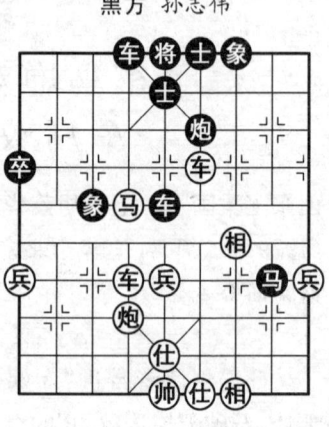

黑方 孙志伟

红方 于幼华

如图,黑方先行。

首先,首着炮6平7,平炮射相,红如车四平三,则马8退6踩双车。其次,第5着炮7平4,左炮右调捉车,红应车四平六,如改走马六进七,则车5进2,车六进三,车4平3,黑优。第三,第14着车2进7做杀,红应炮三平六,如改走炮三进一,(如炮三平五,车2进2,再马7退5黑胜)车6进4,帅六进一,车2进1,帅六进一,车2平5,黑胜。第四,尾着车6进4,弃车斩底仕。红如接走帅六进一(如仕五退四,车2平4杀)车2进1,车七退二,车2平3绝杀。

1. ……	炮6平7	2. 相三进一	马8进7
3. 帅五平六	炮7平4	4. 车四平六	车4平2
5. 兵五进一	车5平6	6. 兵五进一	车6进1
7. 炮六平三	象7进5	8. 后车平七	车2进7
9. 炮三平六	车6进4	**黑胜**	

第57局

车马三兵单缺仕对
车炮卒士象全

上海万春林——黑龙江张影富

(1993年4月27日弈于江苏南京)

全国象棋团体赛

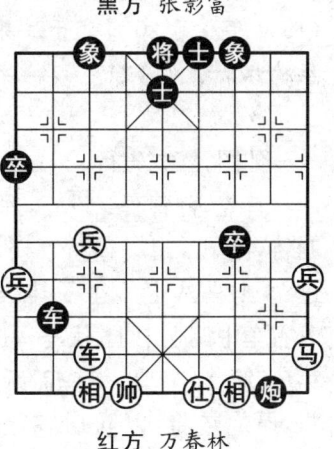

黑方 张影富

红方 万春林

孙子曰:"胜可知,而不可为。"此句是说,胜利可以预见,而不可以强求硬造。此言中肯,言之有理。

如图,黑方先行。

首先,首着车2平6,右车左调捉底仕,伏抽子。其次,第3着车6进2,进车吃仕叫将,再车6平7白吃底相,有戏。第三,尾着车7平1捉边相,再拱卒,胜算在握。

1. ……　　车2平6　　2. 车七平二　　车6进2
3. 帅六进一　车6平7　　4. 相七进九　　车7平1

黑胜

第58局

车马炮双兵双仕对
车马炮双卒单缺象

江苏童本平——河北阎文清

(1994年9月20日弈于江苏扬中)

华鹏杯象棋大师赛

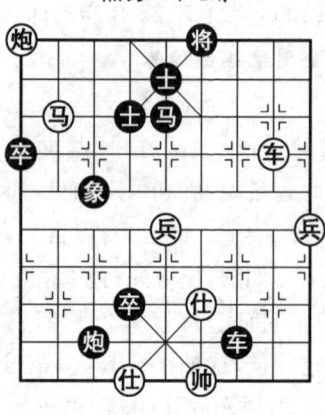

黑方 阎文清

红方 童本平

如图,红方先行。

首先,首着车二进三,挥车冲底叫将,再车二退一逼将下楼,如将6进1,则马八退六杀。其次,第15着右车中调吃中士,伏马六进五杀。第三,第17着马六进五,跃马炮叫将,逼炮垫将,以防后院起火。第四,尾着马六退七,黑如接走象3进1,则仕四退五,再车四平五杀。

1. 车二进三	将6进1	2. 车二退一	将6退1
3. 马八进七	士5退4	4. 马七退六	士4进5
5. 车二平五	炮3平2	6. 马八进五①	炮2退8
7. 车五平八	炮2平4	8. 马五退六	炮4进1
9. 车八平六	卒4平5	10. 马六进八	车7进1
11. 帅四进一	象3退1	12. 马八进六	象1退3
13. 车六平四	将6平5	14. 马六退七	红胜

注:① 可改走炮九平八,较凶狠。

第59局

车双马双炮三兵仕相全对
双车马炮三卒单缺象

云南郑新年——江苏徐天红

(1995年10月13日弈于江苏吴县)

全国象棋个人赛

如图,红方先行。

首先,首着马三进四,跃马既捉炮又捉当头卒,非常有戏。其次,第5着马四进五,马踩当头卒,配合子力,围困孤城。第三,第9着车八平五,左车中调,不吃马叫将,入局妙手。第四,尾着马三进四,跳马入宫,伏车四退一,象7进5,车四平五,绝杀。

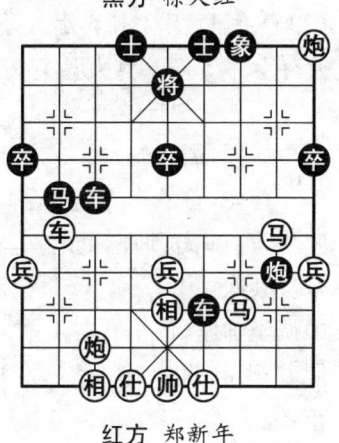

黑方 徐天红

红方 郑新年

1. 马三进四!	炮8进3	2. 仕四进五	车6平8
3. 马四进五	车3进4	4. 马五进三	将5退1
5. 车八平五	士4进5	6. 车五进四	将5平4
7. 车五平四	炮8平4	8. 车四进一	将4进1
9. 车四退一	将4进1	10. 马三进四	**红胜**

第60局

双车马双炮双兵双仕对
双车马炮三卒士象全

黑龙江赵国荣——火车头金　波

（2000年11月4日弈于上海）

广洋杯第3届象棋大棋圣战

如图，黑方先行。

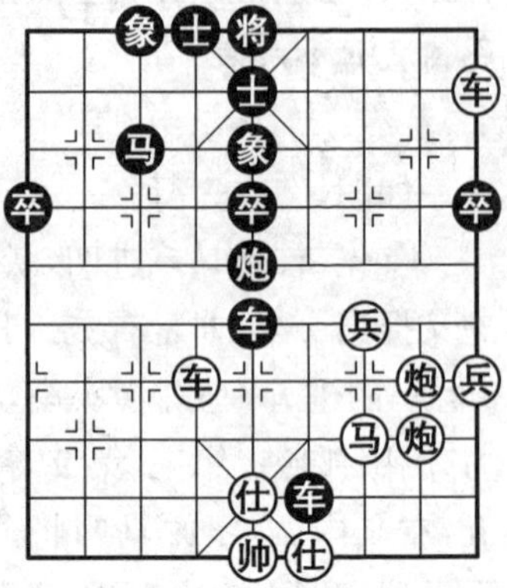

首先，首着车5进3，挥车吃仕叫将，逼帅离帅座，再中车右调做杀。其次，第17着车2平5，右车中调坐帅座，伏车6平4杀。第三，尾着车5平2，中车右调，再长短车，绝杀。

黑方　金　波

红方　赵国荣

1. ……	车5进3		
2. 帅五平六	车5平2		
3. 仕四进五	车2进1	4. 帅六进一	炮5平4
5. 车六平七	马3进2	6. 车一进一	士5退6
7. 前炮进六	象5退7	8. 车七进二	车6退2
9. 仕五退四	车2平5	10. 仕四进五	车6平4
11. 仕五进六	马2进3	12. 车七退二	车4平3
13. 仕六退五	车5平2	**黑胜**	

第61局

双车马炮双兵单缺相对
双车炮三卒士象全

河北张　江——上海浦东葛维蒲

(2001年10月弈于陕西西安)

全国象棋个人赛

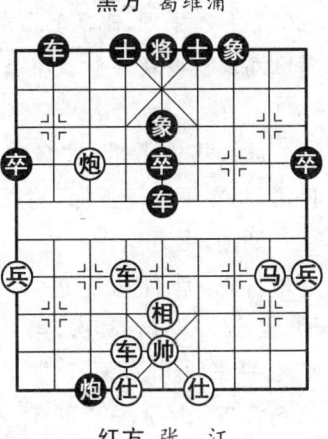

黑方　葛维蒲

红方　张　江

　　如图,黑方先行。

　　首先,首着车5平6,中车左调,占肋捉仕,颇有见地。其次,第5着将5平6,亮将,伏车6进4杀。第三,第13着车6进5,挥车斩底仕,非常有戏。第四,尾着将6平5,至此,黑再炮2平5,红难堪,必走麦城。

1. ……	车5平6	2. 前车进三	士6进5
3. 炮七平五	将5平6	4. 炮五平四	炮3平1
5. 后车平九	炮1平2	6. 相五退七	车2进6
7. 马二退三	车6进5	8. 炮四退三	车2平5
9. 相七进五	炮2退5	10. 车六退一	炮2退1
11. 车六进一	炮2进1	12. 车六平四	将6平5

黑胜

第62局

双车马三兵单缺相对
双车马三卒单缺象

吉林洪 智——火车头谢 岿

(2004年2月21日弈于北京)

第3届威凯房地产杯象棋精英赛

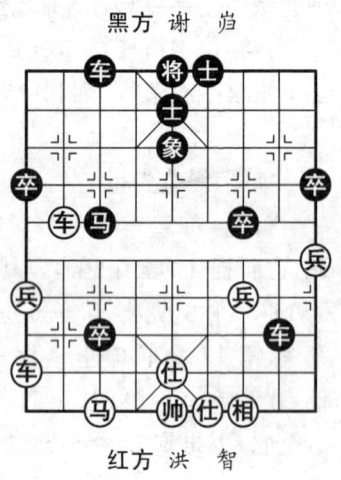

黑方 谢 岿

红方 洪 智

此局将读者带进"自古平戎有良策,将军不用倚云梯"的意境。

如图,黑方先行。

首先,首着马3进4,欲奔卧槽,伏卒3进1。其次,第3着车3平4,平车肋道,伏马4进3。第三,第6着卒3平4,平卒吃仕入宫,咄咄逼人。第四,第9着卒4进1,拱卒塞相眼,红应车八退三,如改走仕五进四,车8平7,黑胜势。第五,尾着车4平3,平车做杀,胜矣。

1. ……　　　　马3进4　　2. 车九平六　　车3平4
3. 仕五进六　　马4进6　　4. 车六平四　　卒3平4
5. 仕四进五　　卒4进1　　6. 车八退二　　车4平3

黑胜

第63局

车马三兵仕相全对
车马三卒双士

广东黄海林——上海葛维蒲

(2004年10月4日弈于广东东莞)

首届杨官璘杯

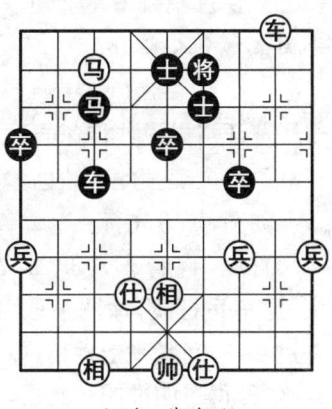

黑方 葛维蒲

红方 黄海林

如图,红方先行。

首先,首着马七进五,左马中调蹬将座,西方不亮东方亮,妙手。其次,第3着马五退三,中马右调,车马联袂,非常有戏,黑应士5退6,如改走3平7,则马三退一,士5退4,车二平五,士6退5,马一退三,将6进1,车五平二,红胜定。第三,第9着马四退五,右马中调,左右夹击,如误走车四退二,黑车3平6,红没戏。第四,尾着车四平三,至此,黑士象全无又失势,输矣。

1. 马七进五!	车3进2	2. 马五退三	士5退6
3. 马三退四	将6平5	4. 车二平四	马3进4
5. 马四退五	车3平1	6. 马五进六	将5平4
7. 马六进八	马4退3	8. 车四退二	车1平3
9. 车四平三	**红胜**		

第64局

双车马三兵单缺相对
双车炮双卒双象

黑龙江赵国荣——河北苗利明

(2004年11月4日弈于重庆)

全国象棋个人赛

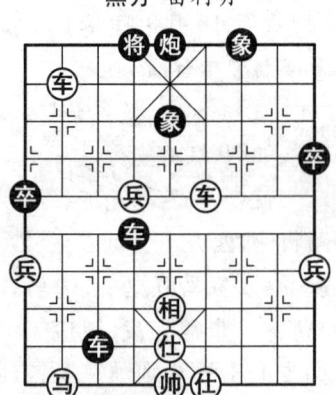

黑方 苗利明

红方 赵国荣

苏沃洛夫说:"神速的猛攻是真正战争的灵魂。"此言妙也。

如图,黑方先行。

首先,首着车3退2,车忌低头,退车兵行线,徐图进取,红应仕五进六,时间紧张走昏招,应改走车八平五,再车四进四。其次,第3着车4进2,进车吃仕捉中相,志在必得。第三,第5着车4平5,右车中调斩中相,做杀,伏车3进3杀。第四,尾着车3平8,右车左调,伏车8进2绝杀。

1. ……	车3退2	2. 仕五进六	车4进2
3. 仕四进五	车4平5	4. 马八进七	车3进1
5. 车八退八	车5进1	6. 帅五平四	车3平8

黑胜

第65局

车马炮兵单缺仕对车双马四卒士象全

广东李鸿嘉——吉林陶汉明

(2004年11月6日弈于重庆)

全国象棋个人赛

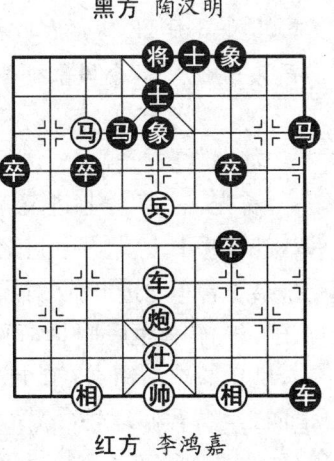

黑方 陶汉明

红方 李鸿嘉

如图，红方先行。

首先，首着车五平八，中车左调觅战机，向黑方空虚的右路进军。其次，第10着马七进九，马跳边陲，既可捉底马，又可马九退八奔卧槽。第三，第15着炮五平六，中炮左调叫将，黑应马6退4，如改走将4平5，则马九退八，车5平4，马八进七，红胜势。第四，尾着兵七平六，平兵吃士入宫，再兵六进一，胜算在握。

1. 车五平八	车9平7	2. 仕五退四	车7退3
3. 车八进六	马4退3	4. 兵五平六	车7平5
5. 马七进九	将5平4	6. 仕四进五	马9进8
7. 兵六进一	马8进6	8. 炮五平六	马6退4
9. 兵六平七	士5进4	10. 兵七进一	将4平5
11. 兵七平六	**红胜**		

第66局

双车马炮四兵仕相全对
双车马炮双卒士象全

河北李望祥——重庆洪 智

(2005年3月22日弈于北京)

"威凯房地产杯"全国象棋排名赛

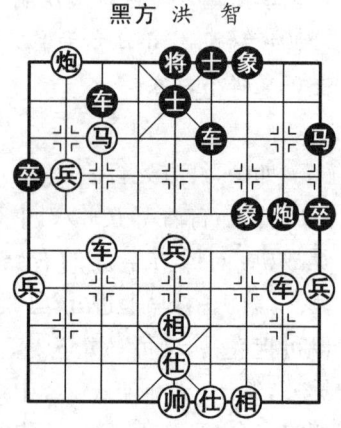

黑方 洪 智

红方 李望祥

如图,红方先行。

首先,首着马七进五,左马中调,进马踩中士,伏马五进七杀。其次,第5着车七进五,面对黑双车捉双子,红挥车冲底叫将,再兵八进一,拱兵欺车。第三,第11着马六退四,左马右调,叫将,黑应将5平6,如改走炮8平6,则车二进四,炮6退2,车七平四,红胜定。第四,尾着马四进六,虎口叫将让车道,黑如接走车4进1,则车二平四,将6平5,前车退一,红胜定。

1. 马七进五!	车3平2	2. 马五退六	车6平4
3. 车七进五	将5进1	4. 兵八进一	车2平4
5. 炮八退一	将5进1	6. 马六退四!	将5平6
7. 车七平四	后车平6	8. 马四进六	**红胜**

第67局
车马炮三兵仕相全对
双车双卒士象全

北京蒋　川——北京张　强

(2005年5月7日弈于上海)

"城大建设杯"全国象棋大师冠军赛

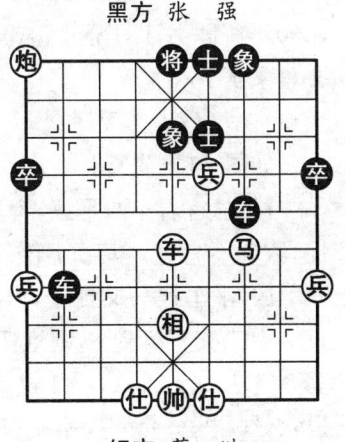

黑方 张　强

红方 蒋　川

如图,红方先行。

首先,首着兵四进一,拱兵吃士,在车的掩护下,再换双象,攻下城池,此兵立头功。其次,第7着马三进五,进马过楚河,配合车炮,边中结合,发动总攻。第三,第17着车五平一,中车右调到边陲,避免兑车,妙。第四,炮九退二,退炮做杀,黑难应,红胜定。

1. 兵四进一	车2平6	2. 兵四平五	象7进5
3. 车五进三	士6进5	4. 马三进五	车6退2
5. 马五进六	将5平6	6. 马六进七	将6进1
7. 车五进一	将6进1	8. 仕六进五	车6平5
9. 车五平一	车5进3	10. 炮九退二	**红胜**

第68局

车双炮兵仕相全对
车马炮双卒双士

湖北汪　洋——通信潘振波

(2005年11月1日弈于山西太原)

全国象棋个人赛

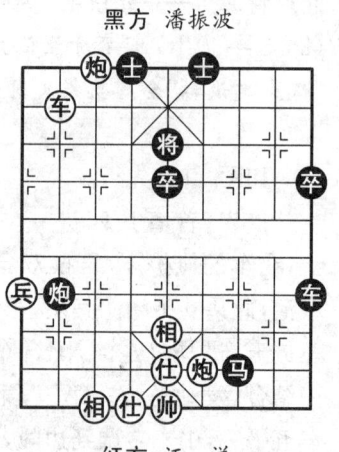

黑方　潘振波

红方　汪　洋

如图,红方先行。

首先,首着车八平三,奔车右调捉马,攻不忘守。其次,第17着车三平四,平车捉马又捉士,黑应马6进7,如改走马6退8,则炮四平三,马8进7,炮七进八,士4进5,车四退六,红得子。第三,第19着帅五平六,弃仕亮帅,摆脱牵制,有戏。第四,尾着相五进三,黑马在相口,逃马丢车,必丢其马。

1. 车八平三　　车9进3　　2. 仕五退四　　炮2平5
3. 仕六进五　　马7退6　　4. 车三退一　　将5退1
5. 车三进一　　将5进1　　6. 车二退二　　卒5进1
7. 炮七退八　　将5进1　　8. 车三进二　　将5退1①
9. 车三平四　　马6进7　　10. 帅五平六　　炮5进2
11. 炮四进八　　士4进5　　12. 炮四平一　　马7退8
13. 相五进三　　红胜

注：① 应改走将5进1,车三退四,卒9进1,较顽强。

第69局

双车马双炮双兵仕相全对
双车马双炮四卒士象全

煤矿宋国强——黑龙江赵国荣

（2005年11月4日弈于山西太原）

全国象棋个人赛

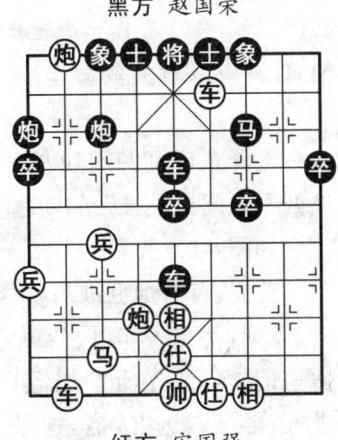

黑方 赵国荣

红方 宋国强

如图，红方先行。

首先，首着车四平六，车平肋道，集中兵力，攻打右路，再炮六进七轰士，有戏。其次，第5着车八进八，挥车联车做杀，伏车六平五，将5平6（如马7退5，炮六退一杀）炮六退一杀。第三，第11着车六平七，平车捉炮，再炮六退一，有戏。第四，尾着车七进一，进车斩象，红五子归边，黑招架不住了。

1. 车四平六　　士6进5　　2. 炮六进七　　象7进9
3. 车八进八　　将5平6　　4. 马七进六　　将6进1
5. 马六进七　　后车平6　　6. 车六平七　　炮3平5
7. 炮六退一　　士5退4　　8. 车七进一　　红胜

第70局

双车马炮双兵仕相全对
双车马炮双卒单缺象

广西黄仕清——北京蒋　川

(2005年12月7日弈于北京)

MM1世界象棋大师赛

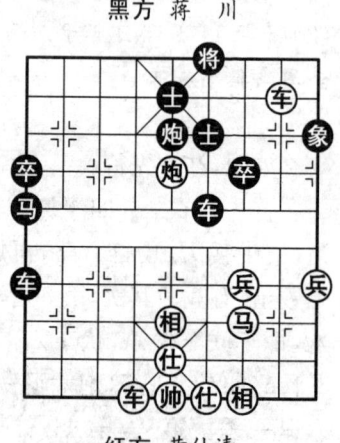

黑方　蒋　川

红方　黄仕清

　　毛泽东说:"只有决战,才能解决两军之间谁胜谁败的问题。"

　　如图,红方先行。

　　首先,首着炮五进二,挥炮轰中士,飞弹,黑应车6平4,献车准备搏一记。如改走士6退5,则车二平五,再车六进九,绝杀。其次,第7着车二进一,伸车叫将,逼将上二楼。第三,尾着车二平六,右车左调,严防死守,黑无计可施,败走麦城。

1. 炮五进二！　　车6平4　　2. 车六进五　　车1进3
3. 车八退-　　马1进2　　4. 车-进一　　将6进1
5. 车二平六　　**红胜**

第71局

车炮兵仕相全对
车炮双卒士象全

大连金　波——北京蒋　川

(2006年8月30日弈于辽宁大连)

第4届象甲联赛

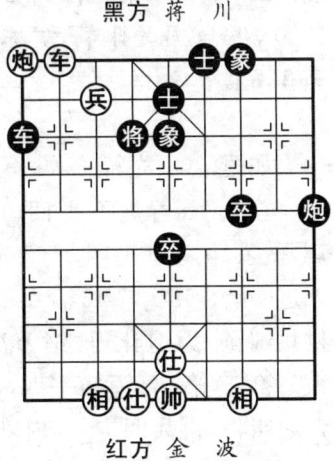

黑方 蒋 川

红方 金 波

此局将读者带进"奋勇争先无敌手,如摧枯朽逞威风"的意境。

如图,红方先行。

首先,首着炮九平四,底炮白吃底士,摧毁一名贴身卫士。其次,第5着车八退三,退车做杀,抢占中路,有戏。第三,第11着炮五平六,中炮左调做杀,逼黑落士,再车六平五,将5平6,兵六平五,白吃中士。第四,尾着兵五平六,平兵炮打车做杀,黑如接走车4退4,车四进一,将5退1,车四进一,抽车胜。

1. 炮九平四!	象5退3	2. 炮四平五	车1平3
3. 车八退三	士5进6	4. 车八平六	将4平5
5. 兵七平六	车3进3	6. 炮五平六	士6退5
7. 车六平五	将5平6	8. 兵六平五	炮9进2
9. 相三进五	炮9平5	10. 车五平四	将6平5
11. 帅五平四	车3平4	12. 兵五平六	**红胜**

第72局

马炮双兵仕相全对
双马卒士象全

厦门汪　洋——厦门郑一泓

(2006年11月5日弈于广东东莞)

第2届杨官璘杯

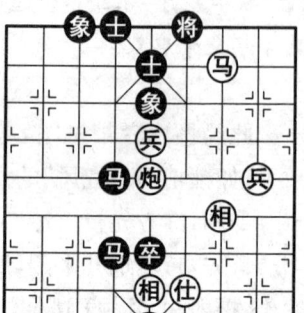

黑方　郑一泓

红方　汪　洋

如图,红方先行。

首先,首着炮五平四,中炮右调,做杀,伏兵五平四,士5进6,兵四进一杀。其次,第3着兵二进一,拱兵细棋,为炮让道,细节决定成败。第三,第5着兵五平四,中兵右调炮叫将,再兵四进一,白吃士,黑应将6平5,如改走将6进1,则马三退四杀。第四,第9着炮四平一,平炮边路,做杀,可见第3着兵二进一之妙。第五,尾着相三退五,黑如续走象3进5,兵二平三,象5退7,兵三进一,后马退5,炮一平二,马5进4,兵三平四,象7进5,兵四平五,后马退6,马二退四杀。

1. 炮五平四　　将6进1　　2. 兵二进一　　卒5进1
3. 兵五平四　　士5进6　　4. 兵四进一　　将6平5
5. 炮四平一　　将5平4　　6. 兵四平五　　士4进5
7. 兵五进一　　将4进1　　8. 相三退五①　**红胜**

注:① 可改走炮一进二,较积极。

第73局

车双炮三兵仕相全对车双炮双卒士象全

浙江张申宏——火车头才 溢

(2006年11月19日弈于广东深圳)

全国象棋个人赛

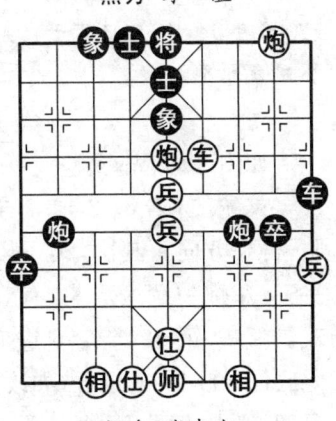

黑方 才 溢

红方 张申宏

如图，红方先行。

首先，首着车四平三，平车做杀，逼将亮将。其次，第5着炮二平六，右炮左调，白吃底士。第17着炮九进一，伸炮沉底叫将，意味深长。第四，尾着车四平八，右车左调，既捉炮又伏抽子，胜矣。

1. 车四平三　　将5平6　　2. 相三进五　　炮7平6
3. 炮二平六!　车9进2　　4. 炮六退一　　炮6进1
5. 前兵平六　　卒8平7　　6. 车三平二　　炮6平7
7. 车二平四　　将6平5　　8. 炮六平九　　炮7平5
9. 炮九进一!　象3进1　　10. 炮五退三　　车9平5
11. 车四平八　　**红胜**

第74局

车双马炮双兵单缺相对
车双马炮三卒士象全

开滦郝继超——开滦杨德琪

(2006年11月19日弈于广东深圳)

全国象棋个人赛

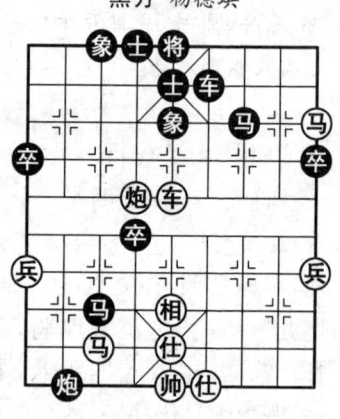

黑方 杨德琪

红方 郝继超

如图,黑方先行。

首先,首着炮2退7,退炮回防,再寻方向。其次,第17着炮八平五,左炮中调摆当头,有戏,有好戏。第三,第19着车6进3,挥车吃底仕,红应马七退五,如改走仕五退四,则马5进6,抽车胜。第四,尾着车6退7,回车捉中马,红如接走,马五退七,炮5平4,仕五进六,马5进3,帅六进一,车6进6杀。

1. ……	炮2退7	2. 相五退三	炮2平4
3. 炮八平八	炮4平2	4. 炮八平六	车6进5
5. 马一进三	将5平6	6. 车五退三	马3退5
7. 炮六进三	炮2进2	8. 车五平二	炮2平8
9. 马三退五	炮8平5	10. 帅五平六	车6进3!
11. 马七退五	车6退7	黑胜	

第75局

车双马炮五兵仕相全对
双车马三卒士象全

广东张学潮——河北苗利明

(2006年11月21日弈于广东深圳)

全国象棋个人赛

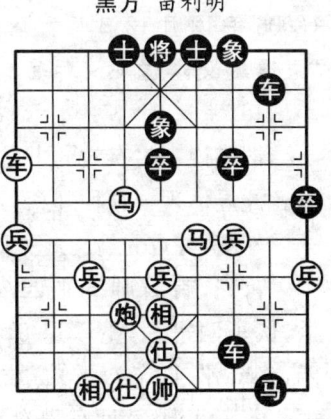

黑方 苗利明

红方 张学潮

如图,黑方先行。

首先,首着马8退6,回马塞相眼,伏车8进8,仕四退五,马6退4,黑胜。红炮六退一无奈。其次,第5着马6进4,进马食底仕,漂亮。第三,第9着象5退3,中象右调,攻不忘守。第四,尾着车8平7,平车吃相,做杀,红如接走炮六退八,马3进4,黑胜定。

1. ……	马8退6	2. 炮六退一	车8进8
3. 仕五退四	马6进4!	4. 炮六进八	马4退3
5. 马四退三	象5退3!	6. 车九平七	车7退1
7. 车七进三	车7平6	8. 炮六退一	将5进1
9. 马六进七	将5进1	10. 相五退三	车8平7

黑胜

第76局

双车马兵仕相全对
双车炮三卒双士

上海孙勇征——浙江陈孝堃

(2006年12月12日弈于浙江宁波)
"交通建设杯"象棋大师冠军赛

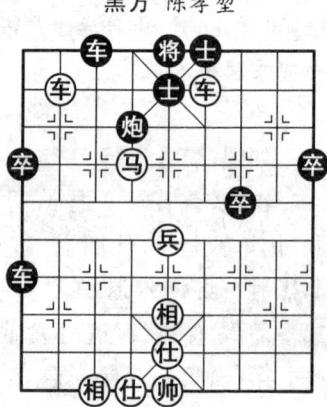

黑方 陈孝堃

红方 孙勇征

恺撒说:"最有效的事是出其不意。"此局体现了这种理念。

如图,红方先行。

首先,首着帅五平四,亮帅做杀,伏车四进一,士5退6,马六进四,将5平4,车八平六杀。其次,第3着车八退一,回车瞄炮,伏车八平六,士5进4,车四进一,抽车。黑应车3进3,如改走炮4退1,则马六进五,红优。第三,第5着车八进二,冲车叫将,精彩入局。第四,第11着马二进四,进马吃士叫将,黑应将4进1,车八平六,弃车叫将,士5退4,车四平六,妙杀。

1. 帅五平四	将5平4	2. 车八退一	车3进3
3. 车八进二	将4进1	4. 马六进四	炮4平5
5. 马四进二	车1平9	6. 马二进四	将4进1
7. 车八平六	红胜		

第77局

车马双炮三兵仕相全对
车双马炮三卒士象全

黑龙江聂铁文——厦门陈富杰

(2006年12月12日弈于浙江宁波)
"交通建设杯"象棋大师冠军赛

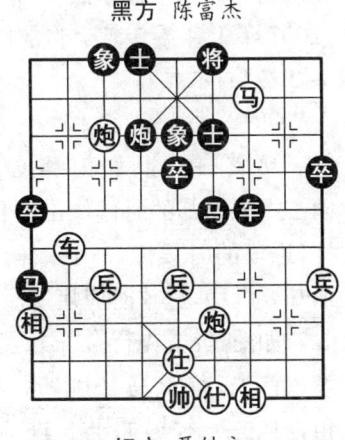

黑方 陈富杰

红方 聂铁文

孙子曰:"故兵以诈立,以利动,以分合为变者也。"此言精辟,掷地有声,此局体现了这种战理。

如图,红方先行。

首先,首着车八进四,挥车进到下2路,隔宫横向保右马,新颖。其次,第3着车八平六,平车入宫,既捉炮又捉士,必得其一。第三,尾着相三进五,右相中调,至此,黑不敌红方攻势,停钟认负。

1. 车八进四!	车7进3	2. 车八平六	士4进5
3. 车六平五	炮4进3	4. 车五平六	马1退2
5. 炮七平八	炮4平7	6. 相三进五	**红胜**

第78局

车马双兵仕相全对
车马卒士象全

北京蒋　川——北京唐　丹

(2007年1月7日弈于北京)

第2届"狗不理杯"

兵家曰："退如山移，进如风雨。"军队退却的时候像山的移动一样，进攻的时候像风雨一样。比喻退却要沉稳，进攻时应疾速。

如图，红方先行。

首先，首着马二进四，马跳士角，白吃一士，黑如士5进6，车四平五，红胜势。其次，第3着马四退

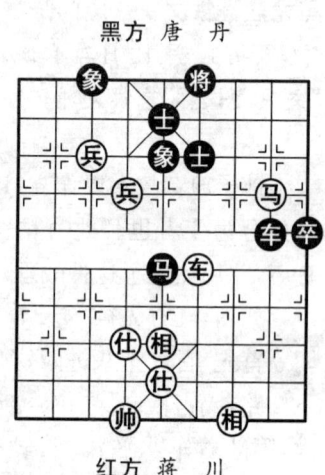

黑方 唐　丹

红方 蒋　川

二，回马车叫将，黑如接走士5进6(如将6平5，马二进三，将5平4，车四平六，捉死马胜)则车四进二，车8平4，马二进四，马4退6，车四进一，将6平5，车四进一，红胜势。

1. 马二进四　　马5退4　　2. 马四退二　　红胜

胜得此局，蒋川捧得奖杯，小将唐丹获得亚军。

第79局

双车双炮三兵仕相全对
双车双炮三卒士象全

湖北柳大华——湖南孙浩宇

(2008年3月6日弈于北京)

第6届"威凯房地产杯"全国象棋排名赛

黑方 孙浩宇

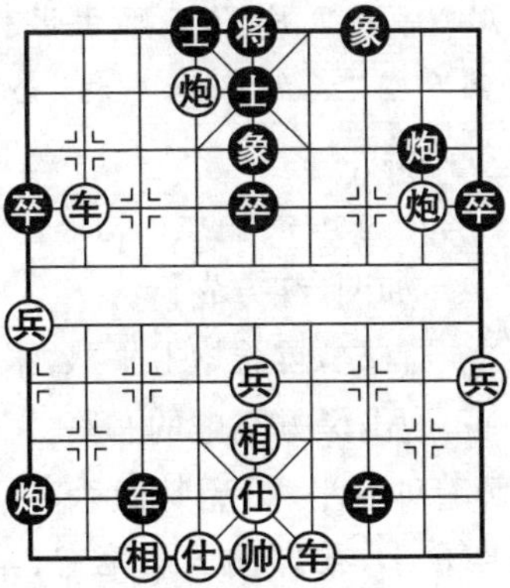

红方 柳大华

如图,黑方先行。

首先,首着炮1平5,边炮轰中仕,逼红护中兵。其次,第3着车3进1,弃车碾相,红如相五退七,炮5退5,相七进五,车7退1,红难堪。第三,第13着炮3平1,平炮开边陲,欲沉底进攻。第四,炮1退5,红方少子不敌。遂停钟认负。

1. ……	炮1平5	2. 车八平五	车3进1
3. 炮二平九①	车3平2	4. 炮九平七②	士5进6
5. 炮六平一	炮5平3	6. 炮一进一	将5进1
7. 相五退七	炮3平1	8. 炮七平九	车2平3
9. 车五平八	炮8退1	10. 车四平二	炮8平6
11. 车八平六	炮1退5	**黑胜**	

注:①如改走车五进一,则车3退2,车四进八,炮5平6,炮二平五,车7进1,帅五进一,车3进1,炮六退七,车3平4,帅五平六,炮8进6,帅六进一,车7平4,黑胜。

②应改走炮九进三叫将,较硬朗。

第80局

车双马双炮兵仕相全对
车马双炮四卒士象全

湖北汪　洋——浙江张申宏

(2008年3月11日弈于北京)

第6届"威凯房地产杯"全国象棋排名赛

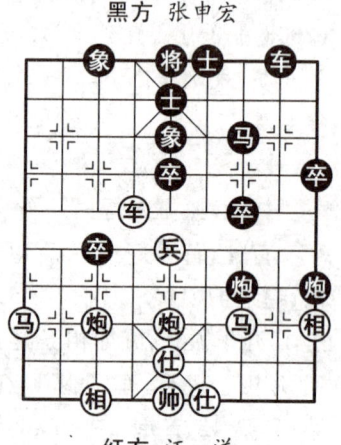

如图,红方先行。

首先,首着炮七平八,平炮欲冲底,炮击黑方空虚的右路。其次,第7着帅五平六,亮帅做杀,再车六进四食士,乘虚而入。第三,第15着车六退六,退车兵行线,伏底炮打车。第四,尾着马九进八,策马巡河,欲赴前沿,黑如接走车8平7,马八进九,车7平2,马九进八,黑难应付。

1. 炮七平八	炮9退2①	2. 炮八进七	象3进1
3. 车六退二	炮7平0	4. 帅五平六	士5进4
5. 车六进四	象1进3	6. 炮五平八	炮8进3
7. 车六进二	将5进1	8. 车六退六	卒3平4
9. 车六进一	车8进4	10. 车六进四	将5退1
11. 后炮平二	车8进1	12. 马九进八	**红胜**

注:① 如卒3平2,(炮7平2,车六退二捉双)马九进八;又如士5退4,炮八进七,士6进5,兵五进一,红大优。

第81局

马炮兵仕相对马炮卒士象

湖北汪　洋——江苏程　鸣

(2008年4月23日弈于湖北武汉)

第6届象甲联赛

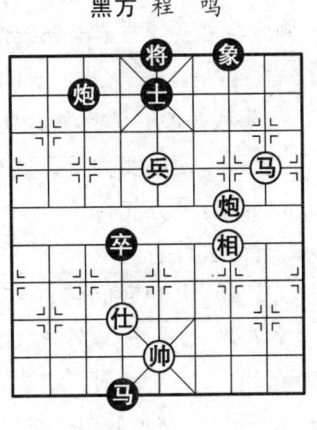

黑方　程　鸣

红方　汪　洋

拿破仑说："至于战争艺术的秘密,就是使你自己成为交通线的主人。"

如图,红方先行。

首先,首着炮三平五,右炮中调,牵制中士。其次,第5着兵六进一,拱兵入宫,伏后六进一的凶着。第三,尾着兵六平五,平兵坐宫心,伏炮五平四,炮1进2,马五进四,炮2平6,马四进二双杀。

1. 炮三平五	将5平4	2. 炮五进三	卒4进1①
3. 兵五平六	卒4进1	4. 炮五退三	将4平5
5. 兵六进一	将5进1	6. 马二进四	象7进9
7. 炮五退一	马4退3	8. 兵六进一	将5平6
9. 马四退五	炮3平1	10. 兵六平五	**红胜**

注:① 应改走马4退2,较顽强。

第82局

双马炮三兵仕相全对
双马炮三卒单缺士

开滦杨德琪——湖北汪　洋

(2008年6月4日弈于河北唐山)

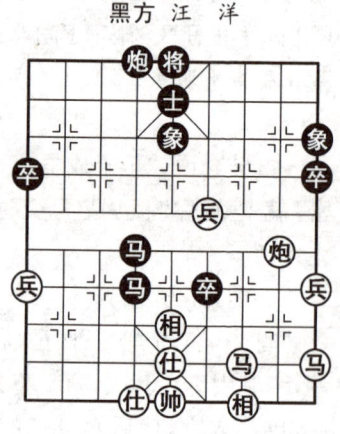

黑方　汪　洋

红方　杨德琪

菲利普说:"诡计放在实力的前面,最后才使用实力。"言之有理。

如图,黑方先行。

首先,首着炮4平2,平炮寻找红方软肋,再冲底叫将。其次,第3着卒6进1,弃卒入宫,红如仕五进四,则前马进6抽炮。第三,第9着卒6平5,平卒吃中士,红如帅五进一,则后马进2得子。第四,第17着卒5进1,拱卒叫将,再马6退5吃炮,黑多子胜矣。

1. ……	炮4平2	2. 炮二平五	卒6进1
3. 马三进四	炮2进9	4. 相五退七	卒6进1
5. 马四退六	卒6平5	6. 帅五平四	前马进6
7. 马一进三	炮2平4	8. 马六退八	炮4退3
9. 马八进六	卒5进1	10. 帅四进一	马6退5

黑胜

第83局

车马双兵双仕对车炮双卒双士

北京蒋　川——沈阳金　松

(2008年7月2日弈于北京)

第6届象甲联赛

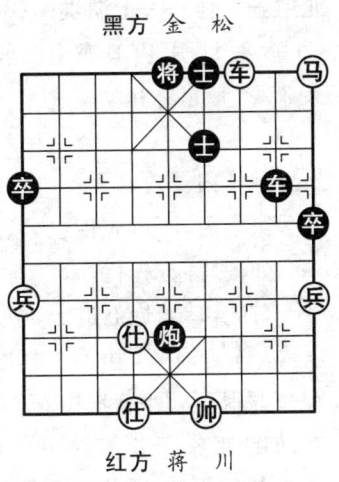

黑方 金　松

红方 蒋　川

此局将读者带进:"该出手时就出手,长枪短炮斗九宫"的意境。

如图,黑方先行。

首先,首着炮5退6,退炮做杀,红如车三退一,炮5平6！再车8平6杀。其次,第3着车8平6,平车叫将,白食右仕。第三,第7着车6平5,逼帅五平六,落仕要抽车,至此,红仕相全无,危在旦夕。第四,尾着炮5平4,中炮右调,伏车5平4杀。

1. ……	炮5退6	2. 仕六进五	车8平6
3. 仕五进四	车6进4	4. 帅四平五	车6平5
5. 帅五平六	车5平4	6. 帅六平五	车4平5
7. 帅五平六	炮5平4	**黑胜**	

第84局

双炮双兵仕相全对
双马炮双卒士象

北京张　强——上海洪　智

(2008年11月19日弈于广东东莞)

第3届"杨官璘杯"

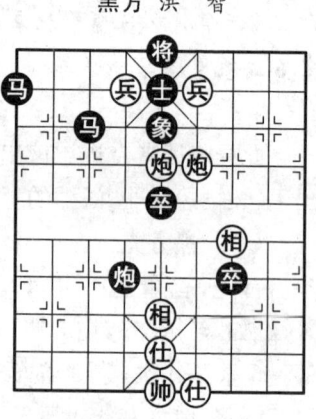

黑方洪　智

红方张　强

孙子曰："攻其无备,出其不意。此兵家之胜,不可先传也。"

如图,红方先行。

首先,首着炮五进二,中炮击中士,捉马又捉卒,妙手。其次,第3着炮五退三,回炮吃中卒,逼马垫将,如改走象5进3,兵四平五,将5平6,炮五平四,重炮杀。第三,第5着炮五进二,中炮轰中象,做杀,妙。第四,尾着兵四进一,拱兵沉底做杀,伏兵四平五,马4退5,炮四进三,妙杀。

1. 炮五进二　　马1退3①　2. 炮五退三　　前马进五
3. 炮五进二　　马3进4　　4. 兵六平五　　将5平4
5. 兵四进一　　**红胜**

注：① 如改走象5进3,炮五平九,红胜势。

第85局

双车马双炮兵单缺仕对
双车马炮双卒士象全

煤矿杨德琪——云南党国蕾
(2008年12月14日弈于浙江宁波)
第10届北仑杯全国象棋大师赛

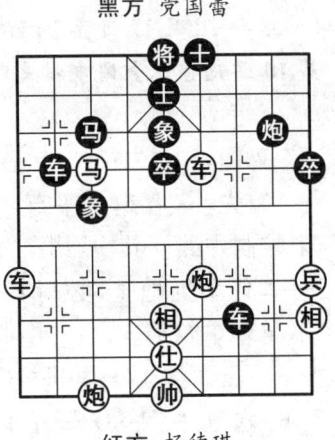

黑方 党国蕾

红方 杨德琪

如图,红方先行。

首先,首着车九进六,挥车冲底叫将,黑应士5退4,如改走马3退4,则炮四进六,士5退6,车九平六,将5进1,(如将5平4,车四进三杀)车四进三,红胜。其次,第3着炮四平六,挥炮轰底士,摧毁其防守工程。第三,第13着车四进二,妙手伸车叫将,逼将退将座。第四,尾着炮七进九,飞炮轰底象,再退马绝杀。

1. 车九进六　　士5退4　　2. 炮四进六　　车7平5
3. 炮四平六　　车2平1　　4. 车九退三　　马3进1
5. 炮六平九　　马1进2①　6. 马七进六　　将5进1
7. 车四进二　　将5退1　　8. 马六进八　　象5退3
9. 炮七进九　　红胜

注:① 可改走马1退3,较顽强。

第五章 破仕(士)射门

第86局

车马炮双兵单缺相对
车双炮双卒士象全

河北申　鹏——河北苗利明

(2008年12月17日弈于浙江宁波)

第10届北仑杯全国象棋大师赛

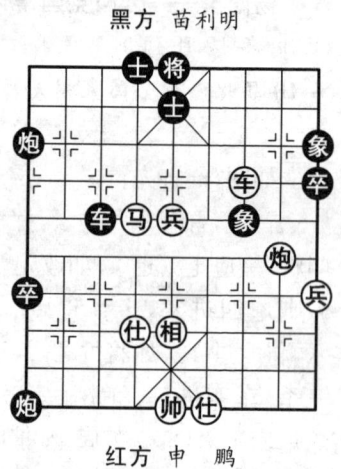

黑方　苗利明

红方　申　鹏

如图,红方先行。

首先,首着炮二平五,右炮中调,控制中路。其次,第11着车八进一,伸车捉炮士,必得其一。第三,尾着车四平五,右车中调,暗伏抽子。黑如接走士4进5(如将5平6,炮五平四杀)车五平七,抽车胜。

1. 炮二平五	后炮平二	2. 车三平八	炮2平6
3. 车八平四	炮6平2	4. 兵五平四	士5进6
5. 车四平八	炮2平4	6. 车八进一	炮4进5
7. 车八平五	将5平6	8. 车五平四	将6平5
9. 车四平五	**红胜**		

第87局

车双马炮三兵仕相全对
车双马炮四卒士象全

北京金　波——甘肃梁　军

(2009年4月弈于山东新泰)

全国象棋团体赛

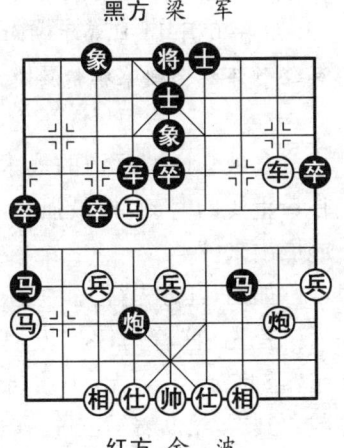

黑方 梁 军

红方 金 波

如图,红方先行。

首先,首着马六进四,左马右调,再奔卧槽。其次,第7着车一平三,平车再炮沉底,有攻势,黑应士5进6无奈,如改走马6进8拦炮,则车三退二捉马,黑难以招架。第三,尾着车四退一,退车让马道,黑如接走车4平6,马二进四抽马;黑又如车4退1,则车四平八捉炮,伏马二进四抽子,黑防不胜防。

1. 马六进四	炮4平2	2. 仕四进五	炮2退6
3. 车二平一	马7退6	4. 车一平三	士5进6
5. 炮二进七	将5进1	6. 车三进一	马6进5
7. 车三平四	马5退4	8. 马四退二	卒5进1
9. 车四退一	红胜		

第88局

车双马兵单缺相对
车马炮双卒士象

北京金 波——湖北洪 智

(2009年6月14日弈于湖南耒阳)
蔡伦竹海杯全国象棋精英邀请赛

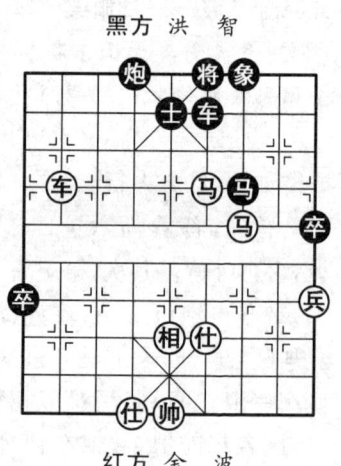

黑方 洪 智

红方 金 波

拿破仑说:"所谓的战术是:抓住最重要的时刻,把最强大的力量施展出来。"

如图,红方先行。

首先,首着马四进五,马踩中士,至此;黑士全无,失去屏障,危哉。其次,第9着马三进一,进马边陲做杀,伏马一进三,将6平5,车八平五的凶着。第三,尾着马一进二,进马叫将,黑车必丢,如将6平5(如车4平8,车八平四,车8平6,车四进二杀)马二退四叫将,抽车胜。

1. 马四进五　马7进5　2. 马五退四　马5进4
3. 仕六进五　马4进3　4. 帅五平四　马3退5
5. 马三进一　马5退6　6. 马四进六　车6平4
7. 马一进二　**红胜**

第89局

马双炮兵仕相全对
马双炮卒士

北京蒋　川——湖北汪　洋

(2009年6月15日弈于湖南耒阳)

蔡伦竹海杯全国象棋精英邀请赛

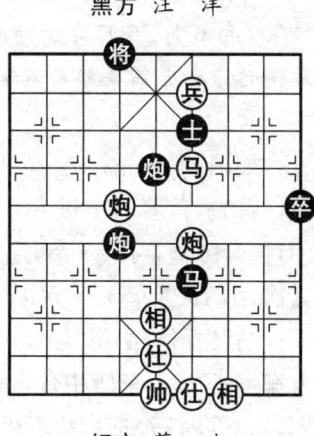

黑方汪　洋

红方蒋　川

如图,红方先行。

首先,首着炮四进三,飞炮轰独士兼捉马,至此,黑士象全无,门户洞开。其次,第5着马四退五,右马中调做杀,紧着,再马五进三,寻找突破口。第三,第19着炮六退四,肋炮归九宫,子力遥相呼应,胜利为期不远了。

1. 炮四进三	马6进7	2. 帅五平六	将4进1
3. 马四退五	将4进1	4. 马五进三	炮5进3
5. 马三进五	炮5退2	6. 炮四平二	马7退6
7. 帅六平五	炮4平5	8. 马五进三	后炮退2
9. 马三退五	后炮退2	10. 炮六退四	前炮退1
11. 帅五平六	前炮平6	12. 马五进三	**红胜**

第90局

车马兵单缺相对
车马双卒士象全

四川孙浩宇——北京蒋 川

(2009年6月16日弈于湖南耒阳)

蔡伦竹海杯全国象棋精英邀请赛

如图,黑方先行。

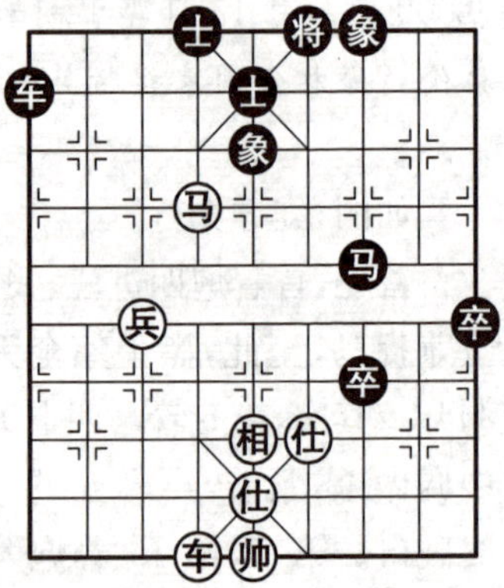

首先,首着马7进8,骏马过楚河,再奔卧槽,再拱7卒,逼近城池。其次,第19着车1平5,右车中调,既捉马又捉仕,必得其一。第三,尾着车5进2,挥车斩中仕,其势必恢宏,以下再卒7进1,势不可挡。

黑方 蒋 川

红方 孙浩宇

1. ……	马7进8	2. 帅五平四	卒7进1
3. 相五退七	车1进8	4. 马六退五	卒9进1
5. 相七进五	车1退5	6. 马五进六	士5进4
7. 相五退七	车1进5	8. 兵七进一	士4进5
9. 兵七进	车1退3	10. 马六退五	车1平5
11. 车六进四	车5进2	黑胜	

此局获胜,蒋川离冠军渐行渐近了。

第91局

车炮三兵单缺相对
车马双卒单缺士

北京张　强——浙江陈寒峰

(2009年6月18日弈于湖南耒阳)

蔡伦竹海杯全国象棋精英邀请赛

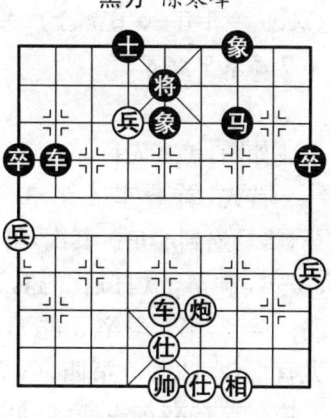

黑方　陈寒峰

红方　张　强

如图,红方先行。

首先,首着车五平六,中车左调,护兵让炮路,蓄势待发。其次,第15着兵六进一,拱兵吃底士,再挥车叫将,有戏。第三,第19着炮四退一,炮退相腰欲支仕,非常有戏。第四,尾着车六退二,退车做杀必得子,胜哉。

1. 车五平六	将5退1	2. 兵六进一	马7进5
3. 炮四平五	将5平6	4. 车六进三	马5退7
5. 车六退二	车2平6	6. 帅五平六	车6进2
7. 炮五平四	车6平5	8. 兵六进一	将6进1
9. 车六进五	将6进1	10. 炮四退一	马7进8
11. 仕五进四	马8进6	12. 车六退二	**红胜**

第92局

车马炮三兵双仕对
车炮四卒单缺士

北京杨德琪——湖北李智屏

(2009年6月20日弈于广东惠州)

第7届象甲联赛

黑方 李智屏

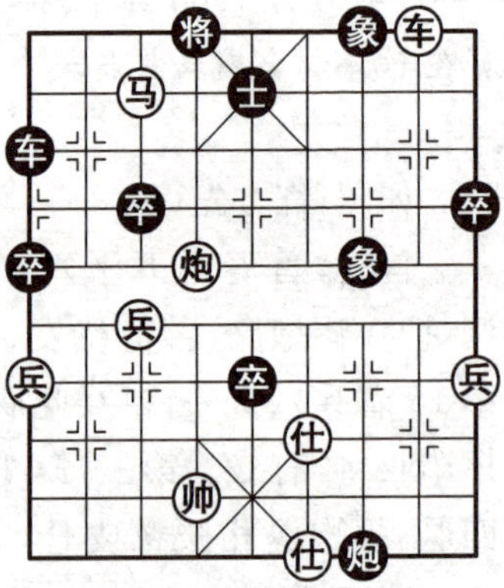

红方 杨德琪

如图,黑方先行。

首先,首着车1平3,平车捉马,将马逼到墙角。其次,第3着卒3进1,拱卒,欲打通3路,打通车路。第三,第5着卒5进1,拱卒入九宫捉仕,凶着。第四,第25着卒3平4,弃卒亮车露峥嵘,再车3进4,帅六退一,卒5进1,绝杀。

1. ……	车1平3	2. 马七进九	卒3进1
3. 车二退六	卒5进1	4. 车二平五	卒5平6
5. 车五进五	卒3进1	6. 车五平七	车3平1
7. 车七进一	将4进1	8. 车七平八	车1平3
9. 车八退一	将4退1	10. 车八退一	车3进2
11. 车八平六	将4平5	12. 仕四进五	卒6平5
13. 炮六平五	卒3平4	14. 车六退三	车3进4

黑胜

第93局

炮双兵单缺仕对炮卒士

湖北汪　洋——黑龙江张晓平

(2009年6月23日弈于广东惠州)

第7届象甲联赛

此局将读者带进"雪暗凋旗画,风多杂鼓声"的意境。

如图,红方先行。

首先,首着兵二平三,平兵逼近黑将,逼近九宫。其次,第13着左炮中调吃中士,有戏。第三,第21着炮六平七,平炮护兵,黑无计可施。第四,尾着炮七平八,从容平炮,黑如炮9平2拦炮,则兵七平六入宫做杀。

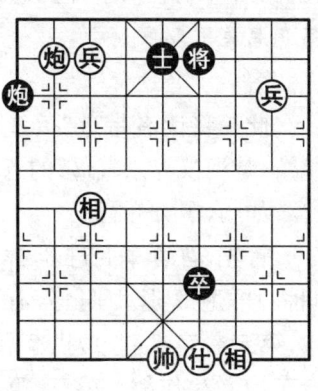

黑方　张晓平

红方　汪　洋

1. 兵二平三	炮1平5	2. 帅五进一	卒6进1
3. 帅五进一	卒6进1	4. 相三进一	炮5进2
5. 帅五退一	炮5退1	6. 兵七平六	炮5进1
7. 炮八平五!	炮5平9	8. 兵六平七	炮9退1
9. 炮五平六	炮9进1	10. 炮六退五	炮9退3
11. 炮六平七!	炮9进2	12. 炮七平八	**红胜**

此局汪洋获胜,湖北队险胜黑龙江队。

第94局

车马兵单缺仕对车炮双卒士象全

上海浦东葛维蒲——湖北汪　洋

(2009年7月1日弈于上海)

第7届象甲联赛

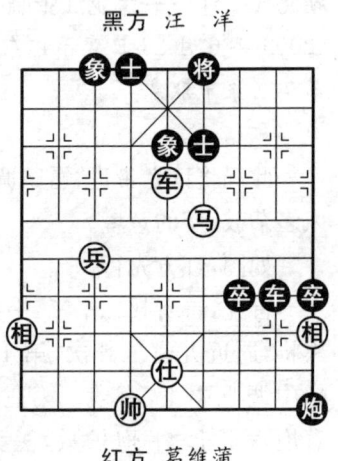

红方　葛维蒲

此局将读者带进"黄沙白草莽萧萧,楚河汉界杀气遥"的意境。

如图,黑方先行。

首先,首着车8进3,挥车冲底叫将,再炮9退1叫将,有戏。其次,第5着卒7进1,拱卒及时,配合车炮联袂作战。第三,第7着车8平5,车占帅位,缩小包围圈,胜利在望。第四,尾着车5平2,中车右调,伏车2退1绝杀。

1. ……　　　　车8进3	2. 帅六进一　炮9退1
3. 仕五进六　卒7进1	4. 车五平六　车8平5!
5. 车六进二　将6进1	6. 车六平五　卒7进1
7. 仕六退五　车5退1	8. 帅六进一　车5平2

黑胜

凭借此战获胜,湖北队战胜上海浦东队。

第六章 杀相(象)射门

(36局)

第95局

车马双炮三兵仕相全对
车双马炮三卒士象全

广东黄海林——江苏徐健秒

(2000年6月24日弈于北京)

巨丰杯第2届象棋新名人电视快棋赛

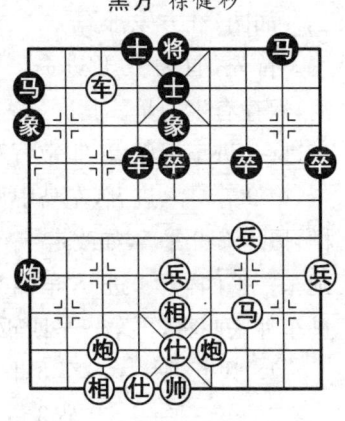

黑方 徐健秒

红方 黄海林

此局将读者带进:"戎马鸣兮金鼓震,壮士激兮忘身命"的意境。

如图,红方先行。

首先,首着车七平八,平车挤马塞象眼。其次,第3着炮七平九,平炮开边捉边象,含蓄。第三,尾着炮二进一,伸炮挤左马,捉右马,漂亮,黑如接走马1进2逃马,则炮二退二拴车马,红必得黑右马,胜矣。

1. 车七平八	车4平3	2. 炮七平九	象5退3
3. 炮九进六	卒5进1	4. 炮九平二	车3平7
5. 马三进四	炮1平9	6. 炮二进一	**红胜**

此局获胜,黄海林赢得了进入四强的入场券。

第96局

车双马三兵仕相全对
车马炮三卒单缺象

南方棋院李鸿嘉——湖北李望祥

(2000年11月9日弈于安徽蚌埠)

全国象棋个人赛

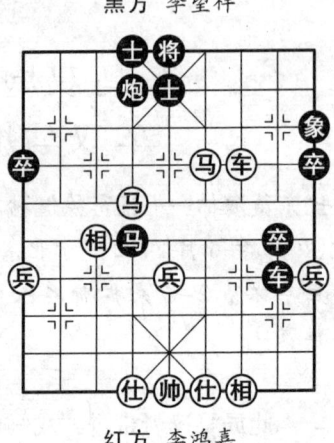

黑方 李望祥

红方 李鸿嘉

此局将读者带进"乱花渐欲迷人眼,浅草才能没马蹄"的意境。

如图,红方先行。

首先,首着兵五进一,拱兵巡河,保存有生力量。其次,第3着车三进一,进车捉黑象,非常有戏。第三,第9着马六进五,左马中调奔卧槽,黑应车9平7,如改走士5进6,则车一平四,士4进5,车四平二,红胜势。第四,尾着车一进二,进车冲底叫将,再车一平四斩士,绝杀。

1. 兵五进一　　车8平9①　　2. 车三进一　　马4进3
3. 车三平一　　马3退1　　4. 相七退九　　马1退2
5. 马六进五　　车9平7　　6. 车一进二　　红胜

注:① 缓着,可改走车8平6或卒8平7,较积极。

第97局

马炮三兵仕相全对
马炮双卒单缺象

南方棋院宗永生——深圳卜凤波

(2000年11月10日弈于安徽蚌埠)

全国象棋个人赛

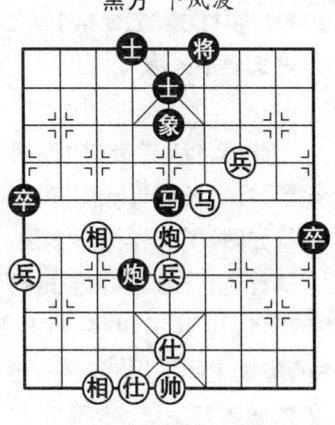

黑方 卜凤波

红方 宗永生

如图,红方先行。

首先,首着炮五平四,中炮右调,鸣炮开道,再马四进五食象,做杀。其次,第7着兵五进一,拱兵捉马,黑应将5进1,兑马后,红势不弱,有戏。第三,第11着帅五平四,亮帅做杀。第四,尾着炮五进一,进炮捉边卒,边卒必丢,红胜哉。

1. 炮五平四	将6平5	2. 马四进五	炮4退5
3. 相七退五	士5进4	4. 兵五进一	将5进1
5. 兵五进一	将5进1	6. 帅五平四	士4退5
7. 兵三平四	将5平4	8. 兵四平五	士5进6
9. 炮四平五	炮4平6	10. 帅四平五	将4退1
11. 后兵平六	士4进5	12. 炮五进一①	**红胜**

注:① 可改走炮五平六,士5进4,兵六进一,伏兵五进一,黑无法应对。

第98局

车马双兵单缺仕对
车炮三卒士象

云南王跃飞——北京张 强

(2000年11月17日弈于安徽蚌埠)

全国象棋个人赛

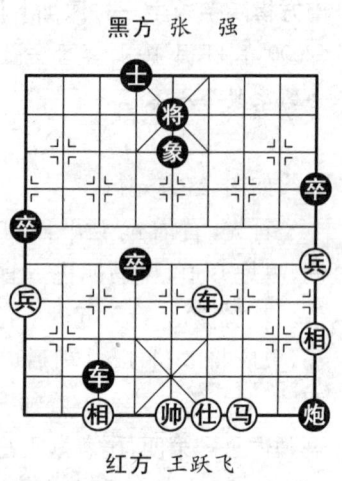

黑方 张 强

红方 王跃飞

此局将读者带进"孤帆远影碧空尽,唯见长江天际流"的意境。

如图,黑方先行。

首先,首着车3进1,挥车吃底相叫将,再退车叫将,红应帅五进一,应改走帅五退一较好,老帅离小卒越远越好。其次,第5着卒4平5,右卒中调,逼近老帅,有戏。第三,第7着车3退5,回车欲掩护中卒向前冲,红应马三进二,漏勺,应改走帅五平四,较硬朗。第四,尾着卒5进1,虎口拱卒叫将,妙于,红如挤走车四平五,则炮9平5,抽车将。

1. ……　　　车3进1　　2. 帅五进一　车3退1
3. 帅五进一　卒4平5　　4. 仕四进五　车3退5
5. 马三进二①　卒5进1！　黑胜

注:① 可改走帅五平四,较积极。

第99局

双车双炮双兵仕相全对
双车双炮卒士象全

上海胡荣华——火车头金　波

（2001年10月弈于陕西西安）

全国象棋个人赛

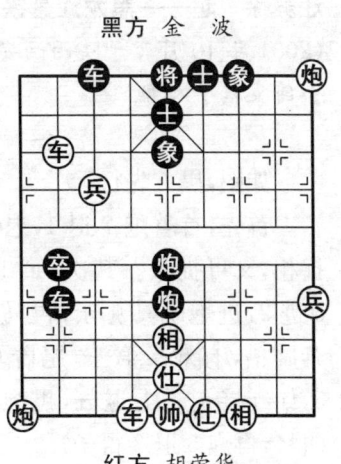

黑方　金　波

红方　胡荣华

如图，黑方先行。

首先，首着车2进1，进车捉中相，凶着。红应炮九进七，如改走车六进三，车3平4，兵七平六，车2进2，车六退三，车2平4，帅五平六，车4进3，帅六平五，将5平4，黑优。其次，第17着车5退3，抬高车头有作为。第三，尾着炮4平9，右炮左调开边线，至此黑强势，红难以招架。

1. ……	车2进1	2. 炮九进七	象5进3
3. 炮九退四	车2平5！	4. 车六进三	车5进1
5. 帅五平六	车5进1	6. 帅六进一	前炮平1
7. 兵七进一	车3平4	8. 车六进六	士5退4
9. 车八退三	车5退3	10. 车八平六	士4进5
11. 车六平九	炮1平4	12. 车九平六	炮4平9

黑胜

第100局

双马双炮三兵仕相全对
双马双炮三卒士象全

江苏徐　超——黑龙江聂铁文

(2001年10月弈于陕西西安)

全国象棋个人赛

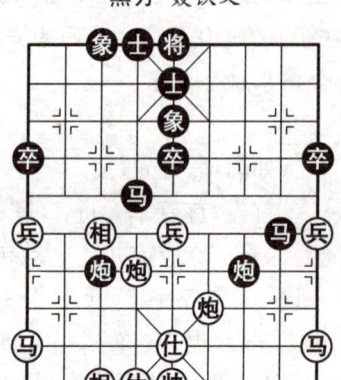

如图,黑方先行。

首先,首着炮7退1,退炮既可捉相,又可捉兵。其次,第13着炮6进2,进炮吃马兑子,再马2进4奔卧槽,有戏。第三,尾着马6退5,如红接走马七退五,黑炮3平5叫将,再炮5退3得子。

1. ……	炮7退1!	2. 炮四平五	炮7平3
3. 炮五进四	马8进6	4. 马一进二	后炮平9
5. 兵五进一	马4进2	6. 马二退四[①]	炮9平6[②]
7. 炮六退二	炮6进2	8. 仕五进四	马2进4
9. 仕六进五	马6退5	10. 马九进八	马4退6
11. 马八进七[③]	马6退5	黑胜	

注:① 如改走炮六平五,马2进3红丢子。

② 如改走马2进3,马四退六,炮3退4,马六进八没戏。

③ 时间恐慌走漏勺,应改走炮五平六,仍可支撑。

第101局

双车双马炮四兵仕相全对
双车双马炮双卒士象全

甘肃梁 军——江苏赵 剑

（2001年10月弈于陕西西安）

全国象棋个人赛

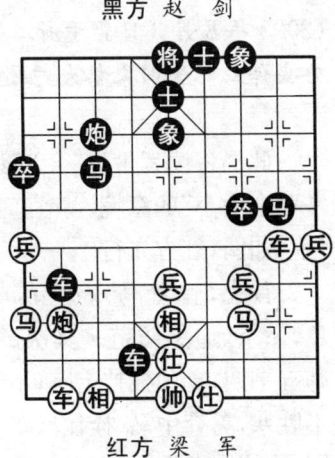

黑方 赵 剑

红方 梁 军

此局将读者带进"落日照大旗，马鸣风萧萧"的意境。

如图，黑方先行。

首先，首着马3进4，扬鞭过楚河，马鸣汉界，伏马4进3捉车得炮和马4进5踩中相，凶着。其次，第3着马4进5，马踏中相，做杀，黑如仕五进四（如车二平四，车2进3，马九退八，卒7进1，黑胜势）车4进1，帅五进一，车2平4，相七进五，前车退2，再后车平5，双车做杀。

1. ……　　马3进4！　　2. 炮八平六　　马4进5！

黑胜

第102局

车马双炮双兵仕相全对
车马双炮卒单缺象

上海浦东邬正伟——河北陈 翀

(2003年8月3日弈于浙江磐安)

磐安伟业杯全国象棋大师冠军赛

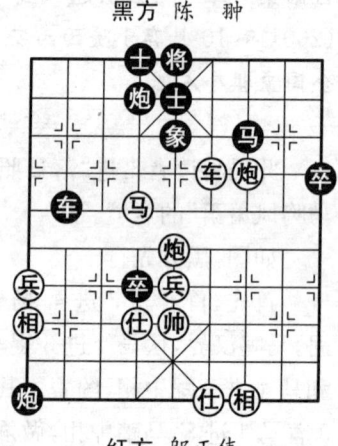

黑方 陈 翀

红方 邬正伟

此局将读者带进"会当凌绝顶,一览众山小"的意境。

如图,红方先行。

首先,首着马六进五,马踩中象,做杀,逼黑防范。其次,第3着帅五平四,亮帅披挂上阵,不惧高处不胜寒,勇弃中马,拴住黑车,含蓄。第三,第5着炮三平二,平炮欲冲底做杀,凶着。第四,尾着车四进三,弃车叫将让炮路,观者皆惊,纹枰变色,再炮二平七打闷宫,绝杀。

1. 马六进五　　车2平5　　2. 帅五平四　　车5退2
3. 炮三平二　　炮4讲3①　4. 车四进三　　马7退6
5. 炮二平七　　红胜

注:① 如改走车5进3,兵五进一,有车杀无车,红胜势。

第 103 局

双车双马五兵单缺相对
双车炮三卒士象全

辽宁尚　威——浙江邱　东

(2004 年 2 月 18 日弈于北京)

第 3 届威凯房地产杯象棋精英赛

黑方 邱 东

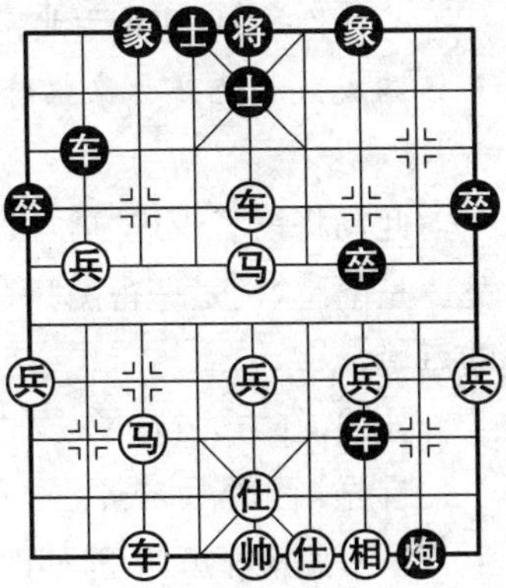

红方 尚 威

如图,黑方先行。

首先,首着车 2 平 8,右车左调护炮,如误走车 7 进 2,车五平二,黑没戏。其次,第 3 着车 7 进 2,挥车吃相,做杀,双方恶斗拉开帷幕。第三,尾着前车平 6,前车塞相眼,演成绝杀。

1. ……	车 2 平 8	2. 车五平三	车 7 进 2
3. 车三进三	士 5 退 6	4. 马五进六	车 8 平 4
5. 车三平二	炮 8 平 9	6. 车二退七	车 4 平 6
7. 仕五进四	车 6 进 4	8. 车七进一	车 7 退 1
9. 仕四进五	车 6 平 7	10. 车七平六	前车平 6

黑胜

第104局

双马双炮双兵仕相全对
车炮双卒士象

北京蒋　川——煤矿景学义

（2004年2月19日弈于北京）

第3届威凯房地产杯象棋精英赛

此局将读者带进"剪不断,理还乱。是离愁,别是一番滋味在心头"的意境。

如图,红方先行。

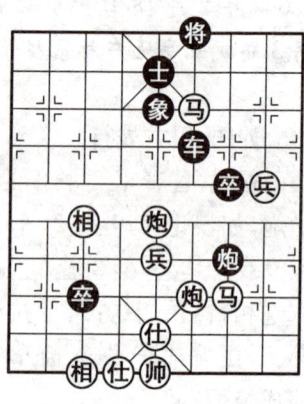

黑方　景学义

红方　蒋　川

首先,首着兵二平三,平兵吃卒,妙手,黑应车6进2,如改走士5进6,炮四进三,再炮五平四捉死车。其次,第5着炮五进三,中炮轰中象,歼灭一名后卫。第三,第11着炮四平六,右炮左调,欲借炮使马。第四,尾着马七退五,退马捉双,再得一子,胜哉。

1. 兵二平三	车6进2	2. 马四退五	将6平5
3. 炮五进二	将5平4	4. 相七进五	卒3进1
5. 相五退七	车6退2	6. 炮四平六	车6平4
7. 马五退六	士5进4	8. 马六进七	车5平4
9. 马七退五	**红胜**		

第105局

车炮双兵仕相对
车炮双卒士象全

黑龙江谢　岿——甘肃潘振波

(2004年11月3日弈于重庆)

全国象棋个人赛

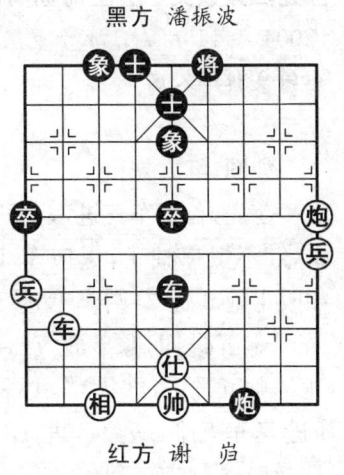

黑方　潘振波

红方　谢　岿

如图,黑方先行。

首先,首着炮7平3,底炮轰底相,干掉一名红方后卫。其次,第17着车1退4,红应车四退一,如改走炮五进一,则炮3平6,炮五进二,将5进1,车四平七,车1平5,黑胜势。第三,第21着车1平5,右车中调拦中炮,红无计可施。第四,尾着卒5进1,拱卒到位,黑胜定。

1. ……	炮7平3	2. 炮一平九	车5平1
3. 车八进三	卒5进1	4. 车八平四	将6平5
5. 炮九平五	炮3退5	6. 车四进一	车1进3
7. 仕五退六	炮3退5	8. 帅五平四	车1退1
9. 帅五进一	车1退4	10. 车四退一	车1退1
11. 帅五退一	车1平5	12. 炮五平八	卒5进1
13. 帅五平四	卒5进1	**黑胜**	

第 106 局

双车双马双炮三兵单缺相对
双车马双炮三卒士象全

黑龙江聂铁文——上海孙勇征

（2004 年 11 月 7 日弈于重庆）

全国象棋个人赛

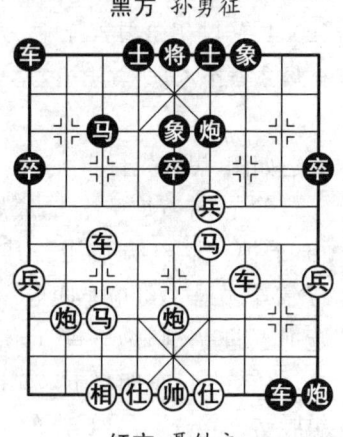

黑方 孙勇征

红方 聂铁文

如图，红方先行。

首先，首着车三进六，挥车斩底象，红不惧黑抽子，黑应车 1 进 2，如改走炮 6 进 3，则车七进三，炮 6 平 5，炮五进四，象 5 退 7，（如士 4 进 5，帅五进一，红优）车七平五，士 4 进 5，车五平二，象 7 进 5，车二退七，车 1 平 3，车二平一，车 3 进 7，炮八退一，红多子胜。其次，第 5 着兵四进一，拱兵欲入宫，再捉炮捉象，凶着。第三，尾着炮八进五，飞炮轰底线，黑难堪，黑如接走炮 3 退 1，则兵四平五吃中卒，黑大势已去，不可收拾。

1. 车三进六！　　车 1 进 2　　2. 炮八进二　　炮 6 退 1
3. 兵四进一　　　炮 6 平 3　　4. 炮八进五　　**红胜**

第107局

车双马炮兵仕相全对
车双马炮三卒士象全

河北申　鹏——黑龙江谢　岿

（2004年11月8日弈于重庆）

全国象棋个人赛

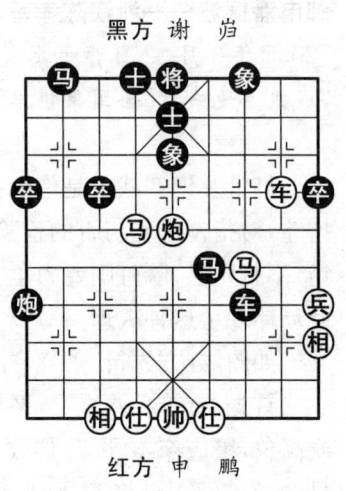

黑方　谢　岿

红方　申　鹏

"凡战，以力久，以气胜。"此句是说，凡是作战，兵力充实就能持久，士气旺盛就能取胜。此局体现了这种理念。

如图，红方先行。

首先，首着马六进五，象口吃象，给黑下马威，黑如象7进5，则车二进三，绝杀。其次，第3着马五进三，马踏卧槽，逼黑出将，再平车叫将，胜算在握。第三，尾着炮五平四，做杀，黑如接走将6进1，则车四进一，将6进1，前马退四，红胜。

1. 马六进五　　马2进4　　2. 马五进三　　将5平6
3. 车二平四　　士5进6　　4. 炮五平四　　**红胜**

第108局

车炮兵单缺相对
车卒士象全

邮电潘振波——浙江陈孝堃

（2005年3月22日弈于北京）

"威凯房地产杯"全国象棋排名赛

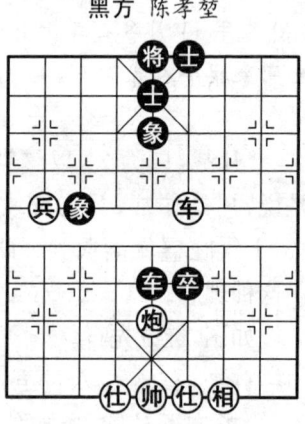

黑方 陈孝堃

红方 潘振波

许世友说："战争是你死我活的搏斗,对指挥正确与否的检验,最无情,不打则已,既打则要力争全胜。"此局体现了这种战理。

如图,红方先行。

首先,首着兵八平七,平兵妙手吃高象,黑应卒6平7,如改走象5进3,车四平七,将5平4,车七平六,将4平5,仕六进五,再帅五平六,红胜定。其次,第5着兵七平六,平兵肋道,向九宫逼近。第三,尾着车四平五,右车中调兑车,黑如接走车5退2,兵六平五,卒7进1,至此,战成炮兵双仕必胜卒单缺象的残棋。

1. 兵八平七！　　卒6平7　　2. 仕六进五　　卒7进1
3. 兵七平六　　卒7进1　　4. 车四平五　　**红胜**

第109局

车马双炮三兵单缺相对
双车炮五卒单缺士

河北苗利明——北京张申宏

(2005年3月23日弈于北京)
"威凯房地产杯"全国象棋排名赛

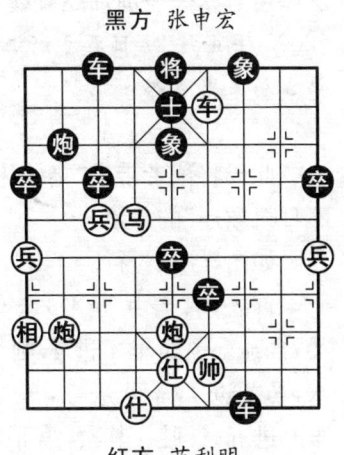

黑方 张申宏

红方 苗利明

孙子曰:"善战者,求之于势,不责于人,故能择人而任势。"

如图,红方先行。

首先,首着炮五进五,飞炮轰中象,黑应士5进6,如改走将5平4,则炮八平六,炮2平4(如士5进4,车四进一抽车)马六进七杀。其次,第3着炮五退一,退炮伏马六进五的凶着。第三,尾着马六退五,以下黑如接走卒6平5,车四进二再抽车胜;又如改走车7退2,车四退四,伏车四进六的手段。

1. 炮五进五　　士5进6　　2. 炮五退一　　炮2进1
3. 炮五平八　　卒5进1　　4. 车四退一　　车3进1
5. 马六退五　　**红胜**

第六章 杀相(象)射门

第110局

双车双炮三兵仕相全对
双车马炮双卒士象全

沈阳金　松——浙江赵鑫鑫

(2005年4月27日弈于浙江杭州)

第3届象甲联赛

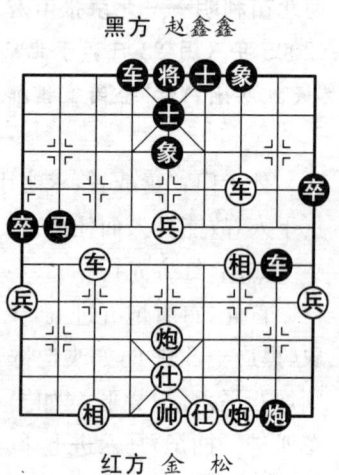

黑方　赵鑫鑫

红方　金　松

此局将读者带进"秦楼休怅望，不日凯歌还"的意境。

如图，红方先行。

首先，首着兵五平六，车口平兵，含蓄。黑如车4进4，则车三平八，马2进1，车八进三，车4退4，车七进五，红胜。其次，第3着车三进三，挥车食底象，非常有戏。第三，第5着车三退四，退车捉双，欺黑车不敢离开肋道。第四，尾着车七进五，黑如接走车4退5，车七平六，将5平4，车三平六，将4平5，车六平八做杀，红得马胜。

1. 兵五平六　　车8进1　　2. 车三进一　　车4进4
3. 车三退四　　车4进1　　4. 车七进五　　**红胜**

第111局

车马双炮三兵仕相全对
车双马双炮三卒士象全

新疆薛文强——广东朱琮思

(2005年5月5日弈于上海)

"城大建设杯"全国象棋大师冠军赛

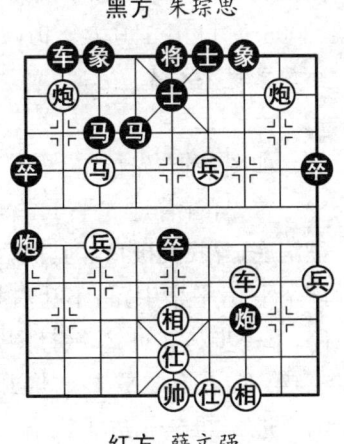

红方 薛文强

此局将读者带进"万里赴戎机，关山度若飞"的意境。

如图，红方先行。

首先，首着车三进六，挥车吃象不吃炮，取势为上策，亚克西！其次，第3着车三退一，退车既保双炮，又伏炮二进一，叫将抽子。第三，第11着炮八平三，左炮右调，三子集结，入局有戏。第四，尾着车一平五，黑如续走将5平6，炮三退一，将6进1，车五平三，再车三进一，胜哉。

1. 车三进六①	士5退4	2. 车三退一	士6进5
3. 车三退六	马4进6	4. 车三进四	马6退4
5. 车三平一	士5退6	6. 炮八平三	车2进9
7. 仕五退六	炮1进4	8. 炮三进一	将5进1
9. 车一平五	**红胜**		

注：① 红如误走车三退一，则士5退4，没戏。

第112局

双马双兵仕相全对马炮三卒士象全

湖南谢业枧——广东李鸿嘉

(2005年11月1日弈于山西太原)

全国象棋个人赛

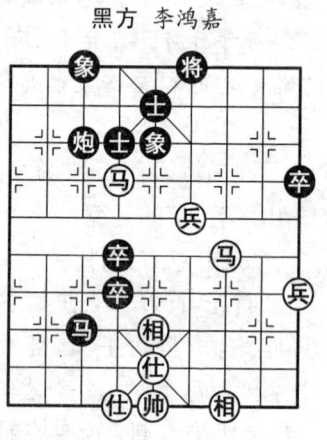

黑方 李鸿嘉

红方 谢业枧

如图,黑方先行。

首先,首着炮3平1,右炮开边欲沉底,寻找突破口。其次,第5着前卒平5,平卒中路,不让右相到中路,下一步马3进2,欲打闷宫。第三,第17着炮3平1,右炮开边,欲马3进2,再卒4进1进宫。第四,尾着卒4进1,弃卒食仕,凶着,红如接走仕五进六,则卒5进1绝杀。

1. ……	炮3平1	2. 相五退七	炮1进7
3. 兵四进一	前卒平5	4. 兵一进一	马3进2
5. 仕五进六	炮1平3	6. 仕六进五	卒4进1
7. 马六退四	卒5平6	8. 马四退二	马2退3
9. 马二进一	炮3平1	10. 相三进五	卒6平5
11. 马三进五	卒4进1	**黑胜**	

李鸿嘉赢了此局,最终取得个人赛季军的好成绩。

第113局

双马炮三兵单缺相对
双马炮三卒士象全

沈阳金　松——河北阎文清

(2005年11月13日弈于辽宁沈阳)

第三届象甲联赛

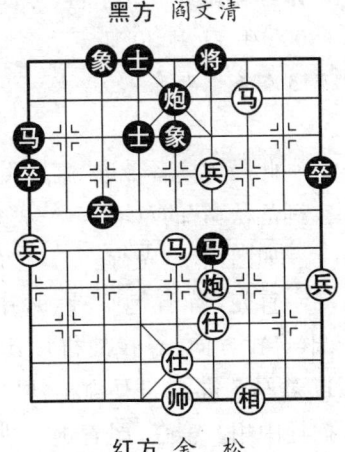

黑方　阎文清

红方　金　松

此局将读者带进"山城过雨百花尽,榕叶满庭莺乱啼"的意境。

如图,红方先行。

首先,首着马五进六,铁骑过楚河,增援前线部队。其次,第3着兵四进一,拱兵入宫,瞄准中象,有戏。第三,第9着仕五进六,中仕左调,亮帅,冷着！黑不能马3进4或炮2平7打马,红伏兵四进一,"白脸将"杀。第四,尾着马口捉马,欺黑马不能离开要地,红伏兵四进一杀。

1. 马五进六　　炮5平2　　2. 兵四进一　　马1退3
3. 兵四平五　　马6退5　　4. 兵五平四　　马5进6
5. 仕五进六！　炮2平1　　6. 马六进八　　象3进1①
7. 马八进九　　红胜

注：① 如改走炮1平2,则马八退七,再马七退六或马七进六,红胜势。

第114局

马炮相对
马炮卒单缺士

广东李鸿嘉——北京蒋　川

（2005年11月30日弈于上海）

第3届象甲联赛

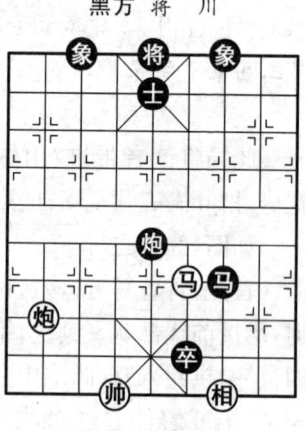

黑方 蒋　川

红方 李鸿嘉

此局将读者带进"流星飞玉弹，宝剑落秋霜"的意境。

如图,黑方先行。

首先,首着炮5平9,中炮左调,寻找方向,寻找战机。其次,第17着马5进3,进马窥相,黑方开始捕捉中相。第三,尾着炮5进2,伸炮挤炮,缩小其活动范围。至此,红方中相被围困,必失,黑胜。

1. ……	炮5平9	2. 相三进一	炮9退4
3. 相一进三	士5进4	4. 炮八平六	炮9进5
5. 马四进五	士4退5	6. 炮六平五	马7退5
7. 炮五进一	象3进5	8. 相三退五	炮9退3
9. 马五进三	马5进3	10. 马三退四	马3退2
11. 帅六平五	炮9平4	12. 马四退六	炮4平5
13. 马六退七	炮5进2	黑胜	

第115局

双马双炮双兵仕相全对双马双炮双卒士象全

湖北汪　洋——北京蒋　川

(2006年1月1日弈于北京)

第26届五羊杯

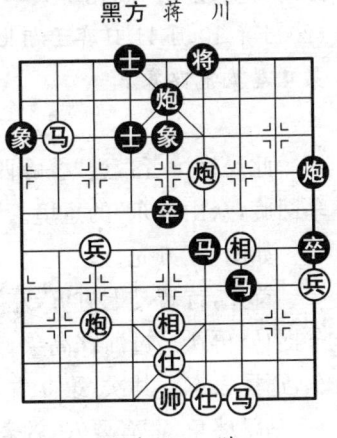

黑方 蒋　川

红方 汪　洋

利德尔·哈特说:"为了保证夺取某一个目标,必须同时威胁对方的几个目标。"

如图,黑方先行。

首先,首着卒9平8,平卒瞄准高相,含蓄。其次,第3着卒5进一,在中炮的掩护下,拱头卒增援前沿。第三,第7着象5退3,飞象亮炮,左卒捉高相,逼红防范。第四,尾着卒8平7,平卒白吃高相,红如接走相五进三(如马四进三,马7进5)则炮4平5,炮五退一,马6进4,帅五平六,马4进6,仕五进四,马7进5,黑胜。

1. ……	卒9平8	2. 炮七进一	卒5进1
3. 马三进四	卒5平4	4. 炮七平九	象5退3
5. 帅五平六	炮5进1	6. 马八退九	炮9进1
7. 炮九平五	炮9平4	8. 帅六平五	卒8平7

黑胜

第116局

车双马双兵仕相全对车马炮卒士象全

上海孙勇征——湖北柳大华

(2006年10月11日弈于湖北武汉)

第4届象甲联赛

此局将读者带进"叠峰西驰,万马回旋,众山欲东"的意境。

如图,红方先行。

首先,首着马七进五,左马中调车捉马,再跃马过河踩高象,红马捉车,逼黑表态。其次,第9着马二进一,马跳墙角,欲奔要穴,凶着,黑方炮换马兵计划落空。第三,至此,红续走车六平三,车8退3,车三进二,捉边卒,红多兵胜矣。

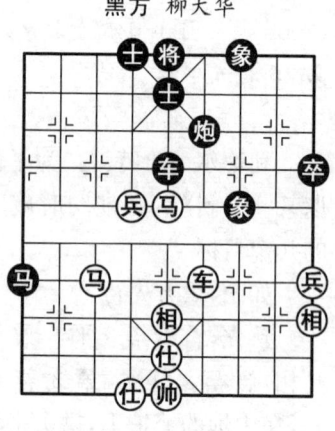

黑方 柳大华

红方 孙勇征

1. 马七进五	炮6平5	2. 后马进三	车5平1
3. 相一退三	马1退2	4. 马三进二	车1平5
5. 马一进一	炮5平6	6. 马一退二	将5平6
7. 车四平二	马2进4	8. 马三退二①	炮6平1
9. 车二进一	炮1退1	10. 车二平六	红胜

注:① 也可改走相五进七,较积极。

第117局

车马双炮四兵仕相全对
车马双炮三卒单缺象

浙江张申宏——北京蒋 川

(2006年11月26日弈于广东深圳)

全国象棋个人赛

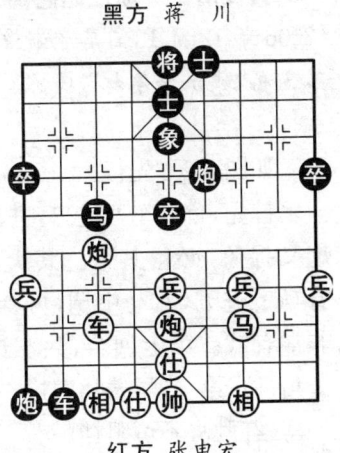

黑方 蒋 川

红方 张申宏

如图,黑方先行。

首先,首着炮1平3,底炮轰左相,再炮6平3串打,妙手,逼红车换双。其次,第15着车3平1,平车捉边兵,保留边卒,有戏。最后黑车8平7,平车捉相,如红接走兵三进一,吃相将军后,再回车捉马,马一退二,车7平8,炮二平六,士4退5,马二进四,车8平6,马四退二,车6平4捉双,红方必丢炮或丢仕,黑胜矣。

1. ……	炮1平3!	2. 炮七退四	炮6平3
3. 车七进三	炮3进6	4. 车七退五	车2平3
5. 兵三进一	车3退4	6. 相三进一	将5平4
7. 兵一进一	车3进1	8. 兵九进一	车3平1
9. 炮五进三	车1退1	10. 炮五平二	车1退1
11. 炮二进四	将4进1	12. 炮二退五	士5进4
13. 相一退三	车1进3	14. 马三退二	车1平8
15. 马二进一	车8平7	**黑胜**	

第118局

车马双炮四兵仕相全对
车马双炮双卒士象全

广西黄仕清——浙江赵鑫鑫

(2006年12月18日弈于浙江慈溪)

第3届"波尔轴承杯"

黑方 赵鑫鑫

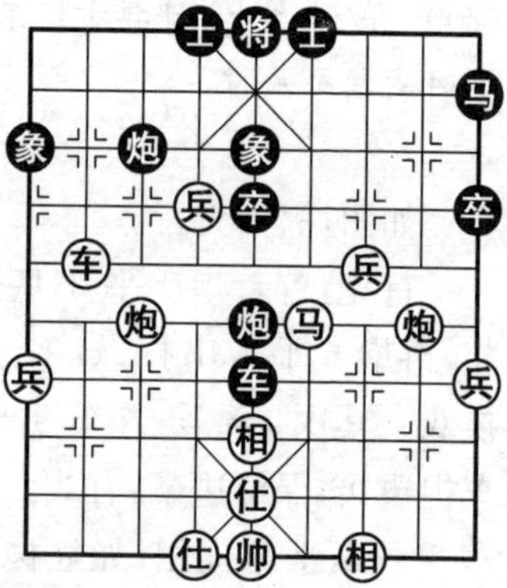

如图,红方先行。

首先,首着车八进二,进车既捉炮又捉象,必得其一。其次,第13着马三进五,右马中调,再奔卧槽,非常有戏。第七回合,兵三进一攻士角马。第三,尾着兵四进一,拱兵入宫,红胜势不可阻挡。

红方 黄仕清

1. 车八进二!	炮3进2	2. 炮二平五	车5退1
3. 车八平五	士6进5	4. 马四进三	马9退7
5. 车五退一	车5平4①	6. 马三进五	马7进6
7. 车五平一	士5进4	8. 兵三平四	炮3平2
9. 炮七退二	车4平5	10. 兵六进一	象1进3
11. 兵四进一	马6退7	12. 马五进三	将5进1
13. 兵四进一	**红胜**		

注:① 黑如车5退2,则兵六平五,红多兵多相胜定。

第119局

车双马炮兵仕相全对
车马双炮卒士象全

北京靳玉砚——大连金 波

(2007年8月19日弈于天津)

"天津南开杯"环渤海省市象棋精英赛

黑方 金 波

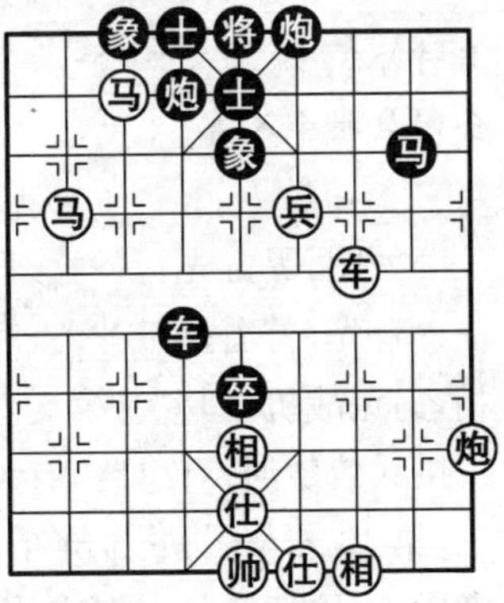

红方 靳玉砚

如图,红方先行。

首先,首着车三进二,进车既捉马又捉象,必得其一,开了个好头。其次,第12着马七退六,红先退七路马,再进八路马,进退有方,伏马六进八捉炮。第三,尾着马八进六,进马踏炮,必得一子,红胜势。

1. 车三进二	马8进9	2. 车三平五	卒5平6①
3. 车五平三	车4平7	4. 车三退三	马9进7
5. 兵四平五	炮6进1	6. 马七退六	马7进8
7. 炮一进三	炮6进3	8. 马八进七	马8进9②
9. 马六进八	炮6退3	10. 炮一进三	马9退7
11. 帅五平六	马7退8	12. 马八进六	红胜

注:① 黑如马9进8,则车五平三,红优。
② 可改走将5平6,较硬朗。

第120局

车马双炮四兵单缺相对
车双炮四卒单缺士

湖南陆伟滔——重庆许文学

（2007年9月6日弈于内蒙古呼和浩特）

全国象棋个人赛

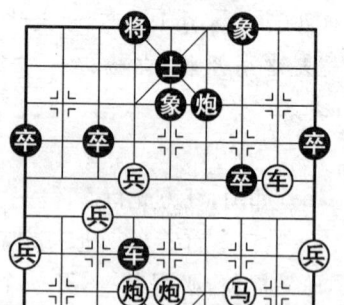

黑方 许文学

红方 陆伟滔

如图，黑方先行。

首先，首着炮9平3，底炮轰底相，另觅战机。其次，第5着卒7进1，拱兵渡楚河，有思路，有见地。第三，第15着卒6进1，弃卒叫将，观者皆惊，纹枰变色。红应仕五进四，如改走炮六平四，车4退1，炮四进五，车4平6，仕五进四，车6退2，黑优。第四，尾着车4退4，退车，吃兵捉死马，黑胜矣。

1. ……	炮9平3	2. 车二退二	车4退1
3. 车二平八	卒7进1	4. 车八进六	将4进1
5. 车八退一①	将4退1	6. 车八平五	卒7进1
7. 马三进五②	卒7平6	8. 马五进四	卒6进1
9. 仕五进四	车4进2	10. 车五平四	车4进1
11. 仕六进五	炮3退3	12. 帅四退一③	车4退4

黑胜

注：① 可改走马三进五捉过河卒，较积极。

② 应改走车五平四，红多子胜。

③ 慌不择路忙退帅，败着。应改走车四进一，将4进1，炮五平六，将4平5，帅四退一，红优。

第121局

车双马炮四兵仕相全对车马双炮四卒士象全

河北申　鹏——大连金　波

(2007年9月7日弈于内蒙古呼和浩特)

全国象棋个人赛

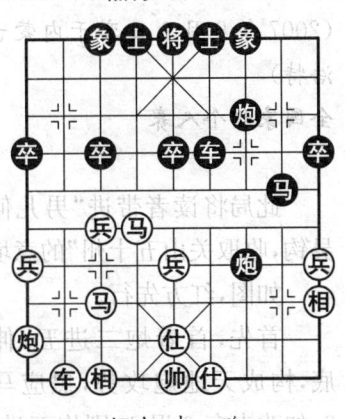

红方　申　鹏

如图，黑方先行。

首先，首着车6平7，平车妙手，伏前炮进3，相一退三，后炮进7杀。其次，第3着前炮平8，欲冲底叫将，颇有见地。第三，第13着炮7进7挥炮轰相，黑应将6进1，如改走相五退三，则车7平3，黑胜势。第四，尾着车7平6，车吃仕入宫，伏马4进2，红如接走炮九退一，则马2退3，帅六退一，炮8进1，帅六退一，车6进2，绝杀。

1. ……	车6平7！	2. 帅五平六	前炮平8
3. 相七进五	炮8进3	4. 相一退三	马8进6
5. 车八进五	车7进4	6. 炮九进一	马6进4
7. 马六进五	炮7进7！	8. 帅六进一	炮7退1
9. 帅六进一	炮8退2	10. 车八平二①	炮7平9

11. 仕五进四　　车7平6　　　黑胜

注：① 如红车不跟炮,则黑车7平5杀相,再炮七退一杀。

第122局

车马双炮三兵仕相全对
车马双炮五卒士象全

上海浦东葛维蒲——黑龙江聂铁文
(2007年9月9日弈于内蒙古呼和浩特)
全国象棋个人赛

此局将读者带进"男儿何不带吴钩,收取关山五十州"的意境。

如图,红方先行。

首先,首着炮二进五,伸炮沉底,构成天地炮攻势,黑应马2进3,如改走车6退1,则炮五进五,将5平4,车三进二,将4进1,车三退

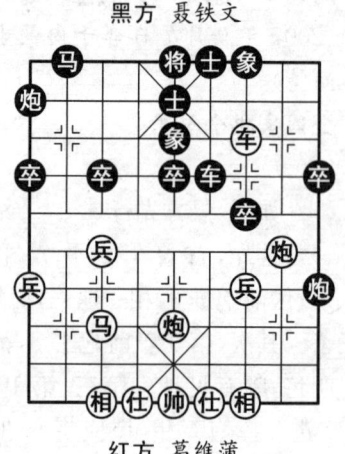

黑方　聂铁文

红方　葛维蒲

四,车6平5,车二平八,马2进3,车八进三,将6进1,车八平七,红胜。其次,第3着车三平五,右车中调捉马,黑如接走逃马,则车五进一,吃士抽炮,黑雪上加霜,难以招架。

1. 炮二进五　　马2进3　　2. 车三平五　　红胜

第123局

车马双炮仕相全对
车马双炮双卒双士

沈阳卜凤波——浙江张申宏

(2008年4月14日弈于广东惠州)

第6届象甲联赛

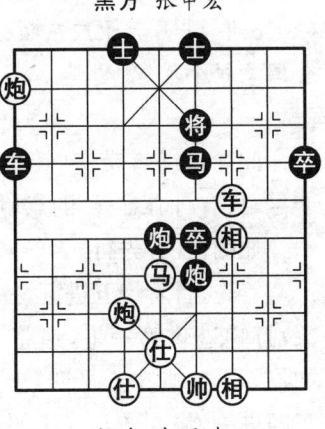

红方 卜凤波

此局将读者带进"当年堕地,而今试看,风云奔走"的意境。

如图,黑方先行。

首先,首着马6进7,铁骑过河踩高相,做杀。逼红表态。其次,第7着炮5平6,中炮左调,接应前炮,非常有戏。第三,尾着马6进8叫将,红如接走帅四平五,车1进5,帅五退一,马8退6,帅五平四,炮3平6杀;又如接走炮五平四,车1进5,仕六进五,车1平5杀。

1. ……	马6进7	2. 帅四进一	将6平5
3. 马五进七	炮5退2	4. 炮六平五	炮5平6
5. 相三进一	前炮平3①	6. 仕五进四	马7进6②
7. 炮九平四	马6进8	黑胜	

注:① 可改走前炮平7抽车,较积极。

② 应改走车1进5,帅四退一,炮3平6,帅四平五,马7进6杀,这也是一种选择。

第124局

双车炮双兵单缺相对
双车双炮三卒单缺士

浙江张申宏——沈阳卜凤波

(2008年11月弈于广东顺德)

全国象棋个人赛

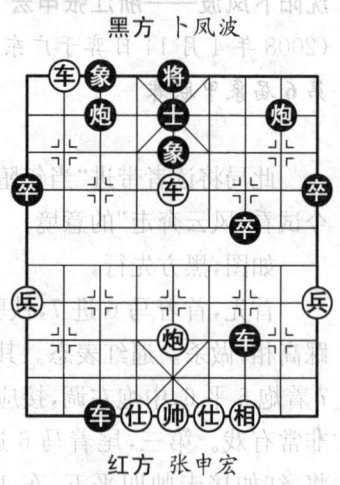

黑方 卜凤波

红方 张申宏

此局将读者带进"镜里朱颜都变尽,只有丹心难灭"的意境。

如图,红方先行。

首先,首着炮五进五,挥炮轰中象,打响进攻第一炮,逼将5平4,如将5平6则车五平四,士5进6,车四进一,将6平5,车八平七,将5进1,车四进二,车7进2,车七平五,将5平4,炮五平六,红胜。其次,第5着炮五平三,中炮右调,捉车,伏炮三进一,凶着。第三,帅五退一,黑如接走车7平3,则炮三进一,士5进4(如将4进1,车五进一杀)车五进二杀。

1. 炮五进五　　将5平4　　2. 车八平七　　将4进1
3. 炮五平三!　车3平4　　4. 帅五进一　　车4退1
5. 帅五退一　　红胜

第125局

双车双马炮三兵仕相全对
双车马炮三卒士象全

陕西李景林——四川黄仕清

(2008年11月4日弈于广东顺德)

全国象棋个人赛

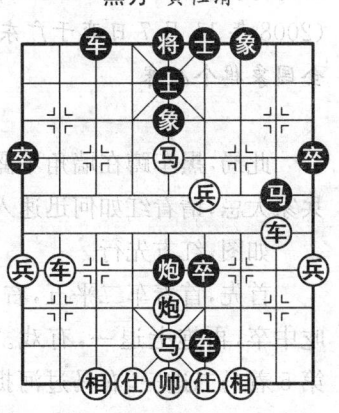

黑方 黄仕清

红方 李景林

此局将读者带进"晓战随金鼓，宵眠抱玉鞍"的意境。

如图，黑方先行。

首先，首着车3进9，挥车斩左相，暗伏玄机，红应车八平六，如改走车二进一，则车6进1，帅五平四，车3平4，帅四进一，卒6进1，帅四进一，车4平6杀。其次，第5着炮5平9，中炮左调，既吃边兵又捉车，再沉底做杀。第三，尾着马8进9，凶着，红如接走车二平一，马9进8，马五进七，车6进1，帅五进一，车6退1，帅五退一，卒6平5，仕六进五，卒5进1，马七退五，车6进1杀。

1. ……　　　车3进9　2. 车八平六①　车3退6
3. 兵四平五　炮5平9　4. 车六进一　　卒6进1
5. 炮五进一②　炮9进3　6. 车二退四　　马8进9

黑胜

注：① 如改走车八平五，则车6进1，帅五平四，车3平4，帅四进一，卒6进1，帅四进一，车4平6杀。

② 如改走车二进一，则卒6平5，黑胜势。

第 126 局

车双马炮三兵仕相全对
车马双炮三卒士象全

上海孙勇征——山西姜毅之

(2008年11月7日弈于广东顺德)

全国象棋个人赛

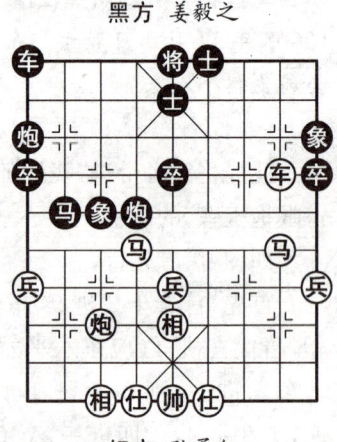

黑方 姜毅之

红方 孙勇征

此局,黑车蹲在墙角不露面,犯兵家大忌,请看红如何迅速入局。

如图,红方先行。

首先,首着车二平五,右车中调吃中卒,再炮七退一,有戏。其次,第5着马二进三,右马过河捉边象,再中车左调捉左象。第三,尾着马六进五,既捉后炮又捉高象,至此,黑后炮、双象,必丢其一,红胜势。

1. 车二平五　　马2进1　　2. 炮七退一　　炮4退3
3. 马二进三　　车1平2　　4. 车五平七　　炮1平4
5. 马六进五　　红胜

第127局

车炮四兵仕相全对
车炮四卒士象

浙江张申宏——开滦杨德琪

(2008年11月7日弈于广东顺德)

全国象棋个人赛

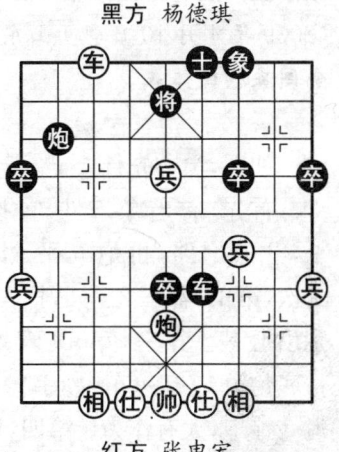

黑方 杨德琪

红方 张申宏

此局告诉读者,残局是一门等待的学问,机不可失,时不再来。

如图,红方先行。

首先,首着车七退六,退车既可牵制车卒又护中炮,保留中路进攻态势。其次,第7着炮五进五,挥炮轰中象,摆脱黑卒威胁。第三,尾着炮八退五,退炮打死中卒,伏进车抽车,黑难堪。

1. 车七退六	炮2平6	2. 仕六进五	将5退1
3. 兵五平六	象7进5	4. 炮五进五	将5进1
5. 炮五平八	将5平6	6. 兵六平五①	士6进5
7. 炮八进一	士5退4	8. 炮八退五	**红胜**

注: ① 可改走炮八进一,较积极。

第128局

双车马双炮双兵仕相全对
双车马双炮双卒士象全

湖南孟　辰——山东张　江

(2009年4月10日弈于山东新泰)

全国象棋团体赛

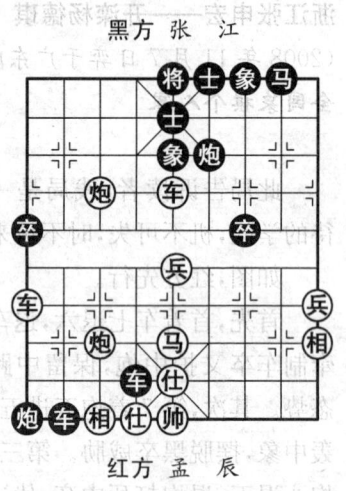

黑方 张 江

红方 孟 辰

如图,黑方先行。

首先,首着象5进3,拦炮做杀,开通炮路,再炮6平3,有戏。其次,第15着车2进5,挥车捉炮,别出心裁。第三,第19着炮3平1,底炮开边打边车,妙手！再炮1退2拦炮,大有作为。第四,尾着象7进5,左象中调,攻不忘守,黑必得一子。

1. ……	象5进3	2. 后炮平六	炮6平3
3. 帅五平四	炮1平3	4. 炮七退六	炮3进7
5. 帅四进一	车2退7	6. 车九平四	马8进7
7. 车五平九	象3退5	8. 马五进六	车2进5！
9. 帅四进一	车4平3	10. 炮六平五	炮3平1！
11. 车九退一	炮1退2！	12. 兵五进一	车3退3
13. 车九进四	象5退3	14. 兵五平六	将5平4
15. 兵六进一	象7进5	**黑胜**	

第129局

车马炮三兵单缺相对
车马炮卒士象全

山东潘振波——湖南程进超

(2009年4月10日弈于山东新泰)

全国象棋团体赛

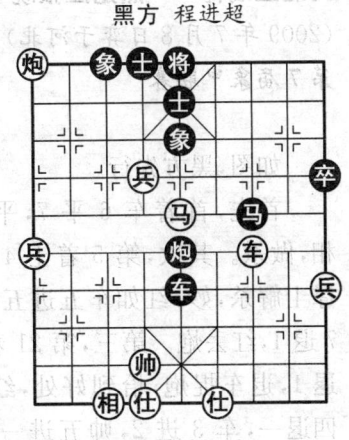

黑方 程进超

红方 潘振波

孙子曰:"水因地而制流,兵因敌而制胜。"此局体现了这种理念。

如图,红方先行。

首先,首着马五进三,进马首选目标捉中象,黑应车5平3,应改走车5平4,帅六平五,炮5退1,较积极。其次,第9着炮九退四,妙手退边炮,必得一子。第三,尾着车五进二,挥车捉马卒,必得其一,红兵强马壮,胜矣。

1. 马五进三　车5平3　　2. 马三进五　车3进2
3. 帅六进一　车3退4　　4. 马五进三　将5平6
5. 炮九退四　马7退6　　6. 车三平五　马6进4
7. 车五进二　**红胜**

第 130 局

车炮双兵双相对
车炮三卒单缺士

河北王瑞祥——黑龙江张晓平

(2009年7月8日弈于河北)

第7届象甲联赛

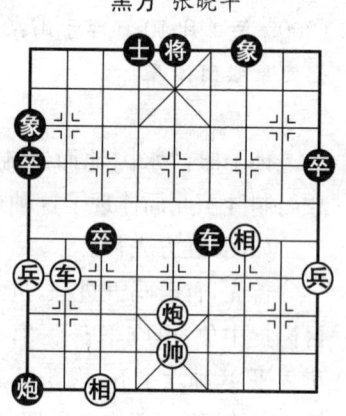

黑方 张晓平

红方 王瑞祥

如图,黑方先行。

首先,首着车6平7,平车吃相,做杀。其次,第5着士4进5,撑士解杀,妙,红如车五进五,则车7退1,红丢炮。第三,第21着车3退1,退车捉炮,恰到好处,红如炮四退一,车3进2,帅五进一,车3平6,红无趣。第四,尾着象7进5,左象中调守中路,再从容拱3路卒,胜矣。

1. ……	车6平7	2. 车八平五	将5平6
3. 炮五平四	车7进3	4. 帅五进一	士4进5
5. 车五进	卒9进1	6. 车五退一	车7平3
7. 车五平四	将6平5	8. 车四进五	车3进1
9. 车四平五	将5平6	10. 帅五退一	车3退1
11. 帅五退一	车3退1	12. 炮四进二	车3平6
13. 车五退四	象7进5	**黑胜**	

第七章 谋车射门

(19局)

第131局

车马炮双兵仕相全对车马炮三卒士象全

天津黄少龙——湖北柳大华

(1977年9月26日弈于山西太原)

全国棋类比赛

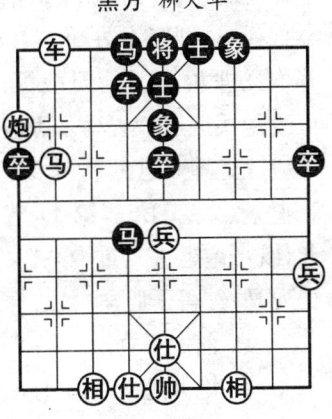

红方 黄少龙

科涅夫说:"战斗行动的结果是判断战役计划和决心正确的一个最好的准绳。"言之有理,掷地有声。

如图,红方先行。

首先,首着车八平七,平车挤马,伏马八进七等手段。其次,第3着炮九进二,凶着,伏车七退一抽车。第三,尾着马八进六,至此,黑车必丢,江山也丢了。

1. 车八平七　　前马退2　　2. 炮九进二　　士5进6
3. 车七退一　　将5进1　　4. 炮九退一　　马2退4
5. 马八进六　　**红胜**

此局获胜,黄少龙最后与甘肃钱洪发、吉林梁文斌并列全国第三名。

第 132 局

双马双炮三兵仕相全对车双马双炮三卒单缺象

北京喻之青——广东吕　钦

(1984年12月8日弈于广东广州)

全国棋类比赛

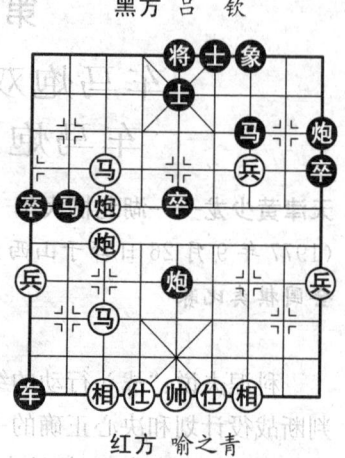

黑方　吕　钦

红方　喻之青

如图,红方先行。

首先,首着前炮平九,前炮吃边卒捉死车,开了个好头。其次,第5着炮九进九,沉底寻觅战机,此着也可改走兵三进一去马。黑应士5进4,应改走炮5退1,伏马3退5或炮9进4黑优。第三,第17着马七退九,既可炮七进六重炮杀,又可边炮捉死马,红得子胜矣。

1. 前炮平九　　马2进1　　2. 炮九退五　　马1进3
3. 炮九进九　　士5进4　　4. 兵三进一　　炮5退1
5. 兵一进一　　炮9退1　　6. 兵三进一　　炮9进1
7. 兵三平四　　士4退5①　8. 炮七退一　　马3退1
9. 马七退九　　炮9平3　　10. 炮九退六　　炮3退1
11. 马九进八　　**红胜**

注：① 第10、12、14着,应马3退5叫将兑炮,可求和。

第 133 局

车双马炮双兵仕相全对
车双马炮四卒士象全

厦门郑一泓——广东黄海林

(2000年4月14日弈于北京)

第3届巨丰杯

"三军甲马不知数,但见动地银山来。"大军的人马不知道究竟有多少,只看到震得地颤动不已,刀剑辉映起来犹如银山一样的人群疾奔而来。

如图,黑方先行。

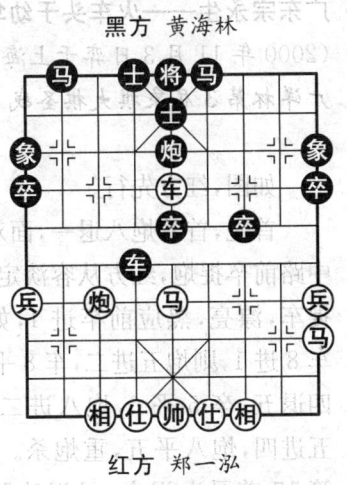

黑方 黄海林

红方 郑一泓

首先,首着马2进4,进马捉中车,红应车五退一,无可奈何,如改走车离中路,黑炮5进4吃中马,红得子得势。其次,第3着马4进3,跃马再捉车,步步紧逼,欺黑车不能离开中路。第三,第5着马6进7,左马捉车,红车必丢,黑方"双马斗虎"大功告成,凯旋而归。

1. ……　　马2进4　　2. 车五退一　　马4进3
3. 车五进一　　马6进7①　　4. 车五进一　　马3退5

黑胜

注: ① 可改走车4进1,较含蓄。

第 134 局

车双马双炮双兵仕相全对
双车马炮五卒士象全

广东宗永生——火车头于幼华

(2000 年 11 月 3 日弈于上海)

广洋杯第 3 届象棋大棋圣战

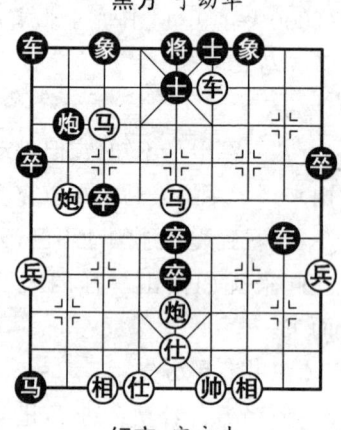

黑方　于幼华

红方　宗永生

如图,红方先行。

首先,首着炮八退一,面对黑方中路前卒捉炮,红方从容淡定,退炮捉车,漂亮,黑应前卒进 1,如改走车 8 退 1,则炮五进二,车 8 平 6,车四退五,卒 5 平 6,炮八进二,再马五进四,炮八平五,重炮杀。其次,第 17 着马七退九,马退边隅捉车炮,黑应车 2 平 3,如改走车 2 退 3,炮四平五红胜定。第三,尾着马三进二,进马做杀,黑回天乏术,出局。

1. 炮八退一	前卒进 1	2. 炮八平二	炮 2 退 1
3. 车四退二	车 1 进 2	4. 车四平七	车 1 平 2
5. 马五退三	后卒平 6	6. 炮二平四	车 2 进 3
7. 车七平四	卒 5 进 1	8. 仕六进五	马 1 退 2
9. 马七退九	车 2 平 3	10. 马九进八	马 2 退 4
11. 马三进二	红胜		

第135局

双车双炮三兵双仕对车双马炮五卒士象全

深圳栾　枫——上海浦东葛维蒲

(2000年11月11日弈于安徽蚌埠)

全国象棋个人赛

如图,黑方先行。

首先,首着车3平2,平车欲冲底叫将,再炮5平4杀,红应炮七平八,应改走车九退二较妥当。其次,第7着炮5进2,伸炮打红左路死车,使人忍俊不禁。第三,尾着士6进5,至此,黑子力位置好又多卒,胜算在握。

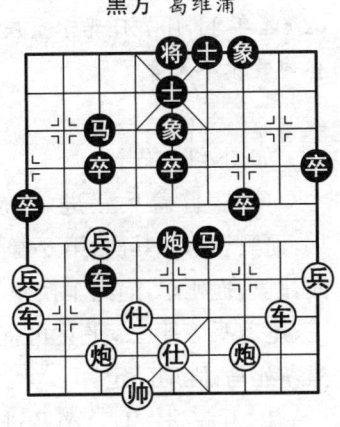

黑方　葛维蒲

红方　栾　枫

1. ……	车3平2	2. 炮七平八	卒5进1
3. 车九平七	马3进5	4. 炮八平七	炮5进2!
5. 车二平五	马6进5	6. 炮三退一	卒5进1
7. 炮七平六	卒7进1	8. 车七平九	卒7平6
9. 兵九进一	卒1进1	10. 车九进二	士5退4
11. 兵一进一	士6进5	**黑胜**	

第136局

车双马炮三兵仕相全对
车双马炮三卒士象全

北京蒋 川——北京靳玉砚

（2004年11月7日弈于重庆）

全国象棋个人赛

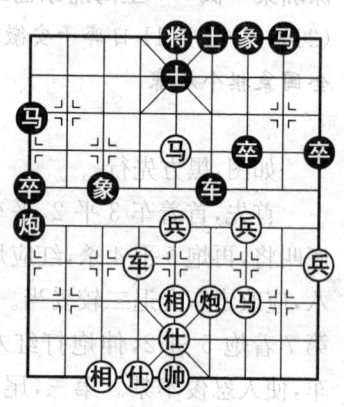

黑方 靳玉砚

红方 蒋 川

如图，红方先行。

首先，首着兵三进一，虎口拱兵，逼黑表态。其次，第3着马三进四，跳马捉死车，逼黑车换双马。第三，尾着兵三平二，平兵再捉兵，捉黑左死马，胜局已定。

1. 兵三进一！	卒7进1			
2. 马三进四	车6进1			
3. 马五退四	炮1平6	4. 兵五进一①	象3退5
5. 兵五进一	马8进7	6. 车六平五	马1进3②
7. 兵五平四	卒9进1	8. 兵四平三	马7退8
9. 兵一平	红胜		

注：① 也可改走车六进三，较硬朗。

② 速败，如改走马7进5，车五进三，卒9进1，炮四平一，炮6退1，车五退一，黑边卒难保，红胜势。

第137局

车双马炮三兵单缺相对
车马双炮三卒士象全

沈阳金　波——云南郑新年

(2004年11月10日弈于重庆)

全国象棋个人赛

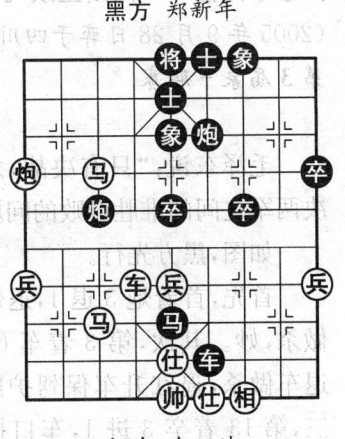

黑方　郑新年

红方　金　波

如图,红方先行。

首先,首着帅五平六,亮帅弃仕,再边炮沉底,寻找射门的感觉。其次,第7着炮九进三,进炮冲底,做杀,逼黑防范。第三,第9着马七退五,左马中调,回马金枪,边、中结合攻九宫。第四,尾着马五进六,黑如接走将5平6(将5进1,车八退一杀)车八退七,车3退7,马六进七,吃车胜。

1. 帅五平六!	车6进1	2. 帅六进一	车6平3
3. 相三进五	车3退2	4. 炮九进三	士5进4
5. 马七退五	士6进5	6. 车六平八	炮6进6
7. 帅六退一	炮3平4	8. 车八进六	士5退4
9. 马五进六	红胜		

第七章　谋车射门　137

第138局

双车马炮双兵仕相对
车马双炮五卒单缺士

广东李鸿嘉——四川王跃飞

(2005年9月28日弈于四川成都)

第3届象甲联赛

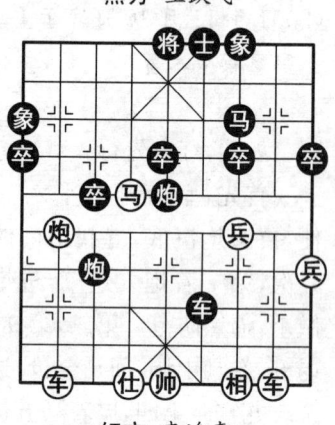

黑方 王跃飞

红方 李鸿嘉

毛泽东说："只有决战,才能解决两军之间的谁胜谁败的问题。"

如图,黑方先行。

首先,首着炮3退1,退炮拦炮做杀,妙。其次,第3着车6退1,退车做杀,逼红升车保驾护航。第三,第13着卒3进1,车口拱卒捉双,红如车六平七,则车8平4,叫将抽马。第四,炮5平4,中炮右调,盖帅解杀,妙!黑多子胜势。

1. ……	炮3退1	2. 帅五进一	车6退1
3. 车八进二	炮3平5	4. 帅五平六	车6平4
5. 车八平八	前炮平4	6. 车二进二	车4平8
7. 车六进二	卒3进1!	8. 车六退二	卒3平2
9. 马六进八	车8平3	10. 车六进七	将5进1
11. 车六退一	将5退1	12. 马八进七	炮5平4!

黑胜

第139局

双车马炮三兵仕相全对
双车双马炮双卒士象全

河北张　江——北京张　强

(2006年6月28日弈于北京)

第4届象甲联赛

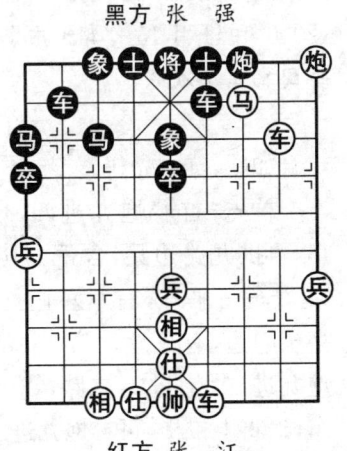

黑方　张　强

红方　张　江

此局将读者带进"杀气三时作阵云,塞声一夜传刁斗"的意境。

如图,红方先行。

首先,首着炮一平二,平炮挤炮,红炮生根,颇有远见。其次,第7着帅五平四,亮帅助攻,黑如车6平7,车四进四,将5进1,炮二退一,黑丢车。第三,第11着前车进一,吃车捉车,黑如马5退6,车四平五,将5进1,炮二退一杀。第四,尾着帅四进一,黑无法解杀,红胜。

1. 炮一平二！　　马1进3　　2. 车四进四　　前马进5
3. 车四进一！　　马5进4　　4. 帅五平四　　马3进4
5. 车二平四　　　后马进5　　6. 前车进一　　马5进7
7. 帅四进一　　　**红胜**

第140局

双车马炮双兵仕相全对
双车马炮三卒士象全

北京蒋　川——厦门郑一泓

(2006年11月15日弈于广东深圳)

全国象棋个人赛

如图,红方先行。

首先,首着炮九进四,炮轰边卒,再拱九路边兵,含蓄。其次,第11着车三平八,右车左调拴车炮,多子归边,有见地。第三,第15着炮九进二,炮进下二路,再平车捉车,逼将上二楼,可见炮九进二的妙用。第四,尾着马七退六,回马金枪做杀,黑丢车,输矣。

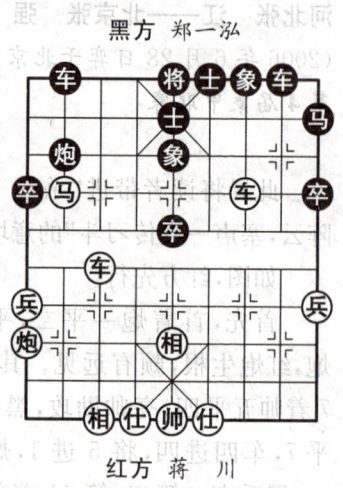

黑方　郑一泓

红方　蒋　川

1. 炮九进四	车8进6	2. 兵九进一	车8平9
3. 兵九进一	车9平4	4. 车七进三	炮2退1
5. 马八进七	车4退5	6. 车二平八	马9进7
7. 仕四进五	马7进8	8. 炮九进二	士5退4
9. 车七平六	将5进1	10. 马七退六	**红胜**

第141局

车马双炮双兵仕相全对
车双马炮三卒士象全

上海孙勇征——北京靳玉砚

(2007年8月15日弈于北京)

第5届象甲联赛

如图,红方先行。

首先,首着车四平一,平车捉边卒,从暗处走向明处,从被动走向主动。其次,第7着炮二退八,退炮打死车,使人忍俊不禁。第三,尾着炮六平九,平炮开边线,伏车八进七的凶着。

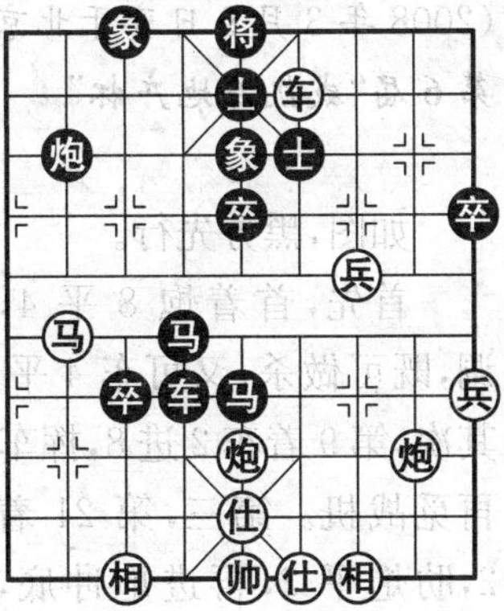

黑方 靳玉砚

红方 孙勇征

1. 车四平一	车4进2①	2. 车一进一	士5退6
3. 炮二进七	象5退7	4. 炮二退八	马4进5
5. 炮二平六	前马进3	6. 相三进五	炮2进1
7. 车一平三	象3进5	8. 车三退二	士6进5
9. 车三平二	象5退7	10. 车二退四	卒3平4
11. 马八退六	马3退4	12. 车二平五	马4退5②
13. 车五平八	炮2平3	14. 炮六平九	红胜

注:① 黑车虎落平阳,刚跳出油锅,又跌进火坑,此车必丢。

② 应改走马4退3,较积极。

第七章 谋车射门

第 142 局

双车马炮兵仕相全对
双车马炮双卒士象全

开滦杨德琪——湖北汪　洋

（2008 年 3 月 9 日弈于北京）

第 6 届"威凯房地产杯"

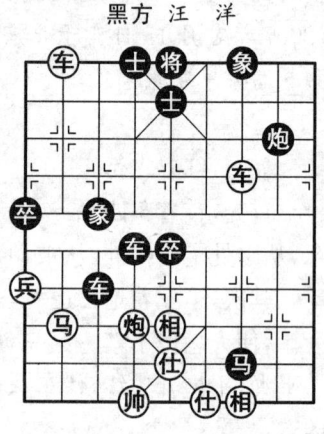

黑方　汪　洋

红方　杨德琪

如图，黑方先行。

首先，首着炮 8 平 4，左炮右调，既可做杀，又可车 4 平 2 抽车。其次，第 9 着车 2 进 8，挥车下 2 路，再觅战机。第三，第 21 着炮 4 平 2，肋炮平 2，再进炮冲底，非常有戏。第四，尾着炮 2 平 3，红如逃炮，则炮 3 进 7 打马，黑胜势。

1. ……	炮 8 平 4	2. 车三进三	士 5 退 6
3. 车三退八	车 4 平 2	4. 帅六平五	车 2 退 5
5. 马八退七	车 2 进 8	6. 车三进四	卒 5 进 1
7. 炮六退二	车 2 平 3	8. 炮六进六	后车平 4
9. 车三平五	士 6 进 5	10. 炮六平五	象 3 退 5
11. 炮五退三	炮 4 平 2	12. 车五平八	炮 2 平 3

黑胜

第143局

车双马双炮仕相全对
双车炮卒双士

北京蒋　川——江苏张国凤

(2008年7月23日弈于四川眉山)

"道泉茶叶杯"全国象棋明星赛

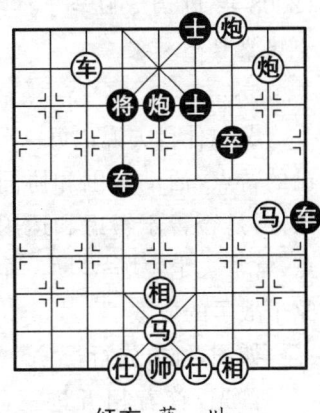

黑方　张国凤

红方　蒋　川

拿破仑说:"切不可放过奇袭战胜的机会。"言之有理。

如图,红方先行。

首先,首着炮二平六,右炮左调,用黑将作炮架,急中生智,倒打黑车解杀,新颖。其次,第13着炮三进一,伸炮做杀,黑如应士5进6,则炮三平六,红多子胜。第三,第15着炮六进四,飞炮轰底士,捉车解杀,红多子胜势。

1. 炮二平六　　车9平8①　　2. 炮六退三　　车8平4
3. 车七退三　　炮5进2　　　4. 车七进二　　将4退1
5. 车七进一　　将4进1　　　6. 炮三退二　　士6退5
7. 炮三进一　　士5退4　　　8. 炮六进四　　车4平6
9. 车七退五　　红胜

注:① 黑如改走车4平8,炮三退一,车8进1,炮六平四,红胜。

第 144 局

双车双马双炮四兵仕相全对双车双马双炮四卒士象全

上海浦东葛维蒲——黑龙江陶汉明

(2008 年 11 月 5 日弈于广东顺德)

全国象棋个人赛

黑方 陶汉明

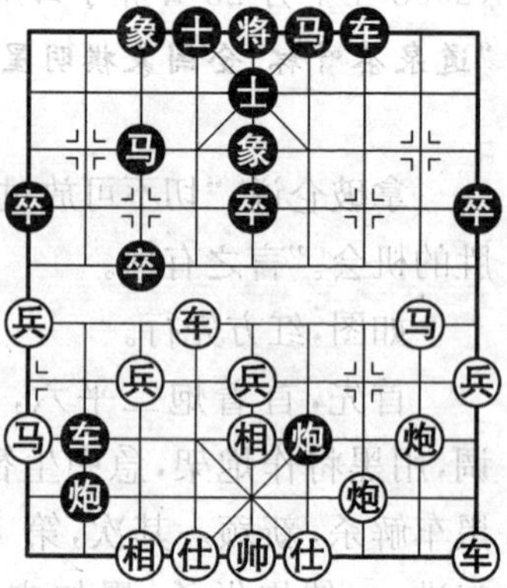

红方 葛维蒲

戈尔什科夫说:“每一军种有自己的特点,活动范围和协同作战的条件,是否善于考虑和运用这个特点,常常决定一场战斗,一个战役或整个战争的成败。”

如图,红方先行。

首先,首着相五进三,飞相妙手,凶相毕露,红双炮捉双车,必得其一。其次,第 3 着炮三进八,挥炮轰底车,强势凸现。第三,尾着相三退五,红炮串打车炮,黑防不胜防,遭到重创,败矣。

1. 相五进三! 炮 6 平 1 2. 炮三进八 象 5 退 7
3. 相三退五 **红胜**

局尽意未尽,意尽情未尽,此局给读者留下挥之不去的印象。

第145局

车双马双兵仕相全对车马炮三卒双士

湖北党　斐——厦门潘振波

(2008年11月8日弈于广东顺德)

全国象棋个人赛

如图,红方先行。

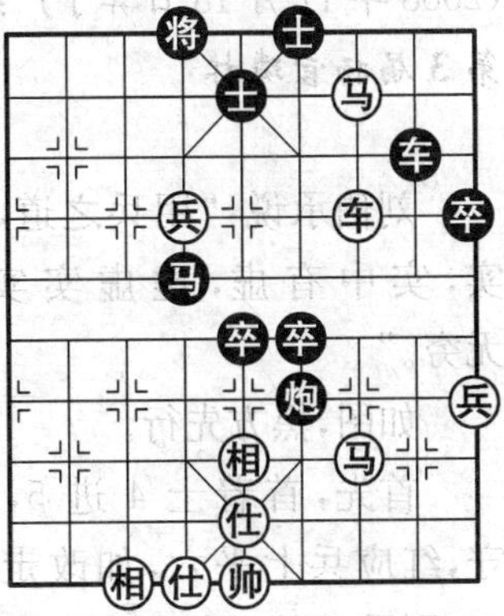

首先,首着车三退一,退车捉马,再飞相蹩马脚。其次,第5着兵六平五,左兵中调,再拱兵入宫,有戏。第三,尾着马三退四,退马捉车妙手,黑如接走车4退1,则兵五平六,车4退1,车七退一,将4退1,马四进六,吃车胜。

黑方　潘振波

红方　党　斐

1. 车三退一	马4进2	2. 相五进七	马2进3
3. 兵六平五	车8平4	4. 车三平八	炮6平3
5. 相七退五	炮3平7	6. 车八进一	炮7平6
7. 兵五进一	车4进2	8. 车八平一	士5进4
9. 车一平七	马3退4	10. 后马进二	炮6平5
11. 车七进三	将4进1	12. 马三退四	**红胜**

第 146 局

双车炮三兵仕相全对
双车马炮卒士象全

黑龙江陶汉明——河北张 江

(2008 年 11 月 18 日弈于广东东莞)

第 3 届杨官璘杯

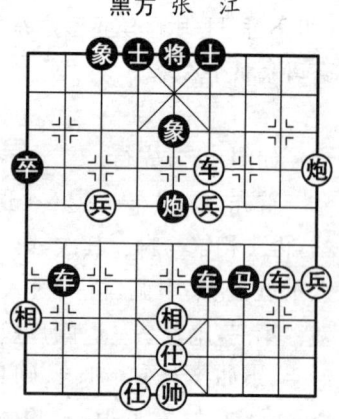

黑方 张 江

红方 陶汉明

刘伯承说:"用兵之道,虚中有实,实中有虚,虚虚实实,变化无穷。"

如图,黑方先行。

首先,首着士 4 进 5,严防固守,红应兵七平六,如改走车四平三,则马 7 退 6 白吃兵兼兑车,使黑底线无恙。其次,第 3 着车 6 进 2,伸车塞象眼,不怕兵六平五吃中炮,黑可马 7 进 5,凶着,红解危局必丢车。第三,尾着马 7 退 5,漂亮,红如接走车七进三,士 5 退 4,炮一平五,象 5 退 3,炮五退四,炮 5 进 3,解杀叫将得车胜。

1. ……　　士 4 进 5　　2. 兵七平六　　车 6 进 2
3. 车四平七　　马 7 退 5　　黑胜

第147局

车马双炮兵仕相全对车马双炮卒士象全

上海浦东宇　兵——四川孙浩宇
（2008年12月弈于浙江宁波）
"北仑杯"全国象棋大师冠军赛

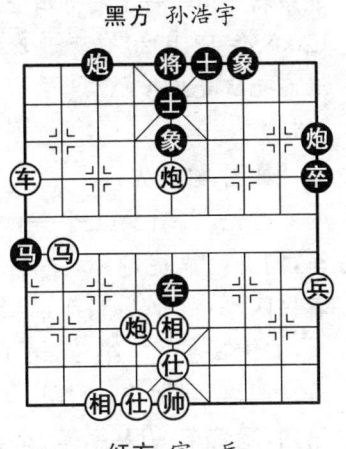

黑方　孙浩宇

红方　宇　兵

古德里安说："在战争中只有简单才可以获得成功。"此言妙也。

如图，红方先行。

首先，首着马八进六，跃马过河捉中车，有戏。其次，第3着车九平六，边车抓住黑方软肋，做杀，逼黑车换马。第三，第7着相五进三，中相飞河口，让出炮路，颇含蓄。第四，尾着炮六平三，左炮右调，捉象做杀，黑如炮9平7解杀，则相三退五，既做杀又捉马，红胜势；又如象7进9，则仕五进四，马2退1（马2进1，仕六进五，再帅五平六）车六平九，炮9退1，相三退一，马1进3，车九平七，捉双，红胜势。

1. 马八进六　　车5退2　　2. 车九平六　　车5平4
3. 车六退一　　炮9进4　　4. 相五进三　　马1进2
5. 炮六平三　　**红胜**

第七章　谋车射门

第148局

双车炮三兵对
双车炮卒士象全

北京蒋　川——上海孙勇征

(2008年12月26日弈于上海)

首届九城置业杯

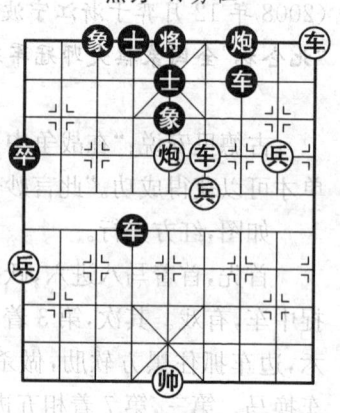

黑方 孙勇征

红方 蒋　川

如图,红方先行。

首先,首着兵二平三,平兵封车,向九宫靠拢,有戏。其次,第3着兵四平三,平兵亮车,再组成联兵,关住黑左车。第三,第16着帅五平四,亮帅做杀,逼黑中车兑炮。第四,尾着车一退一,至此,红双车双兵必胜车炮卒士象全。

1. 兵二平三	车4平5	2. 帅五平六	车5进1
3. 兵九进一	车5退1	4. 兵四平三	车5平1
5. 后兵平二	卒1进1	6. 兵二讲一	车1平8
7. 帅六平五	车8平5	8. 帅五平四	车5退2
9. 车四平五	炮7平6	10. 帅四平五	卒1进1
11. 车一退五	卒1进1	12. 车一退一	卒1进1
13. 车一退一	卒1进1	14. 车一退一	**红胜**

第149局

车马炮仕相全对
车双炮双卒士象全

北京蒋　川——浙江于幼华

(2009年10月28日弈于北京)

第7届象甲联赛

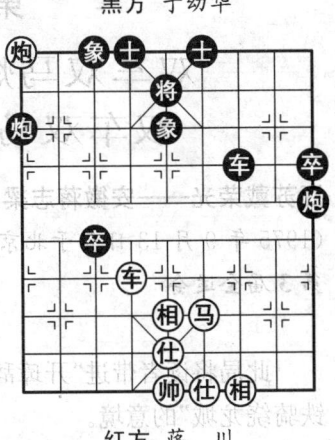

黑方 于幼华

红方 蒋　川

此局很精彩,将读者带进:"秋风紧,平碛雁行低,阵云齐"的意境。

如图,红方先行。

首先,首着帅五平六,亮帅做杀,伏车六进五,将5退1,车六进一,将5进1,车六退一杀。其次,第3着炮九退一,退炮妙手,令黑方猝不及防。第三,第7着马四进五,非常有戏。第四,尾着车六退三,车口捉车,飞弹。黑如接走车5平4,马五进六,绝杀。

1. 帅五平六	将5平6	2. 炮九退一!	车7平2
3. 车六进五	将6进1	4. 马四进五	车2平5①
5. 车六进一	士6进5②	6. 车六退三	**红胜**

注:① 应改走炮1进1,拉长战线,或炮9平5顶马。

② 败笔。应炮9平6,车六退三,车5平4,马五进六,将6退1,马六退四,卒3进1,尚可招架。

第八章 谋马射门

（24局）

第150局

双车双马炮双兵仕相全对
双车双马炮双卒士象全

江苏戴荣光——安徽蒋志梁

（1975年9月13日弈于北京）

第3届全运会

黑方 蒋志梁

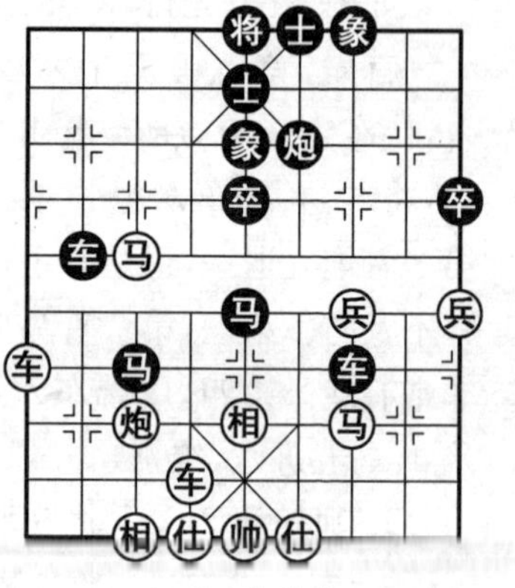

红方 戴荣光

此局将读者带进“开璋辞凤阙，铁骑绕龙城”的意境。

如图，黑方先行。

首先，首着车2平3，平车炮口食马，得子，红如炮七进三，则马3进4吃车。其次，第3着车3退4，退车严防死守，红如炮七进七，则马5进6，帅五进一，车7进1，再车7进1杀。第三，尾着车3进7，挥车吃炮，至此，黑右车捉相，左车捉马，红难招架

1. ……	车2平3	2. 车六进七	车3退4
3. 车九进二	炮6退1	4. 车六退四	马3进5
5. 相七进五	车3进7	**黑胜**	

第151局

车双马双炮三兵仕相全对
车马双炮四卒士象全

四川蒋全胜——上海邬正伟

(1988年9月10日弈于内蒙古呼和浩特)

全国象棋个人赛

如图,黑方先行。

首先,首着车8平5,左车中调,炮口斩马,妙手。欺红中炮不敢吃车,否则黑马8退6闷杀。其次,第15着车4平2,平车捉炮,再卒3进1,拱卒吃兵,黑双卒过河,其势更盛。第三,尾着马5退6,至此,黑多子多卒,胜哉。

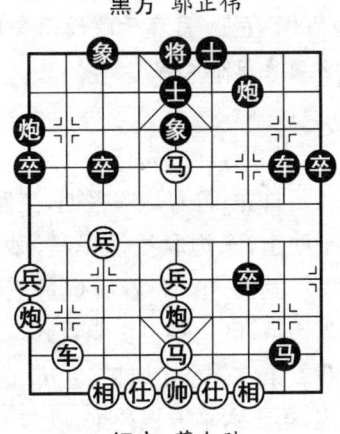

黑方 邬正伟

红方 蒋全胜

1. ……	车8平5	2. 马五进三	车5平8
3. 车八平三	马8退9	4. 相三进一	马9进7
5. 车三平四	马7退5	6. 车四进三	车8平4
7. 仕四进五	卒3进1	8. 炮九平八	车4平2
9. 炮八平六	卒3进1	10. 车四平五	炮1平3
11. 相七进九	车2进3	12. 炮六进四	卒3平4
13. 车五平六	马5退6	**黑胜**	

第152局

车双炮双兵仕相对
车马炮双卒双士

火车头金 波——上海董旭彬

（2001年10月弈于陕西西安）

全国象棋个人赛

如图，红方先行。

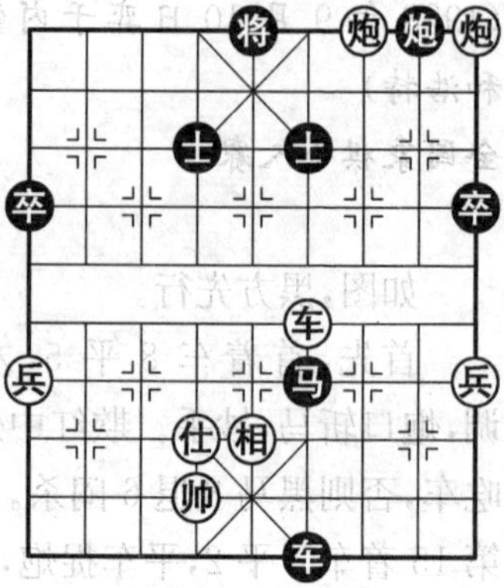

首先，首着炮三平四，三路底炮平肋道，车炮联袂擒黑马，妙，太妙了。其次，第15着后炮进三，后炮轰边卒，红边兵再长驱直入，非常有戏。第三，尾着炮四退五，退炮关炮，再帅六平五捉死炮，胜哉。

黑方 董旭彬

红方 金 波

1. 炮三平四!	车6退1	2. 帅六退一	将5进1
3. 车四退一	车6退2	4. 炮四退六	炮8平1
5. 兵一进一	炮1进6	6. 炮四平一	炮1进1
7. 仕六退五	炮1平3	8. 后炮进三	炮3退7
9. 后炮平六	炮3平5	10. 炮一退二	将5平6
11. 炮一平六	炮5进8	12. 后炮平四	将6平5
13. 炮六退六!	将5退1①	14. 炮四退五	**红胜**

注：① 如改走逃炮，则炮六平五，绝杀。

第153局

车双马炮三兵仕相全对
车马双炮四卒单缺象

深圳汤卓光——沈阳尚　威

(2001年10月弈于陕西西安)

全国象棋个人赛

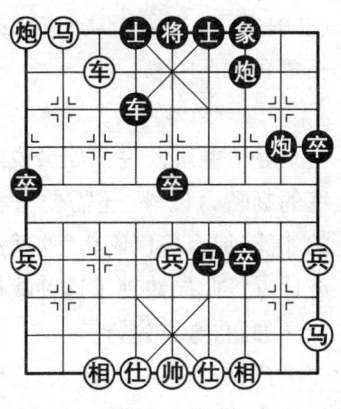

黑方　尚　威

红方　汤卓光

如图,红方先行。

首先,首着马八退九,退马炮叫将,再进车叫将,有戏。其次,第21着炮九平四,左炮右调打底士,再退炮回防。第三,尾着车三退二,退车捉死马,红将胜果收入囊中。

1. 马八退九	士4进5		
2. 车七进一	士5退4		
3. 车七退三	将5进1	4. 车七平五	车4平5
5. 车五平二	马6进7	6. 帅五进一	车5平2
7. 车二平五	象7进5	8. 帅五平六	车2平4
9. 帅六平五	马7退6①	10. 帅五进一	车4平2
11. 炮九平四!	马6进7	12. 炮四退八	炮7平6
13. 车五平三	象5进7	14. 车三退一	马7退6
15. 车三退二	**红胜**		

注: ① 黑如车4进7,炮九退一,炮7进1,马九进七,马7退6,帅五进一,将5平6,车五平四,炮7平6,车四平三,红捷足先登;又如车4平1,车五平三红胜势。

第154局

马双炮双兵仕相全对
双马炮双卒士象全

上海浦东廖二平——邮电袁洪梁

（2001年10月弈于陕西西安）

全国象棋个人赛

克劳塞维茨说："如果说除了熟练的判断力以外，还需要一种特殊的才能，那么可以断言，这就是诡计或计谋。"此局体现了这种战理。

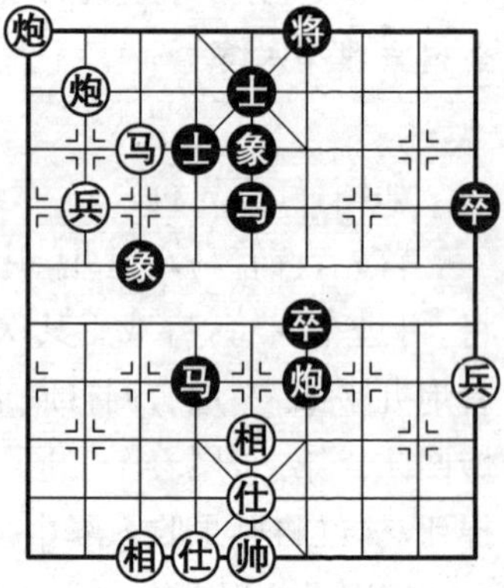

如图，红方先行。

首先，首着马七进六，马跳底线炮叫将，逼黑象垫将，非常有戏。其次，第3着马六退四，回马金枪，智擒黑中马，令黑猝不及防，黑丢子后大势已去，无法抵抗。

黑方 袁洪梁

红方 廖二平

1. 马七进六　　象5退3　　2. 马六退四！　　**红胜**

第 155 局

车马炮双兵仕相全对车马炮双卒士象全

火车头杨德琪——南方棋院宗永生

(2001 年 10 月弈于陕西西安)

全国象棋个人赛

黑方 宗永生

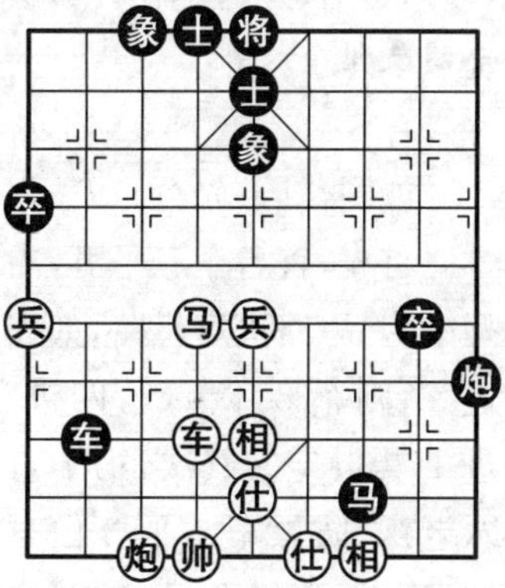

红方 杨德琪

粟裕说:“所谓制造战机,就是要制造敌人的混乱,制造敌人的疑虑和错觉,制造敌人的缺点、弱点,使敌人犯错误。”言之有理。

如图,黑方先行。

首先,首着车 2 平 4,平车兑车,于无声处听惊雷,颇含蓄。其次,第 3 着炮 9 平 4,左炮右调叫将,逼红落仕,是车 2 平 4 的后续手段,步步紧逼。第三,尾着马 7 退 6,回马金枪,做杀,伏马 6 退 4 得子,胜矣。

1. …… 车 2 平 4 2. 仕五进六 炮 9 平 4

3. 仕六退五 马 7 退 6 **黑胜**

第156局

双车双马炮四兵仕相全对
双车双马炮双卒士象全

广东陈富杰——云南郑新年

（2004年11月2日弈于重庆）

全国象棋个人赛

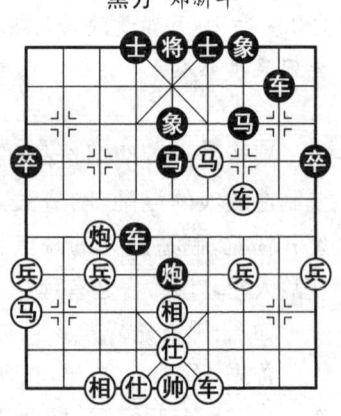

黑方 郑新年

红方 陈富杰

如图，红方先行。

首先，首着车三平五，右车中调捉中炮，思路决定棋路，如误走车三进二，则车8平4，马四进三，将5进1，黑胜定。其次，第7着马七进八老辣，防黑车4平3白吃炮。第三，第13着炮七平二，左炮右调到黑方空虚的左路，有戏。第四，尾着马四进五，弃马踏中士，凶着，黑如士6进5，车三平五，食马胜定。

1. 车三平五	炮5平4	2. 马九退七	炮4平9
3. 车五平三	炮9平3	4. 马七进八	车8平2
5. 车三进二	士4进5	6. 马八退九	车4进1
7. 炮七平二	炮3平7	8. 马九进七	车2进6
9. 炮二退二	炮7平1	10. 车三退一	将5平4
11. 马四进五	**红胜**		

第157局

车双马炮四兵仕相全对车双马炮三卒士象全

江苏廖二平——农协任 健
(2004年11月弈于重庆)
全国象棋个人赛

如图,红方先行。

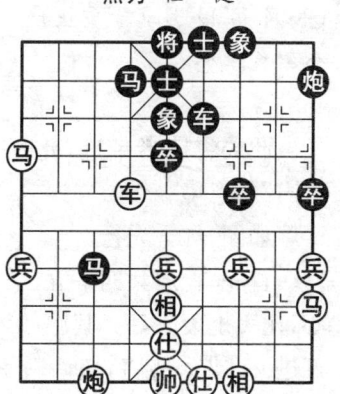

黑方 任 健

红方 廖二平

首先,首着相五进七,中相左调压马,红方准备捕捉黑3路马。黑应车6进3,如改走马3进2,则车六平八捉死马。其次,第3着炮七进二,进炮顶住马,非常有戏,如急于车六退二,马3进2,车六平八,车6平3,相三进五,车3进3,红抓马落空。第三,第11着炮七平八,平炮欲沉底,三子集结,准备射门。第四,尾着车七平六,平车塞象眼,伏马八进六,绝杀。

1. 相五进七! 车6进3 2. 炮七进二 马4进3
3. 车六退二 炮9进5 4. 车六平七 卒7进1
5. 相七退五 马3进5 6. 炮七平八! 卒7进1
7. 炮八进七 士5进4 8. 马九进八 车6平4
9. 车七进六 将5进1 10. 车七退一 将5退1
11. 车七平六 **红胜**

第八章 谋马射门

第158局

马炮兵单缺仕对
双马双卒单缺士

江苏廖二平——贵州王剑凌

(2004年11月弈于重庆)

全国象棋个人赛

此局将读者带进"此时无声胜有声"的意境。

如图,红方先行。

首先,首着兵四平五,平兵占宫心,比飞炮轰士好。其次,第3着兵五进一,拱兵叫将,黑始料不及,可保存底兵有生力量。第三,第5着炮六进三,白食一马,非常有戏。第四,尾着炮六进三,伸炮再炮六平八,黑难应。

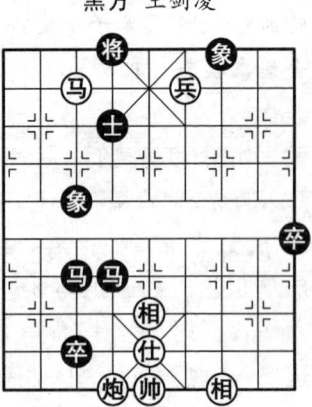

黑方 王剑凌

红方 廖二平

1. 兵四平五	卒3平4	2. 兵五进一!	将4进1
3. 炮六进三	将4平5	4. 仕五进六	卒9平8
5. 帅五平四	卒8进1	6. 炮六进三!	**红胜**

第159局

车马炮三兵仕相全对
车马炮四卒单缺象

湖南李望祥——农协柯善林

(2004年11月弈于重庆)

全国象棋个人赛

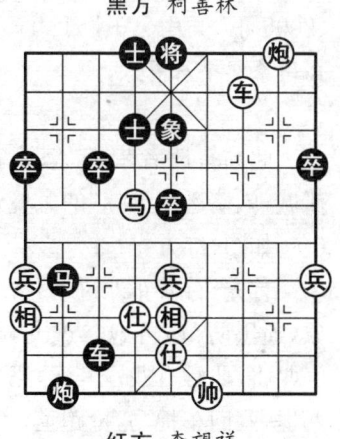

此局扑朔迷离,双方对攻;不是鱼死,就是网破。

如图,红方先行。

首先,首着炮二退三,撤底炮,摆中炮是步好棋,如误走马六进五,则车3进1,帅四进一,炮2退1,帅四进一,车3平8,黑胜。其次,第5着车三退四,退车捉马,击中要害,黑如逃马,则马六进五,士4进5,车三进五,绝杀。第三,尾着车六平八,捉炮做杀,黑如接走车5平6,(将5平4,车八进四杀)马三退四,得车胜。

1. 炮二退三!	象5进3	2. 炮二平五	马2退4
3. 车三退四	车3进1	4. 帅四进一	车3平8
5. 车三平六	炮8退1	6. 仕五退六	车8退6
7. 马六进五	车8平5	8. 马五进三	将5进1
9. 车六平八	红胜		

第160局

车双马双炮四兵单缺仕对车双马双炮双卒士象全

火车头陈启明——辽宁孟　辰

(2005年11月5日弈于山西太原)

全国象棋个人赛

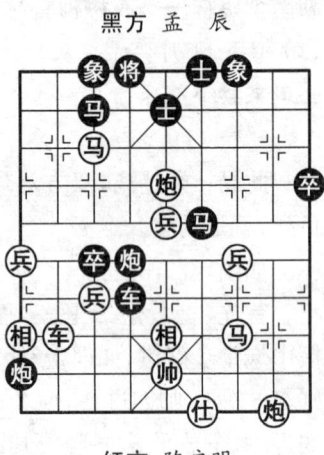

黑方　孟　辰

红方　陈启明

此局将读者带进"怒涛寂寞打孤城,风樯遥度天际"的意境。

如图,红方先行。

首先,首着车八进七,挥车捉底象,逼黑防范,再炮二进九,挥炮沉底叫将,非常有戏。其次,第5着车八退一,回车捉马,抢跑道,争速度,摘胜果。第三,第9着马七退六,退马既可让车道,又可控制黑将逃中路,颇含蓄。第四,尾着炮五进二,中炮进宫心做杀,伏车七退一,绝杀。

1. 车八进七！　　象7进5　　2. 炮二进九　　将4进1
3. 车八退一　　　马6进7　　4. 车八平七　　将4进1
5. 马七退六　　　象5进3　　6. 炮二退一　　士5退4
7. 炮五进二　　　**红胜**

第161局

车马炮三兵单缺相对
车马炮双卒单缺象

河北张　江——湖北柳大华

(2006年9月20日弈于湖北武汉)

第4届象甲联赛

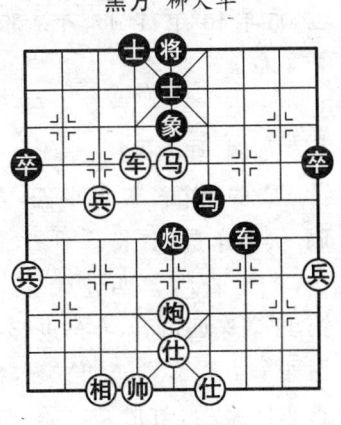

黑方　柳大华

红方　张　江

此局将读者带进"逆风走马貂裘卷,望塞县弧雁阵分"的意境。

如图,红方先行。

首先,首着车六退三,退车兵行线,避免兑中炮。如改走车六退一,马6进5兑炮,黑透松局势。其次,第5着马五退三,中马右调,再循序渐进,打开局面。第三,尾着车四平二,平车捉马,中相捉车,车不能保马,必丢一子,红胜矣。

1. 车六退三!　　炮5平2①　2. 炮五进三　　炮2平5②
3. 马五退三　　将5平6　　4. 车六平四　　炮5平6
5. 马三进一　　马6退8　　6. 马一进二　　将6平5
7. 相七进五　　车7退1③　8. 兵七平六　　车7进1
9. 车四平二　　红胜

注:① 黑如改走车7进1兑车,则车六进二捉马,红优。

② 可改走车7平5,较积极。

③ 可改走车7退4,较顽强。

第 162 局

双车马炮四兵单缺相对
双车马炮四卒士象全

江苏徐　超——河北阎文清

(2006年10月11日弈于江苏南京)

第4届象甲联赛

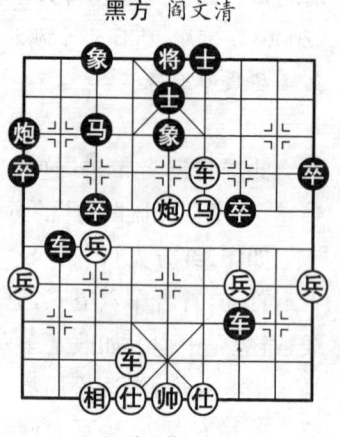

黑方　阎文清

红方　徐　超

如图，红方先行。

首先，首着车六平四，左车右调，伏前车进三，将5平6，马四进三，将6平5，车四进八杀。其次，第11着车四进五，弃马进车，做杀。黑如车4平5，则车四进三，将4进1，车四平七，红胜势。第三，第13着车七平六，平车硬兑车，黑如车4平5不兑车吃马，则车四进三，将4进1，车四平七，车5退2，车七退一，将4退1，车七平五，车2退3，车六平四，红胜。第四，尾着马八退七，至此，红多子胜势。

1. 车六平四！	马3进5	2. 前车平五	车7平4
3. 仕四进五	车4退3	4. 马四退五	车4进2
5. 车五平七	将5平4	6. 车四进五	炮1平4
7. 车七平六！	车4退3	8. 车四平六	车2进1
9. 马五进六	卒3进1	10. 马六进八	炮4退1
11. 马八退七	红胜		

第163局

双车马炮三兵单缺仕对
双车马炮双卒双士

江苏赵 剑——陕西刘 强

(2006年11月19日弈于广东深圳)

全国象棋个人赛

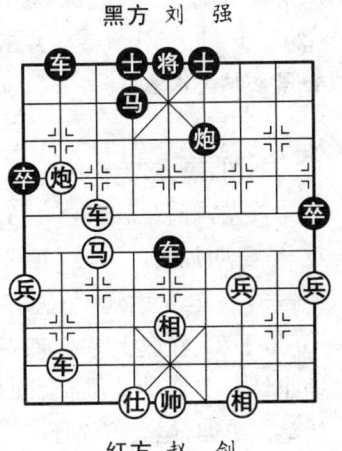

此局将读者带进"百尺阑干横海立,一生襟抱与山开"的意境。

如图,红方先行。

首先,首着车七平六,平车捉马,为左红马开道。其次,第5着车六进三,挥车斩马,不怕抽车。第三,第9着马七进六,跃马弃炮奔卧槽,只争朝夕。第四,第13着车六退二,退车叫将,车口抽车,漂亮,红胜势。

1. 车七平六　炮6平8　　2. 车八平二　炮8平5
3. 车六进三　车5进2　　4. 车二平五　车5退4
5. 马七进六　车2进3　　6. 马六进七　车2平3
7. 车六退二　将5进1　　8. 车六平七　**红胜**

第 164 局

双车双马炮四兵仕相全对
双车双马炮四卒士象全

黑龙江张晓平——开滦杨德琪

(2006年11月21日弈于广东深圳)

全国象棋个人赛

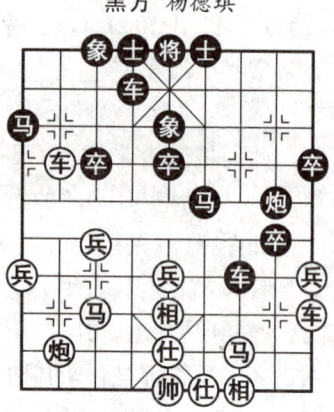

黑方 杨德琪

红方 张晓平

如图,黑方先行。

首先,首着马6进5,马食中兵兑马,简明局势。其次,第19着车5平9,中车左调压马,意味深长。第三,第21着炮1平7,右炮瞄相,缩小红右车活动范围,为硬兑车打伏笔。第四,尾着卒7平8,平卒捉死马,胜矣。

1. ……	马6进5	2. 马七进五	车7平5
3. 车一平四	车4进5	4. 车四进三	炮8平7
5. 兵九进一	车4平1	6. 车八退二	卒8进1
7. 兵一进一	卒8进1	8. 兵九进一	炮7平1
9. 车四平二	卒8平7	10. 马三进一	车5平9
11. 炮八退一	炮1平7	12. 车八退二	车1平8
13. 车二退二	车9平8	14. 兵七进一	卒7平8

黑胜

第165局

车马双炮三兵仕相全对
车马双炮三卒士象全

开滦景学义——火车头崔 岩

(2006年12月12日弈于浙江宁波)

"交通建设杯"象棋大师冠军赛

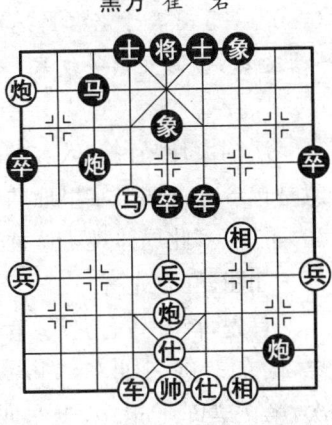

黑方 崔 岩

红方 景学义

此局将读者带进"万里赴戎机,关山度若飞"的意境。

如图,红方先行。

首先,首着炮五平八,中炮左调,既可沉底又可捉马。其次,第5着车六平七,平车亮车,佯作捉马,红如车七进八,则炮7退1,捉双。第三,第7着炮八进六,伸炮捉马,伏炮九进一的攻势,黑应象5退3,如改走炮7退2,则炮九平七,炮7平3,马六进八,红胜势。第四,尾着炮九平七,至此,边炮打马得子,红胜势。

1. 炮五平八！   炮3平7   2. 相三退五   士6进5
3. 车六平七   车6平7   4. 炮八进六   象5退3
5. 炮九平七   **红胜**

第166局
车马双兵仕相全对
车马双卒双士

北京才　溢——广东黎德志
(2008年5月弈于浙江慈溪)
"洁达杯"全国象棋等级赛

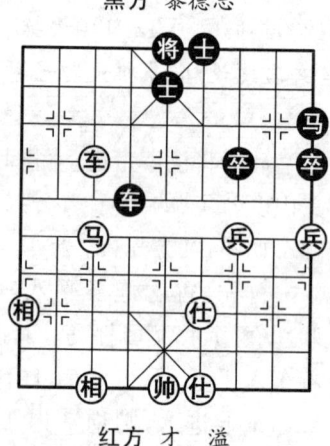

黑方　黎德志

红方　才　溢

法国大仲马说:"人类的一切智慧是包含在这四个字里面的'等待'和'希望'。"此局体现了这种理念。

如图,红方先行。

首先,首着马七进八,策马过汉界,伏车七进三抽车,颇含蓄。其次,第7着车七退一,退车叫将,逼将上楼,黑如改走将5退1,则马八进六,红得车。第三,尾着车七平一,左车右调捉死马,胜矣。

1. 马七进八　　车4平5　　2. 仕四进五　　士5进6
3. 车七进三　　将5进1　　4. 车七退一　　将5进1
5. 车七平一　　红胜

此局,才溢获胜,勇夺冠军,胜率也达到规定的标准,获得了象棋大师的称号,可喜可贺!

第167局

双车马炮双兵仕相全对
双车双马三卒单缺象

北京蒋　川——四川谢卓淼

(2008年6月4日弈于北京)

第6届象甲联赛

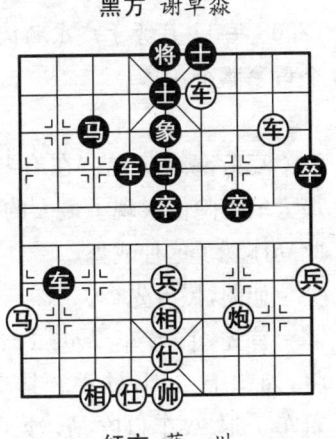

黑方　谢卓淼

红方　蒋　川

此局将读者带进"二三豪俊为时出,整顿乾坤济时了"的意境。

如图,红方先行。

首先,首着炮三平一,平炮开边,欲从边线切入,非常有戏。其次,第7着炮一平五,右炮中调轰中马,战术灵活多变。第三,尾着车四进二,进车塞象眼,摆脱牵制,伏炮五进二打士的凶着,红胜势。

1. 炮三平一	将5平4	2. 炮一进四	车4进2
3. 车四退二	车2平5①	4. 炮一平五	车5平9
5. 车二平五	马3进1	6. 相五退三	车4退2
7. 车四进二	**红胜**		

注:① 如改走马5进3,则车二平五,黑难堪。

第168局

车马双炮三兵仕相全对
车双马炮双卒单士象

沈阳金　波——四川才　溢

（2008年11月弈于广东顺德）

全国象棋个人赛

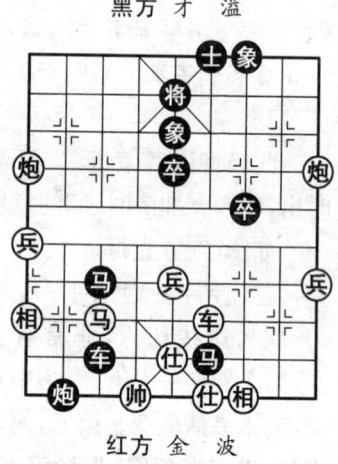

黑方　才　溢

红方　金　波

克劳塞维茨说："在有些场合，最大的冒险倒表现了最大的智慧。"此局体现了这种战理。

如图，黑方先行。

首先，首着车7进1，冲底叫将，逼帅上二楼，妙手。其次，第3着车7退2，车口吃马，妙手，红如接走车四退一，则车7进1，帅六进一（如帅六退一，车7进1杀）车3平4杀；又如改走车四平七，马6退5，抽车胜。

1.……　　　　车7进1　2.帅六进一　　车7退2

黑肚

第169局

车马双炮三兵单缺相对
车双炮双卒士象全

上海谢　靖——河北申　鹏

(2008年11月8日弈于广东顺德)

全国象棋个人赛

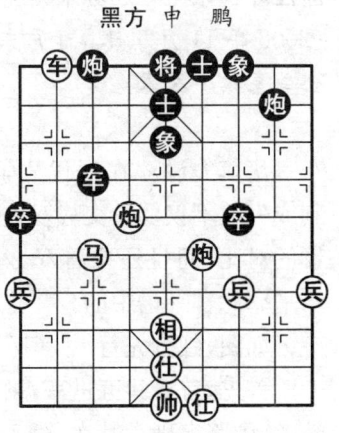

黑方 申 鹏

红方 谢 靖

如图,黑方先行。

首先,首着车3进2,相口吃马,欺中相不敢擅自离开岗位。其次,第11着车6平5,左车中调,既捉炮又捉相,必得其一。第23着炮8平5,左炮中调摆当头,掌握主动权。第四,尾着士5进4,妙,黑占主动。

1. ……	车3进2	2. 炮四进四	炮3平4
3. 仕五进四	车3平6	4. 炮六平五	车6退1
5. 炮五进一	车6平5	6. 炮五平九	车5进3
7. 仕四进五	车5平3	8. 车八退二	车3退4
9. 炮九进二	象5退3	10. 车八退二	炮8进1
11. 炮九平六	炮8平5	12. 仕五退六	车3平5
13. 帅五平四	车5平6	14. 仕六进五	士5进4①

黑胜

注:① 红如接走车八平五,车6退1,黑易走。

第170局

双车马双炮四兵仕相全对
双车双马双炮四卒士象全

浙江邱　东——江苏朱晓虎

(2008年11月9日弈于广东顺德)

全国象棋个人赛

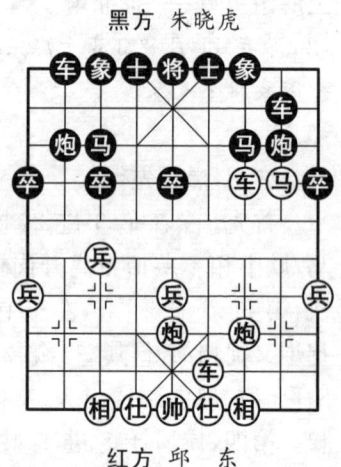

黑方　朱晓虎

红方　邱　东

洛莫夫说："在现代战争中，胜利或失败不仅要看交战双方兵力兵器的对比，而且还要看双方的指挥水平。"此言一语中的。

如图，红方先行。

首先，首着兵五进一，拱兵向前冲，欲中路突破。其次，第5着炮三平六，右炮左调，弃炮平士角，做杀，伏车三进三，士5退6，车四进八，将5进1，车四平五，将5平4（如将5平6，车三平四杀）马二进四胜。第三，尾着车三平六，右车左调，吃士捉马，黑难堪，红胜势。

1. 兵五进一　　士6进5　　2. 炮三进五　　炮2进1
3. 炮三平六　　车8退1　　4. 车三进一　　士5进4
5. 车三平六　　**红胜**

第171局
双车双马双炮双兵仕相全对
双车双马双炮四卒士象全

厦门潘振波——北京蒋　川

(2008年11月16日弈于广东东莞)

第3届杨官璘杯

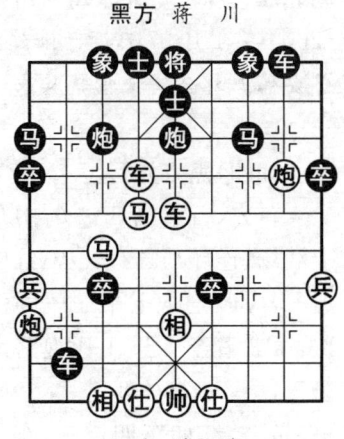

黑方　蒋　川

红方　潘振波

"仰天坠雕鹄,回首贯长鲸。"此句是说,抬头就能射落空中飞的老鹰与天鹅,转着头就能射中水里的大鲸鱼。

如图,黑方先行。

首先,首着炮3进2,伸炮挤马捉车,红应马六退七,如改走车五退一,则马7进6,跳马捉双,必得其一。其次,第3着炮3进2,飞炮轰马得子。第三,尾着炮5进1,伸炮拦车,左车捉右炮,红少子不敌,黑胜势。

1. ……　　　炮3进2　　2. 马六退七　　炮3进2
3. 仕四进五　　炮5进1　　**黑胜**

第172局

车双马炮兵仕相全对
车双马炮三卒双士

湖北汪 洋——北京蒋 川

(2009年4月27日弈于浙江磐安)

磐安伟业杯全国象棋精英赛

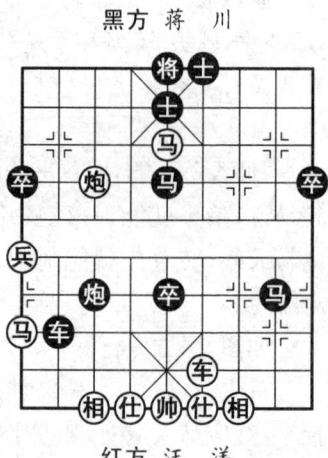

黑方 蒋 川

红方 汪 洋

如图,黑方先行。

首先,首着马5进6,中马左调上沙场,连环马颇有气势,红应炮七退二,应改走炮七平二较顽强。其次,第3着卒5进1让炮路,含蓄。第三,第11着马8进7,弃马奔卧槽,做杀,红如车四进一,车1平4杀。第四,尾着马6进5,进马保马,做杀,红如接走帅六平五,炮4平5,帅五平六,车1进2,炮七退四,车1平3,帅六进一,马5退3,帅六进一,车3退2,帅六退一,车3进1,帅六讲一,车3平4,黑胜。

1. ……	马5进6	2. 炮七退二	卒5进1
3. 仕六进五	炮3平5	4. 帅五平六	炮5平4
5. 相七进五	车2平1	6. 车四进二	马8进7
7. 车四退二	马6进5	**黑胜**	

第173局

炮双兵单缺相对马士象全

湖北李智屏——北京谢业枧

(2009年6月弈于湖南耒阳)

蔡伦竹海杯全国象棋精英赛

名家曰："许多成功的门,其实是虚掩着的。"此言妙也,掷地有声。

如图,红方先行。

首先,首着兵二平三,平兵叫将,逼将上3楼。其次,第3着炮八退八,退炮回宫,有戏,黑应马7进8,如改走马7进6,则帅五平四,黑丢马。第三,第7着帅五进一,老帅

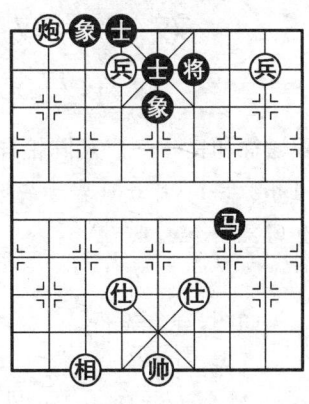

黑方 谢业枧

红方 李智屏

登宫顶,指挥若定。第四,尾着炮二平五,右炮中调,再退炮后平炮肋道,黑如马8进6,炮五退一,象3退1,炮五平四,象1退3,帅五退一,捉死马。

1. 兵二平三	将6进1	2. 炮八退八	马7进8
3. 炮八平二	象5进3	4. 帅五进一	象3退1
5. 帅五进一	象1进3	6. 仕六退五	象3退1
7. 仕五进六	象1进3	8. 炮二平五	**红胜**

第九章 谋炮射门

(30 局)

第 174 局

双车马双炮三兵单缺仕对
双车马双炮三卒单缺象

安徽徐和良——广东陈柏祥

(1962 年 11 月 6 日弈于安徽合肥)

全国象棋个人赛

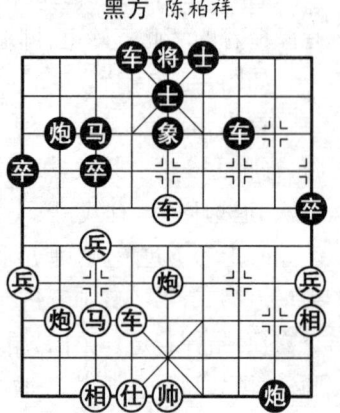

红方 徐和良

如图,红方先行。

首先,首着车六平三,左车右调拦车,缓解右路压力。再马七进八如兑炮,伏中炮打中象的凶着。其次,第 9 着马八进九,跳马踩边卒,捉马,非常有戏。第三,第 11 着车五进二,挥车吃中象,伏马九进七食马。第四,弃车啃中士,黑如接走士 6 退 5,车五进一,绝杀。

1. 车六平三	车 7 平 6	2. 马七进八!	车 4 进 8
3. 炮八进五	将 5 平 4	4. 仕六进五	车 6 进 3①
5. 马八进九	炮 8 退 7	6. 车五进二	士 5 进 6
7. 马九进七	将 4 进 1	8. 车三进六	士 6 退 5
9. 车三平五	红胜		

注:① 可改走车 6 进 6,较积极。

第175局

双车双马炮四兵单缺相对
双车马炮四卒士象全

黑龙江王嘉良——北京刘文哲

(1962年11月8日弈于安徽合肥)

全国棋艺锦标赛

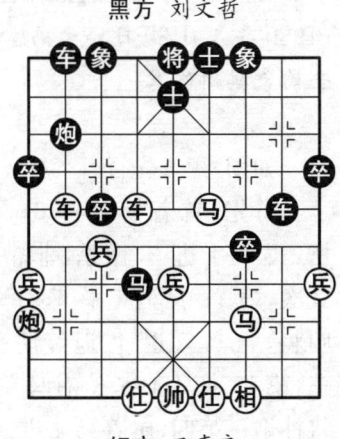

黑方 刘文哲

红方 王嘉良

如图,黑方先行。

首先,首着车8平6,平车换马,伏炮2平5抽车。其次,第5着马4进3,马奔卧槽叫将抽炮,追回一子。第三,第9着卒7进1,拱卒捉马,算准可得一马。红应车六退三,如改走马三退二,则车4平8,马二进一,车8进6,帅五进一,马一进三,帅五平六,卒7平6,黑胜。

1. ……	车8平6	2. 车八进二	车2进2
3. 车六平四	马4进3	4. 帅五进一	马3退1
5. 车四平六	卒7进1	6. 车六退三	车2进6
7. 帅五退一	马1进3	8. 车六退一	卒7进1
9. 兵七进一	车2平1	10. 兵七平八	马3退2
11. 车六进二	车1平2	12. 仕四进五	卒7进1
13. 帅五平四	马2进1	14. 兵八平七	车2退2
15. 车六平八	马1退2	**黑胜**	

第176局

双车炮兵单缺士对车双马炮卒单缺士

上海林宏敏——内蒙古李日纯

(1980年4月29日弈于福建福州)

全国象棋团体赛

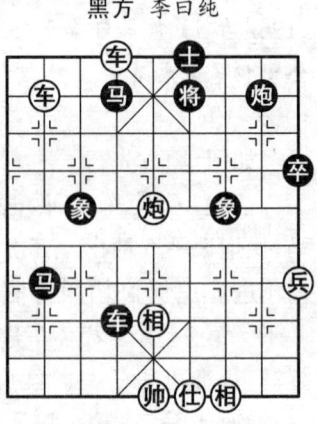

黑方 李日纯

红方 林宏敏

如图,黑方先行。

首先,首着马2进3,马奔卧槽,再车4进2,做杀,非常有戏。其次,第11着车4平6,右车左调叫将,再马5退4,逼红防范。第三,第15着马4进6,右马左调,叫将抽炮。第四,尾着马4进6,伏车5进1,帅六进一(如帅六退一,车5进1杀)车5平4杀。

1. ……	马2进3	2. 帅五进一	车4进2
3. 炮五平四	将6平5	4. 帅五平四	炮8平6
5. 炮四平五	马3退5	6. 车六平四	车4平6
7. 帅四平五	马5退4	8. 车八退六	马4进6
9. 帅五平六	马6退5	10. 车八平六	车6退3
11. 车六进三	车6平5	12. 相三进五	车5进1
13. 车六平七	马5进4	14. 车七退二	马4进6

黑胜

第177局

车双马炮双兵仕相全对
车双马炮三卒士象全

江苏廖二平——黑龙江张影富

(1994年10月7日弈于湖南郴州)

全国象棋个人赛

如图,红方先行。

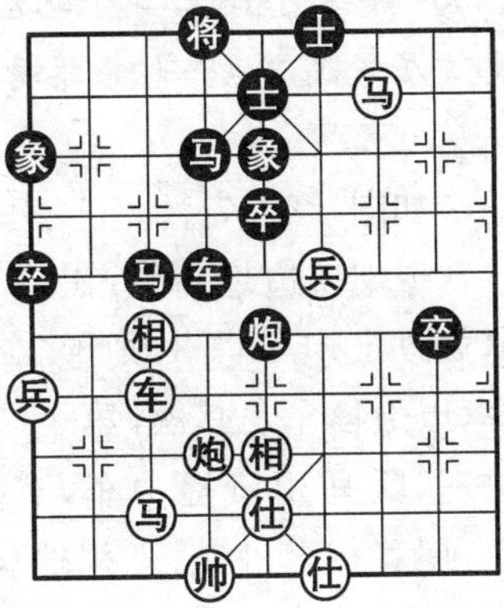

首先,首着马七进八,跃马捉边卒,欲边线切入,左右包抄。其次,第11着车五进三,挥车吃中卒,伏马七进八,马2退3,车五平七,捉死3路马。第三,第15着兵四平五,兵借炮威捉车,再兵五进一,拱兵再捉车,有戏。第四,尾着车四退二,退车捉双,必得其一,胜矣。

黑方 张影富

红方 廖二平

1. 马七进八	卒1进1	2. 兵九进一　马3进1
3. 车七平五	炮5平6	4. 马八进九　象5退3
5. 马九进七	马1退2	6. 车五进三　马2退3
7. 车五退二	炮6进1①	8. 兵四平五　车4退1
9. 兵五进一	车4进1	10. 车五平四　炮6平7②
11. 车四进一	车4进2	12. 车四退二　**红胜**

注:① 可改走炮6进3,较顽强。

② 可改走炮6平3,较积极。

第 178 局

车马炮三兵仕相全对
车双炮双卒士象全

黑龙江聂铁文——火车头宋国强

（2004年2月18日弈于北京）

第3届威凯房地产杯象棋精英赛

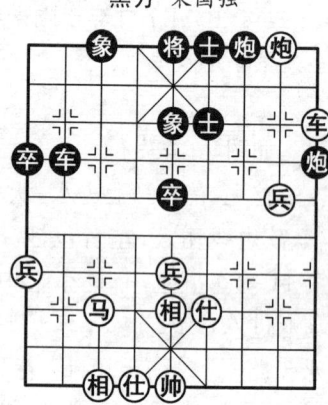

黑方 宋国强

红方 聂铁文

如图，红方先行。

退炮挤边炮新鲜，黑应车2进4，如改走炮7进3，则炮二平八吃车，以炮换车。其次，第19着马一进三，跃马相口捉中车，有戏。第三，尾着相七进九，飞相护马，红兵强马壮，必胜无疑。

1. 炮二退三！　　车2进4
2. 马七退五　　　将5平4
3. 车一退一　　　车2平4　　4. 马五进三　　车4进2
5. 帅五进一　　　炮7进6　　6. 兵九进一　　车4退3
7. 马二进一　　　车4平5　　8. 炮二进三　　士6进5
9. 车一平六　　　将4平5　　10. 马一进三　　车5平6
11. 马三进五　　　车6退2　　12. 车六平三　　炮7平5
13. 相五退三　　　将5平6　　14. 马五退七　　炮5平4
15. 兵二进一　　　车6平3　　16. 相七进九　　**红胜**

第179局

双车马炮三兵仕相全对
双车双炮卒士象全

黑龙江孙志伟——火车头陈启明

(2004年2月22日弈于北京)

第3届威凯房地产杯象棋精英赛

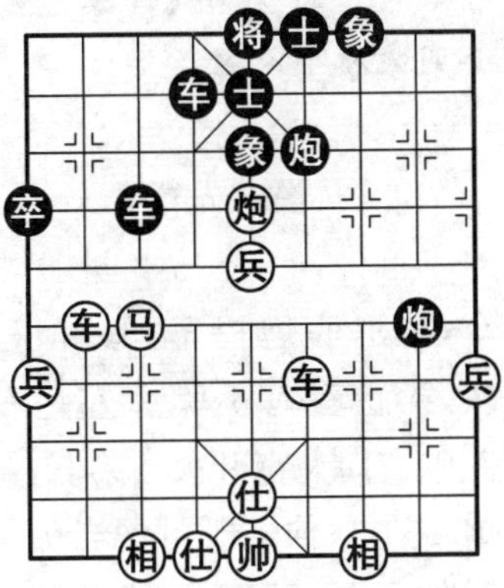

黑方 陈启明

红方 孙志伟

利德尔·哈特说:"最重要的一条是,既要经常保持固定的目标,而在追求这个目标时,则应该适应环境,并随时改变路线。"言之有理。

如图,红方先行。

首先,首着马七退五,左马中调,左车捉炮。其次,第3着相三进五,右相中调,敞开门户,黑如炮6平7做杀,红帅五平四,红胜势。第三,尾着车四进四,挥车吃炮,不怕黑车吃中炮,黑如车3平5,则车八进五,车4退2,车八平六,将5平4,车四平二,车5进1,马五进三,红多子胜定。

1. 马七退五　　炮8进4　　2. 相三进五　　车4进1
3. 车四进四　　**红胜**

第九章 谋炮射门

第180局

双车马双炮四兵仕相全对
双车马双炮双卒士象全

湖北刘宗泽——江苏廖二平

（2004年11月弈于重庆）

全国象棋个人赛

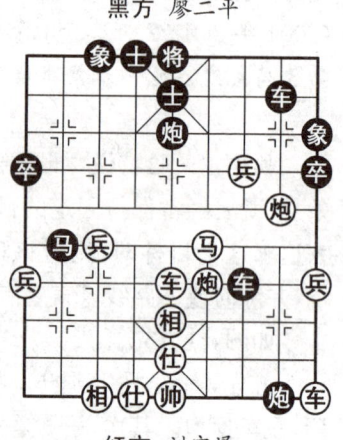

黑方 廖二平

红方 刘宗泽

如图，黑方先行。

首先，首着马2进3，跃马捉车，再退底炮捉车，黑可得子。其次，第9着炮8平4，左炮右调，黑左中右向九宫开火。第三，第17着炮4进1，伸炮既可摆当头，又可平3路捉马。第四，尾着炮4平3，红如马七进九，攻势全无，乃含笑认负。

1. ……	马2进3！	2. 车五进一	炮8退4①
3. 车五进一	车7平6	4. 马四进六	车6平7
5. 车一平二	炮8平4	6. 马六进八②	车7退3
7. 马八进七	将5平6！	8. 车二平四	炮5平6
9. 车四进一③	炮4进1！	10. 仕五进六	炮4平3

黑胜

注：① 改走炮8平4，也是一种选择。

② 改走马六进五，象3进5，车五进二，车7退3黑优。

③ 可改走车五平四，更积极。

第181局

车马炮三兵仕相全对
车双炮双卒双士

黑龙江张晓平——上海万春林

(2004年11月3日弈于重庆)

全国象棋个人赛

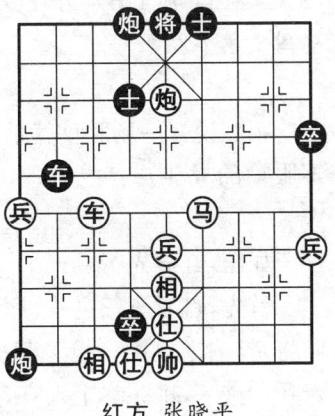

黑方 万春林

红方 张晓平

如图,红方先行。

首先,首着炮五退三,退炮欲进马叫将,逼黑车拦马。其次,第7着车七退五,进退有方,黑应车6平2,应改走将5退1,较顽强。第三,第9着车七平五,左车中调,伏中炮抽子,黑双炮必丢其一。第四,尾着炮六进六,飞炮轰底士,到此,红车马炮势不可挡。

1. 炮五退三	车2平6	2. 炮五进二	炮4进1
3. 车七进五	将5进1	4. 车七退五	车6平2①
5. 车七平五	将5退1	6. 炮五平九	士6进5
7. 炮九退六	车2进5	8. 炮九进三	车2平3
9. 车五平七	车3平2	10. 炮九平六	炮4平2
11. 车七进五	士5退4	12. 炮六进六	**红胜**

注:① 可改走将5进1,较硬朗。

第182局

车马四兵单缺相对
车马炮卒单缺象

湖北李智屏——沈阳苗永鹏

(2004年11月4日弈于重庆)

全国象棋个人赛

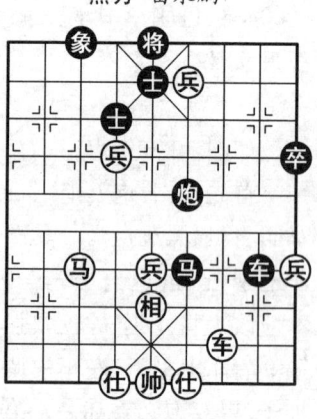

黑方 苗永鹏

红方 李智屏

福煦说:"一场胜仗就是一次决不服输的战斗。"言之有理,掷地有声。

如图,红方先行。

首先,首着车三进八,挥车冲底叫将,打响进攻第一枪。其次,第3着兵六进一,拱兵吃士入宫,胜算在握。第三,第5着兵四进一,拱兵吃底士,逼将上2楼,如改走将5平4,兵四平五连杀。第四,尾着车三退一,回车叫将,黑如接走炮6退3,则兵六进一,黑丢炮,输矣。

1. 车三进八　　士5退6　　2. 兵六进一　　车8进2
3. 兵四进一　　将5进1　　4. 车三退一　　**红胜**

第183局

车马双炮四兵仕相全对
车双马炮四卒士象全

广东李鸿嘉——黑龙江赵国荣

(2005年1月16日弈于广东广州)

第25届五羊杯

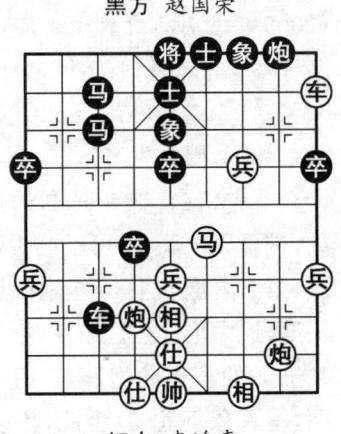

黑方 赵国荣

红方 李鸿嘉

克劳塞维茨说:"进攻应该像一支用强大力量射出去的箭。"

如图,红方先行。

首先,首着炮二进七,伸炮捉马关炮,伏车一进一捉死炮,妙手。其次,第3着炮六退一,进退有方,黑应车3退2,可改走车3进1,红如车一进一,卒4进1,(黑车不能吃炮,红有炮二退七打死车的凶着)车一平二,后马进1,比实战顽强。第三,第5回合车一进一,进车捉死炮,红胜定。

1. 炮二进七!	卒4进1	2. 炮六退一	车3退2
3. 马四退六	车3进1	4. 仕五进六	前马进4
5. 车一进一	车3进2	6. 仕六进五	**红胜**

第184局

车双炮四兵仕相全对车双炮四卒单缺象

浙江于幼华——北京蒋　川
(2005年6月1日弈于北京)
第3届象甲联赛

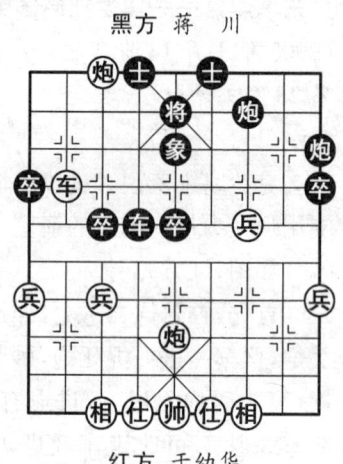

黑方　蒋　川

红方　于幼华

如图,黑方先行。

首先,首着炮9进4,边炮打边兵,进可以沉底,平可以摆头炮。其次,第3着炮9平5,左炮中调摆当头炮,逼中炮让位。第三,第5着车4进3,伸车捉肋炮,志在必得。第四,尾着象5退3,至此,黑多子胜矣。

1. ……	炮9进4	2. 兵三平四①	炮9平5
3. 炮五平四	车4进3	4. 车八平三	炮7平6
5. 兵四平五②	车4平6	6. 车三退三	炮5平1
7. 兵七进一	炮1退2	8. 兵五平六	炮1平4
9. 兵七进一	炮4平5	10. 兵七平六	车6平5
11. 仕六进五	车5平3	12. 兵六平五	车3进2
13. 仕五退六	象5退3	黑胜	

注：① 应改走车八平三,炮7平6,仕四进五,较顽强。

② 如改走车三退三,卒5进1,红炮必丢。

第185局

车马双炮三兵单缺相对
车双炮三卒单缺象

上海孙勇征——通信潘振波

(2005年10月28日弈于山西太原)

全国象棋个人赛

黑方 潘振波

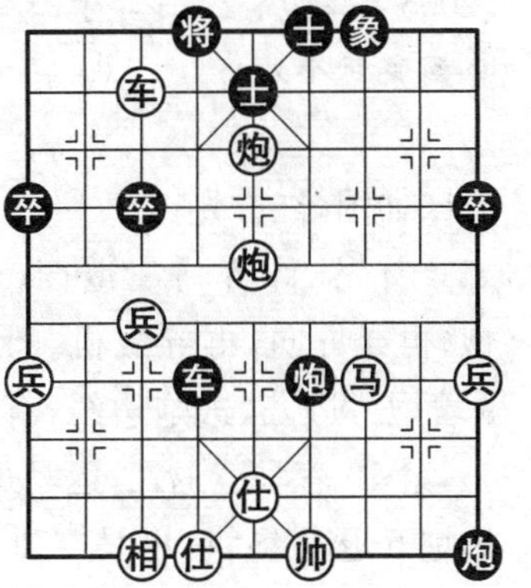

红方 孙勇征

如图,黑方先行。

首先,首着炮6退4,炮退士角车捉马,如改走象7进5,马三进四对攻。其次,第13着卒3进1,拱卒拦车,切断车炮联系。第三,尾着车4退1,红如接走仕四退五,炮8平6!黑得子胜。

1. ……	炮6退4		
2. 马三进五	车4平6		
3. 帅四平五	炮6平8	4. 后炮平二	车6平8
5. 帅五平四	象7进5	6. 车八进一	将4进1
7. 车八退四	卒3进1	8. 炮二平六	车8平6
9. 仕五进四	车6平4	10. 马五进四	车4进3
11. 帅四进一	车4退1	**黑胜**	

第186局

马炮兵仕相全对
双炮双卒双象

河北张　江——沈阳尚　威

(2005年10月29日弈于山西太原)

全国象棋个人赛

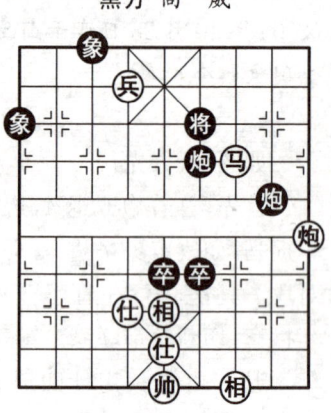

黑方 尚　威

红方 张　江

如图,红方先行。

首先,首着马三退四,退马捉炮,再寻方向,再寻战机。其次,第9着炮一进三,进炮边线,有戏。第三,第19着马三退二,退马炮叫将,黑炮6退2垫将,再马二进四抽中炮,得子胜矣。

1. 马三退四	炮8进5	2. 相三进一	炮8退4
3. 相五退七	炮6进1	4. 马四进二	炮8平5
5. 炮一进三	将6平5	6. 马二进三	炮6退2
7. 马三进一	炮6进2	8. 马一进三	卒5平4
9. 相七进五	炮5退2①	10. 马三退二	炮6退2
11. 马二进四	炮6进1	12. 马四退五	卒6平5
13. 相一进三	**红胜**		

注: ① 漏勺,此时接近60回合自然限着,应改走炮5进1,仍有希望求和。

第187局

马炮兵仕相全对双炮卒双士

大连金　松——北京张　强

(2006年7月12日弈于北京)

第4届象甲联赛

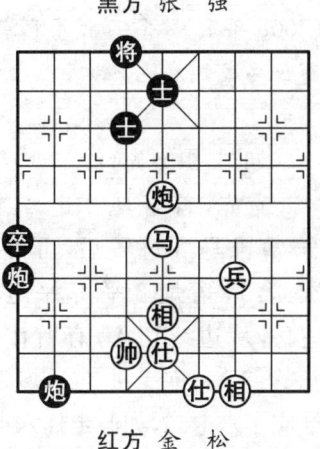

黑方张　强

红方金　松

此局扑朔迷离,引人入胜。

如图,红方先行。

首先,首着马五进七,策马越楚河捉卒,再拱兵过汉界。其次,第19着帅五平六,平帅捉炮,控制六路肋道,有戏。黑如走炮4退2,则马七进五,将4退1(如将4进1,炮五平三!)马五进七,将4进1,炮五平六,红胜势。第三,尾着相七进九,卒口飞边相,妙手,红帅捉死炮,胜矣!

1. 马五进七	炮2平1	2. 兵三进一	卒1平2
3. 仕五进六	后炮进2	4. 兵三进一	卒2进1
5. 兵三进一①	卒2进1	6. 帅六平五	前炮平4
7. 相五退七	士5进6	8. 相三进五	士4退5
9. 兵三平四	将4进1	10. 帅五平六	炮1进1
11. 兵四平五	将4退1	12. 兵五平六	炮1平2
13. 相七进九	红胜		

注:① 马七退八,较积极。

第188局

双车双马炮四兵仕相全对
双车双马炮卒士象全

四川李智屏——北京蒋　川

(2006年7月26日弈于北京)

第5届威凯房地产杯

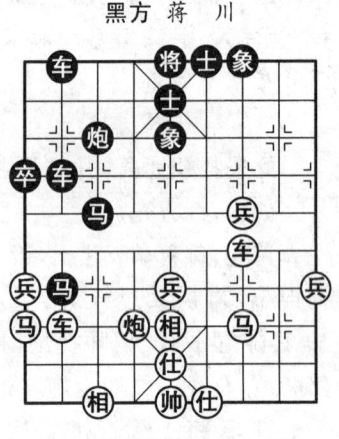

黑方　蒋　川

红方　李智屏

如图,黑方先行。

首先,首着马3进4,策马踏车,算准马2进4后,可得子。其次,第11着炮3平1,平炮开边捉边兵,从边线切入,有所作为。第三,第15着炮1进4,边炮轰边兵,红应车六退二,如改走仕六退五,则炮1进3,仕五退六,车2退2,黑胜势。

1. ……	马3进4	2. 车八退二	马2进4
3. 仕五进六	前车进6	4. 马九退八	车2进9
5. 车三平六	马4退2	6. 马二进四	炮3平1
7. 马四进六	马2退4	8. 车六进一	炮1进4
9. 车六退二	炮1进3	10. 车六平九	车2平3
11. 帅五进一	车3退1	12. 帅五退一	炮1平2
13. 车九进三	象5进7	14. 车九平八	炮2平1

黑胜

第189局

车马炮三兵仕相全对
车马炮三卒单缺象

厦门郑一泓——河北申　鹏

(2006年7月27日弈于北京)

第5届"威凯房地产杯"

拿破仑说:"我能在别人猝不及防的情况下知道自己应该说什么话和采取什么行动。"此局体现了这种战理。

如图,黑方先行。

首先,首着马5进7,中马左调,接着马7进5,或车8进6,做杀。红应帅五平六,应改走炮二平一,黑如马7进5,则车三退三,车8退3,仕四进五,车8平9,车三平七,对攻,较积极。其次,第3着炮5平4,中炮右调叫将,再象3进5,飞象捉车,红难堪,逃车必丢炮,输矣。

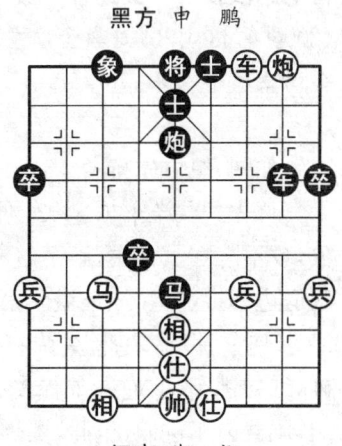

红方　郑一泓

1. ……　　　马5进7　2. 帅五平六　炮5平4
3. 帅六平五　象3进5!　4. 车三退三　车8退3

黑胜

第190局

双车马双炮三兵仕相全对双车马双炮三卒士象全

香港赵汝权——大连金　波

（2006年11月14日弈于广东深圳）

全国象棋个人赛

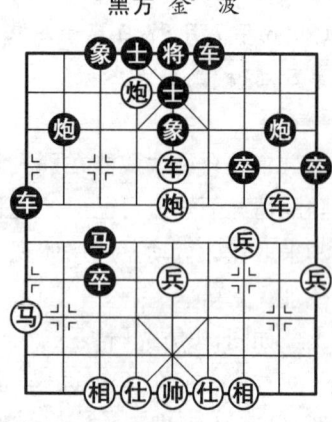

黑方　金　波

红方　赵汝权

如图,黑方先行。

首先,首着车6进2,伸车护象,攻不忘守。其次,第7着车1退5,退边车捉前炮,红难堪。第三,第21着炮2平8,右炮左调打车,好棋,红如逃车,前炮进7有攻势。第四,尾着前车进四,至此,黑炮捉车,黑车捉马,必得其一,胜矣。

1.……	车6进2	2. 马九进七	车1进2
3. 马七退六	卒7进1!	4. 炮五平六	车1退5
5. 前炮退一①	士5进4	6. 相三进五	车1进3
7. 炮六进四	将5平4	8. 相五进七	车1平4
9. 马六进八	炮2退1	10. 车二进一	车4平6
11. 马八退六	炮2平8	12. 兵三进一	前车进4

黑胜

注：① 如改走前炮退二,车1进2,车二进一,车1进1,伏炮2进1打双车,红难应。

第191局

双车双炮三兵仕相全对
双车马炮双卒士象全

重庆谢 岿——浙江张申宏

(2006年11月24日弈于广东深圳)
全国象棋个人赛

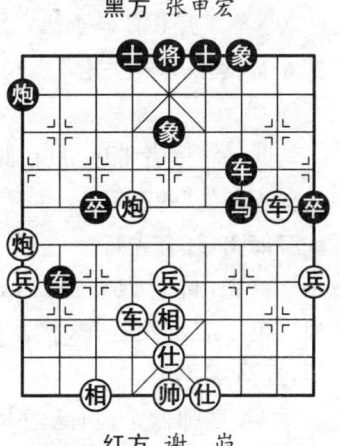

黑方 张申宏

红方 谢 岿

孙子曰:"水因地而制流,兵因敌而制胜。"此局体现了这种理念。

如图,黑方先行。

首先,首着马7进6,跃马奔前沿,再踏卧槽。其次,第5着车2平5,右车中调捉头炮,逼中炮表态。第三,第9着炮1进3,伸炮串打,必得其一。第四,第13着炮9退2,退炮打车,红车六进一,车1退5白吃炮,因黑有马6进7,再车7平4的杀着。

1. ……	马7进6	2. 炮九平五	士4进5
3. 炮六平一①	车2平5	4. 炮五进四	车5平1
5. 车六进五	炮1进3	6. 车二进三	炮1平9
7. 炮五平九	炮9退2	8. 车六进一②	车1退5

黑胜

注:① 随手,应改走炮六平五,较硬朗。
② 可改走车六退二,较积极。

第 192 局

双车马炮四兵单缺相对
双车双马炮双卒士象全

河北苗利明——河南李少庚

(2008年3月6日弈于北京)

第6届"威凯房地产杯"

此局将读者带进"只在此山中,云深不知处"的意境。

如图,红方先行。

首先,首着炮五退二,退炮生根。第5着红兵捉车,接着连拱两步,捉马塞象眼。其次,第11着帅五平四,亮帅做杀,再跃边马,非常有戏。第三,尾着马三进二,马口进马妙手。再马二进三食马,伏前车进六,士5退6,车四进七杀。

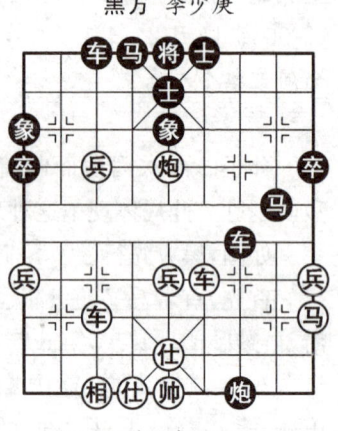

黑方 李少庚

红方 苗利明

1. 炮五退二	车7退2	2. 车七平四	车7平5[①]
3. 兵七平六	车5进1	4. 兵六进一	车3进9[②]
5. 兵六进一	车3退3	6. 帅五平四	马8退7
7. 马一进三	炮7平4[③]	8. 仕五退六	车3平4
9. 马三进二	**红胜**		

注:① 如改走马8退7,帅五平四,马7进5,兵七平六红优。

② 可改走炮7退7,兵六进一,炮7平6,较积极。

③ 如改走马4进2,则马三进四,红优。

第193局

车双炮三兵仕相全对车马炮四卒士象全

沈阳金　松——煤矿景学义

(2008年5月7日弈于北京)

第6届象甲联赛

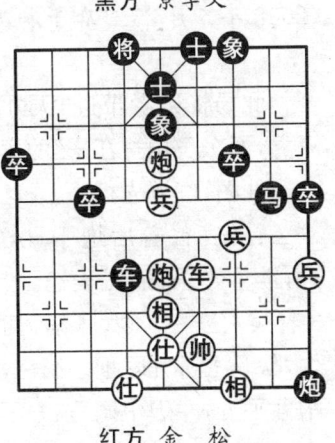

黑方 景学义

红方 金　松

此局将读者带进"大弦嘈嘈如急雨,小弦切切如私语"的意境。

如图,黑方先行。

首先,首着卒3进1,拱卒过楚河,非常有戏。其次,第11着卒4平5,平卒捉中炮,志在必得。第三,第17着卒7进1,拱卒过汉界,捉死炮。第四,尾着卒7进1,拱卒啃炮,红如走车,卒9进1吃炮;又如炮一平三,炮9退3捉死炮。

1. ……	卒3进1	2. 相三进一	卒3平4
3. 兵三进一	卒7进1	4. 车四平二	马8进9
5. 前炮平一	卒9进1	6. 相一退三	卒4平5
7. 炮五平三	车4平6	8. 仕五进四	卒5进1
9. 帅四平五	卒7进1	10. 炮一退三	卒7进1

黑胜

第194局

马双炮三兵仕相全对
马双炮三卒士象全

浙江程吉俊——开滦景学义

(2008年6月25日弈于浙江桐庐)

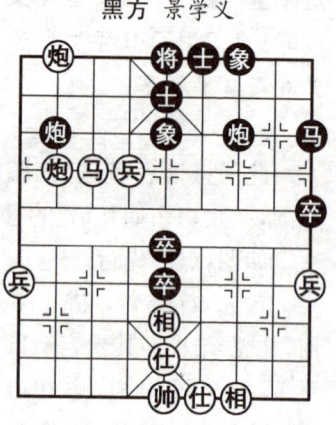

黑方 景学义

红方 程吉俊

此局将读者带进"天外黑风吹海立，浙东飞雨过江来"的意境。

如图，红方先行。

首先，首着后炮平九，后炮开边，欲重炮杀，逼黑表态。其次，第3着兵六进一，拱兵入宫，切断担子炮，伏马七进九吃炮。第三，第9着炮九平五，左炮中调，东方不亮西方亮，妙。第四，第17着前炮平九，伏炮八进三重炮杀，黑要解杀必丢炮，输矣。

1. 后炮平九	炮2平1	2. 兵六进一	象5进3
3. 兵六进一	炮7平3	4. 马七退五	马9进8
5. 炮九平五	炮3平5	6. 马五进七	炮1平3
7. 马七退九	马8进6	8. 炮五平八！	前卒进1
9. 前炮平九	前卒进1	10. 仕四进五	**红胜**

第195局

马炮双兵单缺相对马炮卒士象全

山东程　龙——河北申　鹏

(2008年11月弈于天津)

第3届天津南开杯

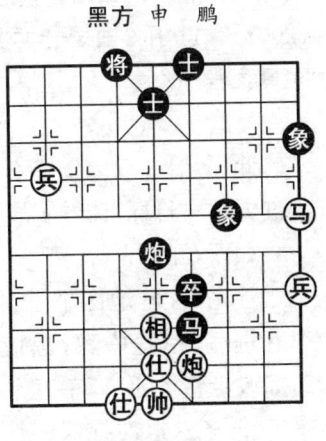

黑方 申 鹏

红方 程 龙

享利·劳埃德说："地形,这是一本伟大的独一无二的圣书。"

如图,黑方先行。

首先,首着马6进8,进马拦炮,缩小红炮的活动空间,再拱卒入宫,意味深长。其次,第5着马8退7,颇有见地,如误走卒6进1,马三退四,和局。第三,第7着马7进9,进边马捉死炮,大局已定。

1. ……	马6进8	2. 马一退三	卒6进1
3. 炮四平三	马8退7	4. 马三退五	马7进9
5. 仕五进四	马9进7	6. 帅五进一	马7退9

黑胜

注:①如改走炮三平二,则马9进7,帅五平四,炮5平6连杀。

第196局

车双炮三兵单缺相对
车双炮三卒士象全

江苏徐　超——四川蒋全胜

(2008年11月3日弈于广东顺德)

全国象棋个人赛

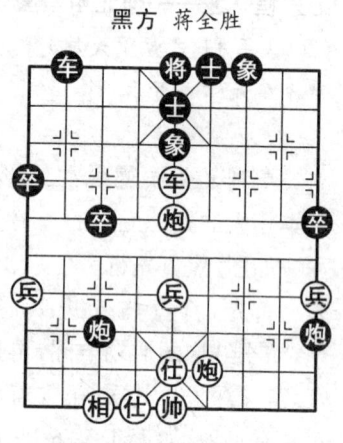

此局,黑方双炮位置不佳,将成为红方攻击目标,请看实战过程。

如图,红方先行。

首先,首着炮四平三,妙手,伏车五进一,白吃中象,黑应车2进2,如改走将5平4,车五平六,将4平5,再车六退四捉双。其次,第3着车五平三,中车右调做杀,再车三退四捉双。第三,尾着炮三进五,进炮恰到好处,再炮三平五,黑难堪,红多子胜矣。

1. 炮四平三	车2进2	2. 车五平三①	象7进9
3. 车三退四	车2进4	4. 车三平七	车2平5
5. 车七进三	将5平4	6. 车七平六	将4平5
7. 车六平八	炮9平4	8. 炮三进五	红胜

注:① 可改走炮三进六,也是一种选择。

第197局

双车双马炮双兵单缺相对
双车马双炮三卒士象全

江苏李　群——北京张　强

（2008年11月5日弈于广东顺德）

全国象棋个人赛

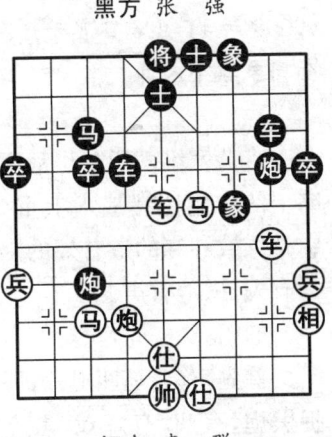

黑方　张　强

红方　李　群

此局将读者带进"两岸猿声啼不住,轻舟已过万重山"的意境。

如图,红方先行。

首先,首着炮六平五,左炮中调震中路,中车要抽子,逼黑防范。其次,第3着车五退二,退车既可捉炮,又可右马捉车,逼黑车捉右马。第三,第7着车七进三,挥车斩卒,捉马又捉炮,必得其一。第四,尾着车二平六,右车左调守助,红胜浮出水面。

1. 炮六平五　　象7进5　　2. 车五退二　　车4进1
3. 车五平七　　车4平6　　4. 车七进三　　车6平5
5. 马七进六　　马3退4　　6. 车二进二　　车8进1
7. 车七平二　　车5进1　　8. 车二平六　　**红胜**

第 198 局

双车双马双炮三兵单缺相对双车双马双炮三卒士象全

山西周小平——四川李艾东

(2008 年 11 月 6 日弈于广东顺德)

全国象棋个人赛

黑方 李艾东

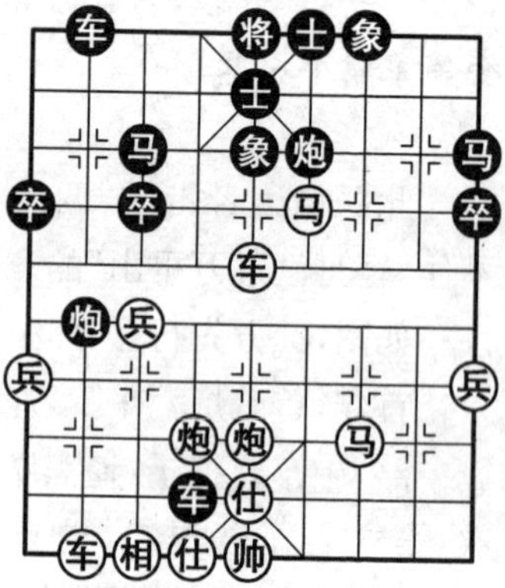

红方 周小平

克劳塞维茨说:"出敌不意在战略上的作用比在战术上重要得多,它是导致胜利的最有效的因素。"言之有理,掷地有声。

如图,红方先行。

首先,首着马四退六,回马金枪捉黑炮,有戏,有好戏,黑应炮 2 退 3,此炮能保住吗?其次,红接走马六进七,炮 6 平 3,车五平八捉炮,红得子,胜矣。

1. 马四退六　　炮 2 退 3　　2. 马六进七　　**红胜**

第199局

车马双炮双兵对车双马双卒单缺士

四川黄仕清——河北陈 翀

(2008年11月7日弈于广东顺德)

全国象棋个人赛

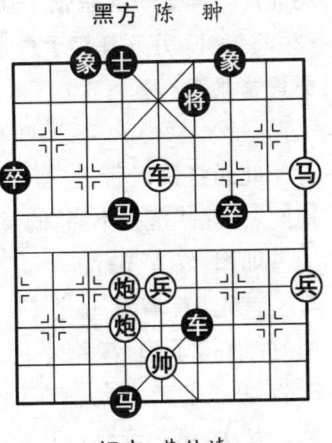

黑方 陈 翀

红方 黄仕清

如图,黑方先行。

首先,首着后马进3,扬鞭跃马进攻,此着也可改走车6平5,帅五平六,后马进3,帅六退一,车5平4,帅六平五,车4退1,黑优,这也是一种选择。其次,第3着马4退2,退马欲白吃红炮。第三,第5着车6平4,左车右调,必得一炮,妙手。第四,第15着车6退6,红应马三退二,黑接走马3进4吃炮,伏马4退6抽炮,胜矣。

1. ……	后马进3	2. 后炮退一	马4退2
3. 马一退三①	车6平4	4. 后炮平七	车4进1
5. 帅五退一	马3进1	6. 马三进一	车4平6
7. 炮七平六	马2退3	8. 马一进三	车6退6
9. 马三退二	马3进4	**黑胜**	

注: ① 红如车五进三,则马3进4,马一进三,士4进5,车五退一,将6进1,黑胜势。

第200局

双车马双炮三兵仕相全对
双车马双炮双卒士象全

湖北汪　洋——北京张　强

（2008年11月9日弈于广东顺德）

全国象棋个人赛

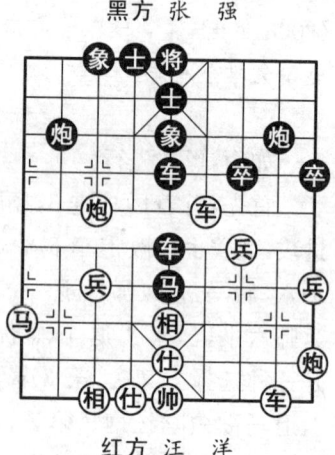

黑方　张　强

红方　汪　洋

此局将读者带进"登高壮观天地间，大江茫茫去不回"的意境。

如图，红方先行。

首先，首着炮七进二，伸炮弃炮，拆散担子炮，黑炮不能炮8平3，否则红车二进九，破门而入，胜矣。其次，第3着炮一进五，边炮轰边卒，既打车又可沉底，有戏。第三，第5着炮一退二，退炮捉车，黑难堪。第四，尾着炮一进二，伸炮打车，黑必丢子，输矣。

1. 炮七进二！	象5进3	2. 炮一进五	卒7进1
3. 炮一退二	前车平7①	4. 车四退二	车7平5
5. 兵七进一	象3退1	6. 炮七平九	炮8进1
7. 炮九退三	前车退1	8. 炮一进二②	**红胜**

注：① 应改走前车退1，较积极。

② 可改走炮一平五，较硬朗。

第201局

双车马双炮三兵仕相全对
双车双马炮三卒士象全

河北苗利明——北京蒋 川

(2008年11月13日弈于广东顺德)

全国象棋个人赛

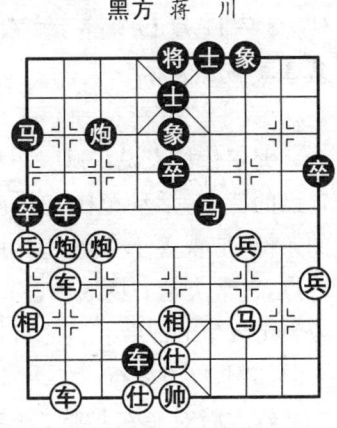

黑方 蒋 川

红方 苗利明

如图,黑方先行。

首先,首着卒1进1,拱卒兑兵,再车2平1捉炮,伏炮3平2捉双车。其次,第9着马2退4,退马将红底车逼到墙角。第三,第11着车4平2,再车1进2,双车捉炮。第四,尾着炮2平4,炮八平七,后马进2,车六平五,马4进5,黑优。

1. ……	卒1进1	2. 炮七平九	车2平1
3. 前车平七	炮3平2	4. 炮八平七	马1进2
5. 炮九平八	马2退4	6. 车八平九	车4平2
7. 炮八退一①	车1进2	8. 车七平四	马6进4
9. 车四平六	炮2平4	**黑胜**	

注:① 应改走兵三进一,如象5进7,炮七平三,象7退5,炮八平四,较积极。

胜得此局,蒋川进入前六名的行列。

第 202 局

车双马兵单缺相对
车马炮双卒双象

衡阳肖革联——广东蔡佑广

(2008 年 11 月 19 日弈于广东东莞)

第 3 届杨官璘杯

戈尔什科夫说:"每一军种都有自己的特点,活动范围和协同作战的条件,是否善于考虑和运用这个特点,常常决定一场战斗,一个战役或整个战争的成败。"言之有理。

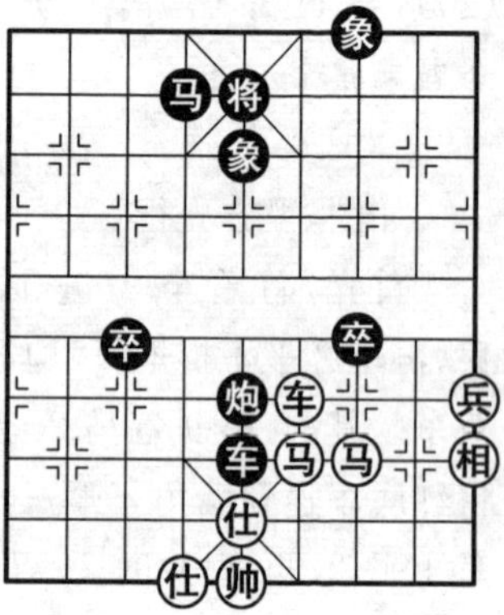

如图,红方先行。

红方面对黑车护炮,车头太低的弱点,妙手退边相,捉黑中车,使黑猝不及防,如接走卒 7 平 6,则马三进四,黑被迫逃车,必丢中炮,败走麦城。

黑方 蔡佑广

红方 肖革联

1. 相一退三　　红胜

第203局
双车炮双兵仕相全对
双车双炮三卒双士

河北苗利明——北京张　强

(2008年12月16日弈于浙江宁波)
第10届北仑杯全国象棋大师赛

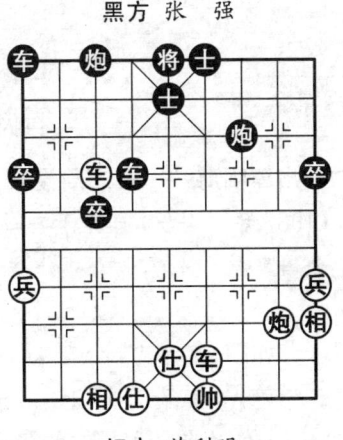

黑方　张　强

红方　苗利明

如图,红方先行。

首先,首着炮二平五,右炮中调摆当头,叫将,黑应士5进6,如误走炮7平5,则车七进三,车1平3,车四进八杀。其次,第5着车四进五,伸车欲发动中路攻势,颇含蓄。第三,尾着炮六平九,肋炮开边捉车,黑如接走炮4平1,炮九进六,得炮胜。

1. 炮二平五	士5进6	2. 车七退一	车4退1
3. 车四进五	炮7退1	4. 车四平五	将5平4
5. 炮五平六	炮7平4	6. 车五平九	车1平2
7. 车九平八	车2平1	8. 炮六平九	**红胜**

第十章 谋兵(卒)射门

(11局)

第204局

车炮双兵仕相对
车炮四卒象

贵州高明海——石油周俊来

(1987年6月30日弈于安徽蚌埠)

全国象棋个人赛

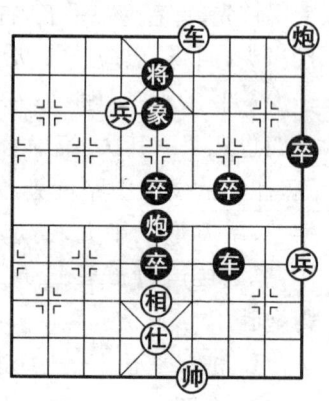

黑方 周俊来

红方 高明海

如图,红方先行。

首先,首着车四退一,退车叫将,再炮一平四,防黑车7平6兑车。其次,第15着炮四平一,肋炮开边,亮帅做杀。第三,尾着炮一进四,边炮轰边卒,伏炮一平五,绝杀。

1. 车四退一	将5退1			
2. 炮一平四	车7平8①			
3. 兵六进一	象5进3	4. 车四退三	炮5进2
5. 车四进三	前卒平6	6. 炮四退六	炮5退1
7. 炮四退一	炮5进1	8. 炮四平一	车8进3
9. 帅四进一	车8退9	10. 炮一进四	红胜

注:① 如改走卒5进1,兵六进一,象5进3,炮四平三,卒5进1,帅四进一,车7平8,车四进一杀。

第205局

车马双炮双兵仕相全对车马双炮双卒士象全

北京张　强——广东朱琮思

(2003年8月5日弈于浙江磐安)

磐安伟业杯全国象棋大师冠军赛

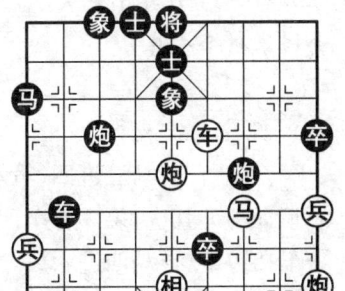

黑方　朱琮思

红方　张　强

苏沃洛夫说："毫不留情，不顾疲劳，日夜追击敌人，直到歼灭为止。"

如图，红方先行。

首先，首着马三退二，退马捉卒，打通肋道，凶着。其次，第5着炮一平四，边炮平肋道，做杀。第三，尾着车四平一，平车开边，做杀，黑如接走炮3平5，车一平五，红胜势。

1. 马三退二　　炮7退2　　2. 马二进四　　炮7退1①
3. 炮一平四　　炮7平6　　4. 车四平一②　　**红胜**

注：① 黑如改走炮3退1，则炮一平四，炮7平6，车四平一，炮6平9，车一平二，炮9平8，马四进三，车2退1，车二进一，车2平5(如炮3平8，马三进四，将5平6，炮一平四杀)车二进二，士5退6，马三退四，红胜势。

② 可改走车四进二，较硬朗。

第206局

车马炮四兵仕相全对
车马炮双卒士象全

浙江邱　东——火车头才　溢
(2004年11月弈于重庆)
全国象棋个人赛

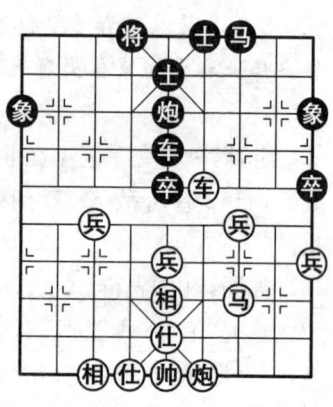

黑方　才　溢

红方　邱　东

如图,红方先行。

首先,首着马三进四,策马明巡河暗捉车。其次,第3着车四平一,平车扫边卒,再马四进六后,车吃中卒。第三,尾着马四退六,至此,黑少卒失势,必遭滑铁卢。

1. 马三进四	炮5平2		
2. 车四平一	车5退1		
3. 马四进六	车5平4	4. 车一平五	车4进1
5. 车五平四	炮2平4	6. 炮四进四	车4平3
7. 马六进四	车3平5	8. 炮四平六	炮4平6
9. 车四平六	将4平5	10. 炮六平五	马7进9
11. 车六进一	车5退1	12. 马四退六	**红胜**

第207局

车马双兵单缺相对
车炮单缺象

北京张申宏——沈阳金　松

(2005年5月6日弈于上海)

"城大建设杯"全国象棋大师冠军赛

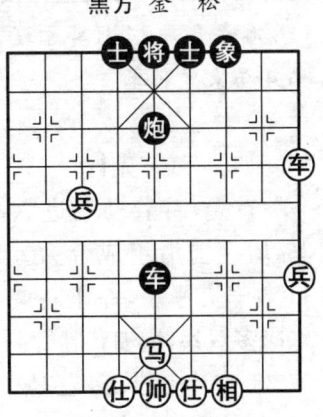

红方　张申宏

如图，黑方先行。

首先，首着车5退2，红应兵七平六，如走兵七进一，炮5平1，红速胜。其次，第11着车5平6，中车左调，先捉马再提相仕，乘虚而入。第三，第23着炮4退1，伏士5进4，马四退六，车6平4杀。第四，尾着车6退3，车口吃马，妙，黑如车五平四，士5进4，车四平六，炮4进2，红胜势。

1. ……	车5退2	2. 兵七平六	车5平4
3. 马五进三	士4进5	4. 帅五进一	车4平5
5. 帅五平六	炮5平4	6. 马三进四	车5平6
7. 马四退五	车6平7	8. 车一平七	车7进5
9. 马五进七	车7平6	10. 马七进五	车6退1
11. 帅六进一	车6退2	12. 马五进四	炮4退1
13. 车七平五	车6退3	黑胜	

第 208 局

车双马三兵仕相全对车马炮三卒士象

河北苗利明——大连金　波

（2006年6月14日弈于辽宁大连）

第4届象甲联赛

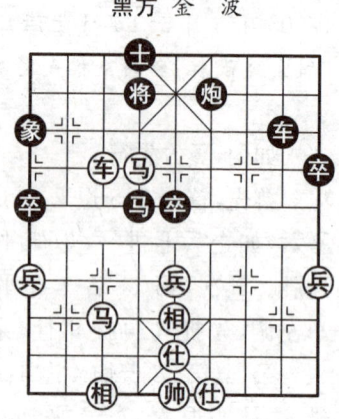

黑方　金　波

红方　苗利明

如图，红方先行。

首先，首着马七进六，跃马挤马，增援前沿组成合力。其次，第11着车九平一，左车右调，转眼间红净多双兵，增加获胜筹码。第三，第23着马七进五，左马中调踩中卒，再马五退四兑子，至此，黑士象不整又少卒，红胜势。

1. 马七进六　　车8平4　　2. 车七平九　　士4进5
3. 前马退八　　炮6进1　　4. 车九退一　　将4退1
5. 车九进一　　将4平5　　6. 车九平一　　马1进3
7. 马八进六　　马2进4　　8. 仕五进六　　炮6退2
9. 仕四进五　　马4进2　　10. 后马退八　　炮6进6
11. 马六退七　　马2进1　　12. 马七进五　　车4平2
13. 马五退四　　红胜

第209局

车双马双炮四兵仕相全对
车双马双炮三卒士象全

上海浦东宇　兵——河北陈　翀

(2006年11月17日弈于广东深圳)

全国象棋个人赛

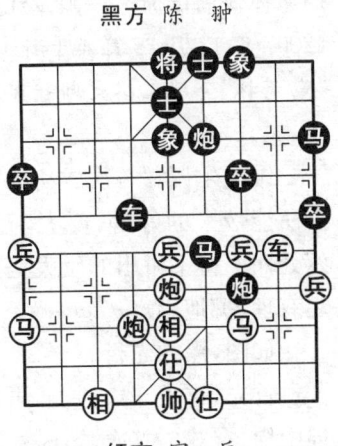

黑方 陈 翀

红方 宇 兵

如图,红方先行。

首先,首着炮五平九,中炮左调打边卒,可进沉底炮,开了个好头。其次,第5着兵三进一,拱兵过楚河,亮车捉马,黑应马7进6,如改走马6进7,炮六平三,卒7进1,兵五进一,红优。第三,第13着炮九平五,左炮中调挤马,再炮五退一,有戏。第四,平车捉炮,黑如接走车4进2,则车三进二,马7进9,车三平四,至此,炮欲打闷宫车捉炮,黑必丢子。输矣。

1. 炮五平九	车4进2	2. 炮九进三	马9退7①
3. 兵三进一	马7进6	4. 兵三平四	前马进7
5. 炮六平三	炮6进2	6. 车二平四	车4退2
7. 炮九平五	马6退7	8. 车四平三	**红胜**

注:① 如马6退5,兵五进一,马5进3,兵九进一红优。

第 210 局

车马双炮三兵对
车双马炮三卒士象全

通讯体协潘振波——黑龙江聂铁文

(2007年12月25日弈于浙江宁波)
"勤州杯"全国象棋大师冠军赛

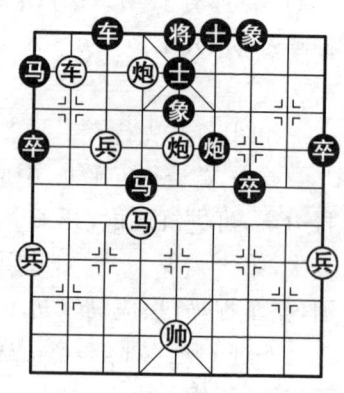

黑方 聂铁文

红方 潘振波

维戈尔说："一次成功的突然袭击所能带来的好处,要大于为这些好处而不得不付出的巨大努力。"言之有理,掷地有声。

如图,黑方先行。

首先,首着车3进3,伸车吃兵捉中炮,有戏。其次,第3着炮6平5,左炮中调摆当头,叫将,再徐图进取。第三,尾着马1进2,跳出边马,暗保肋马,红如续走后炮进三,车3进5,帅五退一,马2进4,黑胜势。

| 1. …… | 车3进3 | 2. 炮五退四 | 炮6平5 |
| 3. 炮五平六 | 马1进2 | 黑胜 | |

第211局

车马炮四兵单缺相对
车马炮卒士象全

厦门郑一泓——北京蒋　川

(2008年3月6日弈于北京)

第6届"威凯房地产杯"

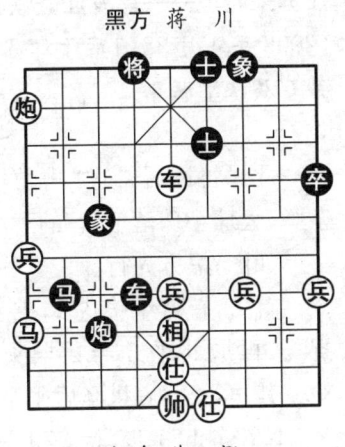

黑方　蒋　川

红方　郑一泓

如图,黑方先行。

首先,首着炮3退1,马口退炮打中兵,有新意。红如应马九进七,则马2进3,马七退六,车4进2,仕五进六,车4退1,帅五进一,车4进1,帅五退一,车4平6杀;又如应兵五进一,则炮3平7,伏炮7平5摆中炮。其次,第7着马2退3,回马象口,颇有见地。第三,尾着炮5退2,退炮让马道,做杀,红如接走车五平四,马4进5,相三退五,车4进1杀。

1. ……	炮3退1!	2. 仕五进四	炮3平5
3. 相五进三	象3退5	4. 炮九平七	马2退3
5. 车五平七	车4进3	6. 帅五进一	车4退1
7. 帅五退一①	马3进4	8. 车七平五	炮5退2

黑胜

注:① 如改走帅五进一,则马3进5,黑胜!

第212局

车马双炮三兵仕相全对车双炮五卒士象全

江苏朱晓虎——黑龙江聂铁文

(2008年4月28日弈于江苏泰州)

第6届象甲联赛

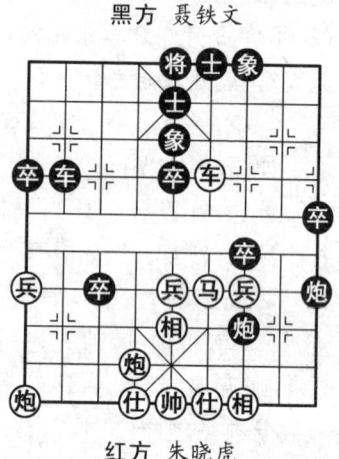

黑方 聂铁文

红方 朱晓虎

此局将读者带进"嘈嘈切切错杂弹，大珠小珠落玉盘"的意境。

如图，黑方先行。

首先，首着卒7进1，拱卒吃兵捉马，再炮9平5轰兵摆头炮，有戏。其次，第5着拱卒后平卒，再拱卒，小卒连走3步，伏卒4平5凶着。第三，第11着车2进6，挥车冲底捉炮，平卒捉中仕，必得其一。第四，尾着炮7退2做杀，至此，黑多卒占势，胜矣。

1. ……	卒7进1	2. 马四退三①	炮9平5
3. 仕四进五	卒3进1	4. 马二进一	卒3平4
5. 炮六平九	卒4进1	6. 帅五平四	车2进6
7. 帅四进一	车2平1	8. 车四平五	卒7平6
9. 炮九进五	车1退3	10. 马一进二	炮7退2

黑胜

注：① 应改走马四进五，较硬朗。

第213局

车马双炮双兵仕相全对
车马双炮双卒单缺象

浙江张申宏——北京蒋　川

(2008年11月弈于广东顺德)
全国象棋个人赛

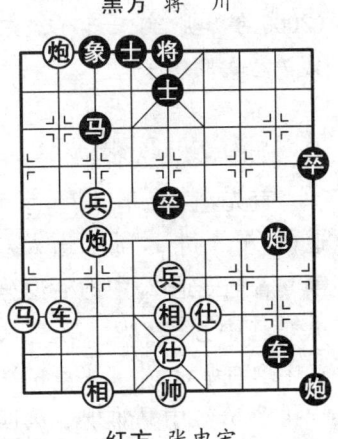

黑方 蒋　川

红方 张申宏

此局将读者带进"新月已生飞鸟外,落霞更在夕阳西"的意境。

如图,黑方先行。

首先,首着车8平7,平车让炮路,伏炮8进4杀。其次,第3着炮8进3,进炮做杀,伏车7进1,仕五退四,车7平6,帅六进一,炮9退1,帅六进一,车7平4杀。第三,第7着车7退6,进退有方,再左车右调,做杀。第四,尾着马3进4,跃马踩兵做杀,红如接走炮七平六,则马4退2,车八退一,炮9退4,黑胜势。

1. ……	车8平7	2. 帅五平六	炮8进3
3. 帅六进一	车7进1	4. 帅六进一	车7退6
5. 车八进三	车7平4	6. 兵七平六	马3进4

黑胜

蒋川战胜对手,晋级8强。

第214局

车马双兵对车炮单缺象

江苏程　鸣——河北苗利明

（2009年8月20日弈于广东惠州）

第7届象甲联赛

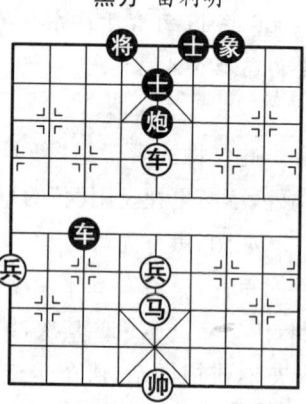

黑方　苗利明

红方　程　鸣

如图，黑方先行。

首先，首着车3平4，平车肋道，再车4进1，咄咄逼人。其次，第9着炮5退2，中炮后退坐将座，欲取红中兵，有戏。第三，炮5平4，中炮右调，伏将4平5的凶着，再炮4平5，红中马难保。第四，尾着炮5进7，飞炮吃车，至此，炮单缺象必胜单兵。

1. ……	车3平4	2. 兵五进一	车4进1
3. 兵九进一	车4平5	4. 帅五进一	士5进4
5. 兵五进一	炮5退2	6. 兵九进一	士6进5
7. 车五平六	车5退2	8. 车六退四	将4进1
9. 兵九进一	士5进6	10. 帅五平六	炮5平4
11. 车六平八	将4平5	12. 帅六平五	炮4平5
13. 兵九平八	车5进3	14. 车八平五	炮5进7

黑胜

第十一章 兑子射门

(39局)

第215局

马炮兵对双马卒士象全

北京张　强——上海孙勇征

(2000年11月16日弈于安徽蚌埠)

全国象棋个人赛

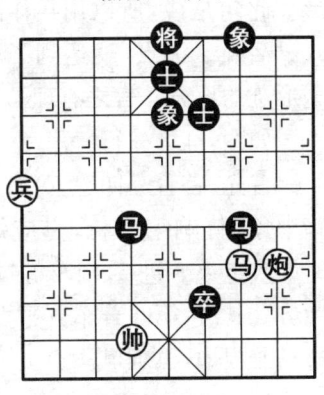

黑方 孙勇征

红方 张　强

如图,黑方先行。

首先,首着马4退6,右马左调捉马,打乱红方防守部署。其次,第3着马7进5,黑7路马寻找攻击点,两步叫将后,卒6平5,欲进窝心。第三,第19着将5平4,兵九进一,卒5平6,帅四平五,马8退7,再卒6平5,马7退5,绝杀。

1. ……	马4退6	2. 马三进五	马7进5
3. 帅六平五	马5进3	4. 帅五退一	卒6平5
5. 帅五平四	马3退5	6. 帅四进一	马5进7
7. 炮二平三	马6进7	8. 马五退三	马7进8
9. 帅四退一	卒5进1	10. 马三退五	将5平4
11. 兵九进一	卒5平6	黑胜	

第216局

车双马炮三兵仕相全对
车双马炮双卒士象全

黑龙江张晓平——北京杨德琪

(2003年8月5日弈于浙江磐安)

磐安伟业杯全国象棋大师冠军赛

黑方 杨德琪

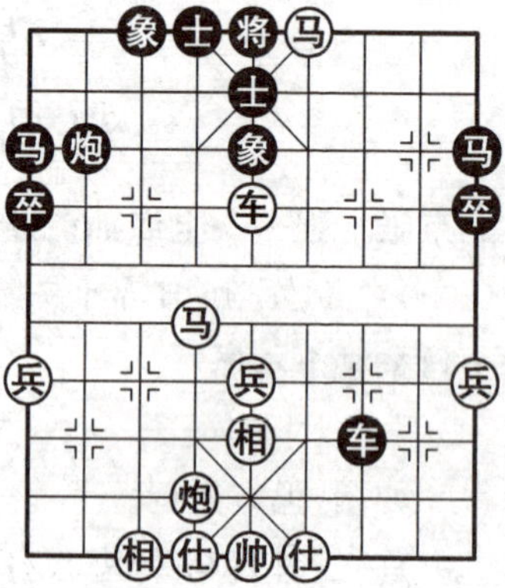

红方 张晓平

孙子曰:“故形兵之极,至于无形。”此句是说,所以用兵作战的方式灵活到了极点,就达到了不露丝毫形迹的地方。言之有理。

如图,红方先行。

首先,首着马四退五,右马中调踏中象,打响第一枪,黑应炮2平3,如改走象3进5,则车五进一,红胜势。其次,第3着车五平九制马。第三,尾着车九进一,边车吃边马兼捉炮,黑难堪。

1. 马四退五! 炮2平3 2. 车五平九 象3进5

3. 车九进一 红胜

第217局

双车马双炮三兵单缺相对
双车马双炮三卒士象全

河北阎文清——湖北李智屏

（2004年9月15日弈于河北石家庄）

第2届象甲联赛

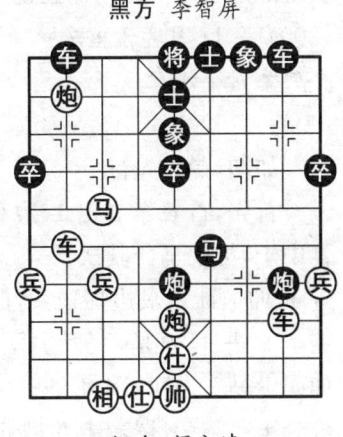

黑方 李智屏

红方 阎文清

什捷缅科说："如果不摸清敌人的强点和弱点，不避开敌人的强点而利用敌人的弱点，就不能取得胜利。"此言妙也。

如图，黑方先行。

首先，首着马6进5，进马踩炮，妙手。逼红右车吃中马，车炮摆脱牵制，如红误走相七进五，则炮8平3打闷宫，红必丢右车。其次，第3着炮5退2，妙不可言，红应帅五平四无奈，如改走马七进五，则炮8平5，红丢中车。第三，尾着炮8平6，平炮肋道，红失子失势，大势已去。

1. ……   马6进5   2. 车二平五   炮5退2！
3. 帅五平四   象5进3   4. 车八进二   炮8平6

黑胜

第218局

车马兵仕对车炮双卒士

农协陈建昌——湖南谢业枧

(2004年11月弈于重庆)

全国象棋个人赛

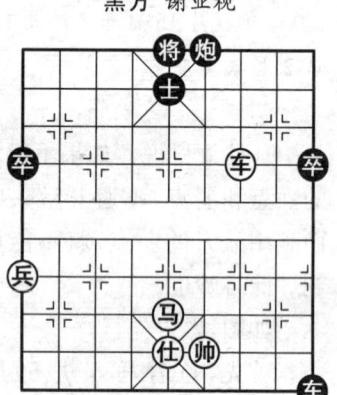

黑方 谢业枧

红方 陈建昌

如图,黑方先行。

首先,首着车9退1,边车叫将食中士,捉中马。其次,第9着炮6进1,伸炮计划平边捉边兵,此时如走卒9进1,也是一种选择。但红如误走马五进四,则将5平6,红马被套牢。第三,尾着士5进6,支士当炮架,再炮一平六叫将,做杀。

1. ……	车9退1	2. 帅四退一	车9平5
3. 车三平五	卒1进1	4. 马五进六	车5退5
5. 马六进五	炮6进1	6. 炮四平五	士5退6
7. 帅五平四	炮6平1	8. 马五进二	士6进5
9. 马三退一①	士5进6	**黑胜**	

注:① 败着,应帅四平五,让黑拱卒,通过自然限着求和。

第219局

双车双马炮三兵仕相全对
双车双马炮五卒士象全

上海孙勇征——北京张申宏

(2005年3月22日弈于北京)
"威凯房地产杯"全国象棋排名赛

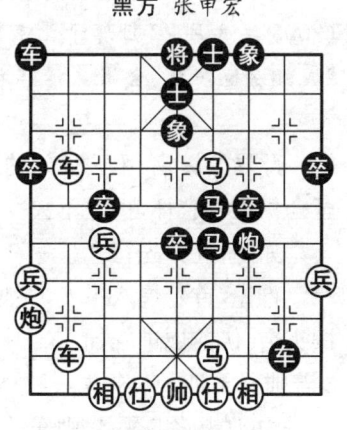

黑方 张申宏

红方 孙勇征

此局呈现纹枰奇观,四马同槽的镜头,请观看兵戎相见的过程。

如图,红方先行。

首先,首着前车进三,挥车兑车,再伸车叫将,白食一象,打开胜利之门。其次,第7着炮九进四,边炮轰边卒,从边线切入,黑应车8平6,如走士6进5,炮九进三,红胜势。第三,尾着马六进八,伏炮九进一,马后炮杀;黑如接走将4平5,则炮九进一,将5进1(将5退1,车七平六杀)车七退二,绝杀。

1. 前车进三!	车1平2	2. 车八进八	象5退3
3. 车八平七	士5退4	4. 炮九进四	车8平6
5. 马四进六	将5进1	6. 炮九进一①	将5平4
7. 马六进八	红胜		

注:① 可以走车七退一,较积极。

第 220 局

双车双炮三兵仕相全对
双车双炮双卒士象全

广东李鸿嘉——黑龙江苗永鹏

（2005年3月28日弈于北京）

"威凯房地产杯"全国象棋排名赛

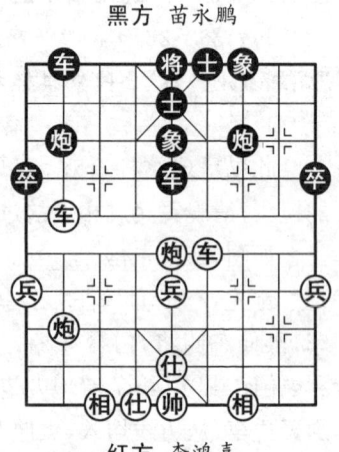

黑方 苗永鹏

红方 李鸿嘉

此局给读者留下深刻的印象，至今仍难以忘怀，挥之不去。

如图，红方先行。

首先，首着炮八平五，左炮中调摆头炮，伏前炮进三抽车。其次，第3着帅五平四，亮帅做杀，黑应车7平5，如改走将5平4，则车八平六，炮2平4，后炮平六，红胜势。第三，第7着车四进四，伸车塞象眼，保留中炮打车的态势，含蓄。此时红如改走炮五进五，象7进5，红取胜较慢。第四，尾着车四平五，右车中调锁中路，至此，黑车炮被拴，红胜势。

1. 炮八平五！	车5平7	2. 帅五平四	车7平5
3. 前炮进三	车5退1	4. 车四进四	士5进6
5. 炮五进五①	炮7平5	6. 车四退一	士6进5
7. 车四退一	炮5平6	8. 车四平五	**红胜**

注：① 可改走车四退一，较硬朗。

第221局
双车马双炮四兵仕相全对
双车马双炮双卒士象全

湖南谢业枧——沈阳金 松

(2005年4月20日弈于辽宁沈阳)

第3届象甲联赛

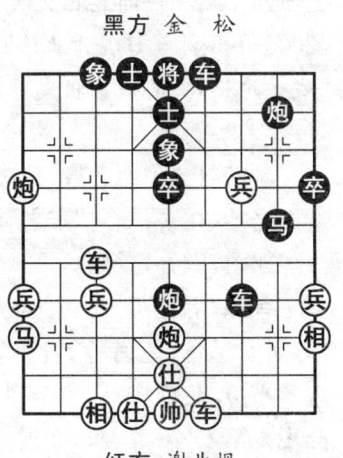

黑方 金 松

红方 谢业枧

此局将读者带进"纹枰无限风光好,千古豪情在此中"的意境。

如图,黑方先行。

首先,首着车6进9,伸车兑车,颇有见地。其次,第3着车7平6,平车叫将,逼炮垫将,再炮8平6拴炮,非常有戏。第三,第13着炮5平3,中炮右调,炮口对准底相,颇含蓄。第四,车6平8,平车叫将,如红接走车三平四,车8进5,帅四退一,炮3进5杀。

1. ……	车6进9	2. 帅五平四	车7平6
3. 炮五平四	炮8平6	4. 兵三平四	马8退6
5. 炮九平四	车6退3	6. 帅四进一	炮5退2
7. 车七平二	炮5平3	8. 车二平三	车6平8

黑胜

第222局

车马双炮双兵单缺相对
双车炮卒士象全

上海谢　靖——河北阎文清

(2005年5月5日弈于上海)

"城大建设杯"全国象棋大师冠军赛

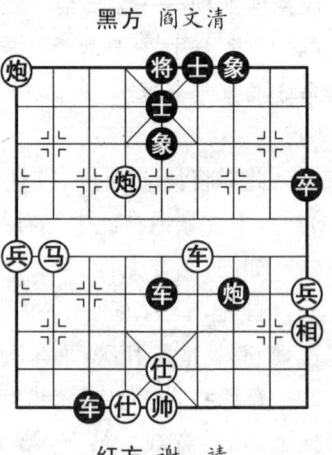

名家曰："阵而后战,兵法之常;运用之妙,在乎一心。"言之有理。

如图,黑方先行。

首先,首着士5进6,弃士喂车,居安思危,老练。其次,第5着炮7平5,在炮中调,摆当头,炮威凸现。第三,第7着车3退4,退车联车,伏兑车的招法。第四,尾着车5平6,中车左调硬兑车,至此,红缺仕少相,不敌黑方的攻势,红败北。

1. ……	士5进6	2. 车四进三	车5退1①
3. 马八退六	炮7平5	4. 帅五平四	车3退4
5. 车四退四	车3平4	6. 炮六平八	车5平6

黑胜

注：① 可改走象5进7,较硬朗。

第223局

双车马炮四兵仕相全对
双车马炮四卒单缺士

火车头陈启明——湖北汪 洋

(2005年5月7日弈于上海)

"城大建设杯"全国象棋大师冠军赛

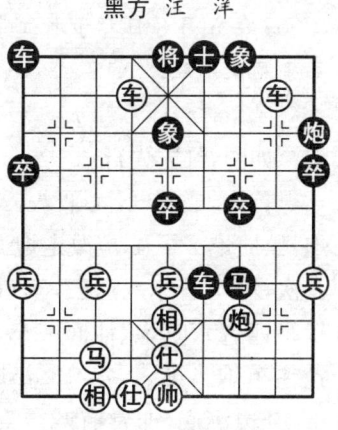

黑方 汪 洋

红方 陈启明

此局将读者带进"自指燕山最高处,不知谁为勒殊功"的意境。

如图,红方先行。

首先,首着马七进六,跃马捉头卒,寻找临门一脚的感觉。黑应车1平4,如改走车6退2(如车6平5,车六平四,再帅五平四)车二退五,炮9平7,车六平三,红胜势。

其次,第7着车六平二,左车右调,欲马五进六,左右夹击。第三,尾着兵五进一,拱兵欲过河,黑如接走车5进2,车二平四,马6进7,马七进六,红胜定。

1. 马七进六	车1平4	2. 马六进五	车4进1
3. 车二平六	车6退3	4. 车六平二	车6平5
5. 马五退七	马7退6	6. 兵五进一	**红胜**

第224局

车马双炮双兵单缺相对
车马双炮双卒士象全

湖北李智屏——浙江赵鑫鑫

(2005年6月8日弈于浙江宁波)

第3届象甲联赛

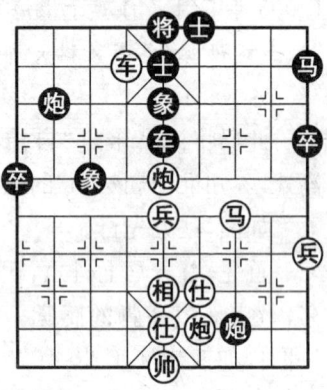

黑方 赵鑫鑫

红方 李智屏

如图,红方先行。

首先,首着车六平八,平车捉炮,黑应炮2平4,应改走炮2平3。其次,第7着车八退二,车口捉车,伏马四进六吃炮,抽回一车,由此,拴住车炮。第三,第18着炮七进七,开边沉底,非常有戏。第四,尾着炮九退一,以下黑接走车8进6,仕五退四,炮5进2,帅五平六,红胜。

1. 车六平八!	炮2平4	2. 马三进四	马9进7
3. 相五进三	马7进6	4. 车八退二!	炮4进1
5. 炮四进四	车5平6	6. 炮四平七	车6平8
7. 炮七退五	车8平7	8. 相三退五	车7平5
9. 炮七进七	车5平8	10. 炮七平九	炮4平5
11. 炮九退一	红胜		

第225局

双车马双兵仕相全对车马双炮双卒士象全

江苏徐　超——湖南谢　岿

(2005年6月15日弈于江苏南京)

第3届象甲联赛

如图,红方先行。

首先,首着车三平二,平车挤马,含蓄。其次,第5着马五进三,跳出窝心马解杀还捉,从长计议。第三,第11着车二退二,退车白食黑马,算准有惊无险。

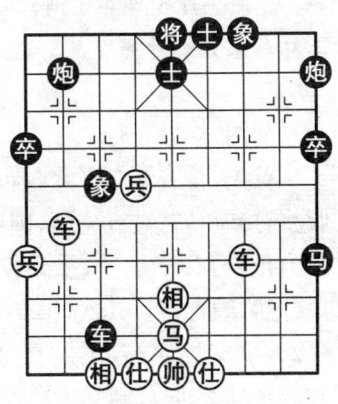

黑方　谢　岿

红方　徐　超

1. 车三平二	车3平4		
2. 兵六平七	将5平4		
3. 马五进三	车4进1	4. 帅五进一	马9进8
5. 帅五平四	炮9平6	6. 车二退二!	士5进6
7. 马三进四	炮2平5	8. 车二进四	车4退1
9. 仕四进五	车4平5	10. 帅四退一	车5平4
11. 车八进五	将4进1	12. 车八平四	车4退3
13. 车二平六	**红胜**		

第226局
车双马炮五兵仕相全对
车双马双炮三卒单缺象

北京蒋　川——浙江陈寒峰

（2005年9月4日弈于浙江杭州）

三环杯象棋公开赛

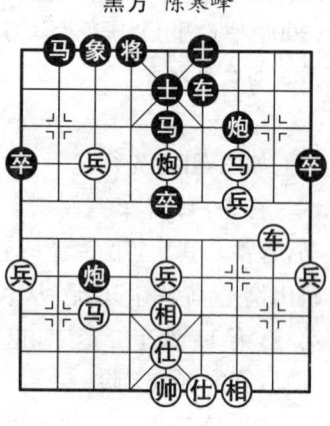

黑方　陈寒峰

红方　蒋　川

如图，红方先行。

首先，首着车二平六，右车左调叫将，接着马三进五兑马，削弱其防守力量，再兵三进一，拱兵捉炮，次序井然，颇含蓄。其次，第9着车七平八，平车捉底马，黑应马2进1，如改走马2进4，则兵七进一拱兵，黑难堪。第三，第11着兵七进一，拱兵捉士，再平兵吃士入宫。第四，尾着炮五平六，中炮左调，马口叫将，漂亮，黑如接走将4平5，再兵六进一，拱兵捉死马，胜哉。

1. 车二平六！	士5进4	2. 马三进五	象3进5
3. 兵一进一	炮7平8	4. 车六平七	炮3平9
5. 车七平八	马2进1	6. 兵七进一	象5退3
7. 车八平七	车6平2	8. 兵七平六	马1退3
9. 炮五平六	**红胜**		

第 227 局

双车双马三兵仕相全对
双车马三卒士象全

河南李少庚——通信赵　剑

(2005 年 11 月 7 日弈于山西太原)

全国象棋个人赛

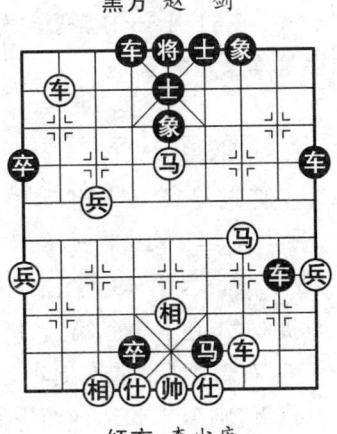

黑方　赵　剑

红方　李少庚

此局将读者带进"醉里挑灯看剑,梦回吹角连营"的意境。

如图,黑方先行。

首先,首着马6退5,退马兑相口马,再左车中调捉中相,红如不兑马,改走仕四进五,则马5进3,红难解困境。其次,第7着卒4进1,拱卒吃底仕叫将,红帅五进一,如改走帅五平六,则车6进3,再车6平3,红难堪。第三,尾着象3退5,退象拦车,至此,黑右车捉马,左车捉仕,胜矣。

1. ……	马6退5	2. 马三退五	车8平5
3. 马五退四	车5平6	4. 马四进六	卒4进1
5. 帅五进一	象5进3	6. 马六进七	车4进2
7. 车三进六	象3退5①	黑胜	

注:① 可改走象7进5,较顽强。

第228局

车双马双炮双兵双仕对
车双马双炮双卒士象全

沈阳尚　威——湖南孙浩宇

(2005年11月16日弈于湖南长沙)

第3届象甲联赛

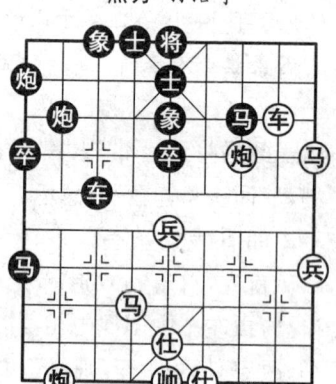

黑方 孙浩宇

红方 尚　威

如图，黑方先行。

首先，首着象5退7，中象左调炮捉车，如红车二平三，象7进5打死车。其次，第19着车2进4，伸车捉双，志在必得。第三，尾着炮2平5，右炮中调，重炮捉车，红如马六进五，则车3平5，仕四进五，士4进5，红中兵必丢，黑胜势。

1. ……	象5退7	2. 车二退一	象3进5
3. 车二进一	马1进3	4. 炮八进六	车3平2
5. 仕五退六	象5退3	6. 车二退一	马7进9
7. 车二平一	车1进1	8. 炮三平二	士5退6
9. 炮二退四	车2退1	10. 炮二平七	车2进4!
11. 车一平五	炮1平5	12. 马六进七	车2平3
13. 马七进六	炮2平5	**黑胜**	

第229局

车双马炮双兵仕相全对
车双马炮三卒单缺象

上海孙勇征——河北申　鹏

(2006年7月26日弈于北京)

第5届"威凯房地产杯"

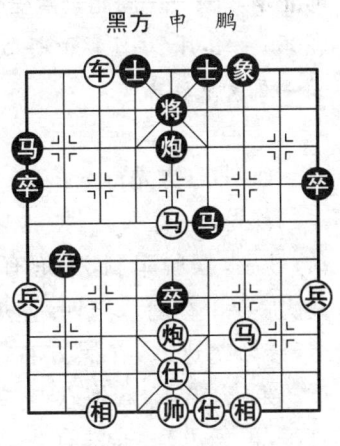

黑方　申　鹏

红方　孙勇征

如图,红方先行。

首先,首着平车开边,捉马做杀,黑应炮5进1,如改走马1退2,则车九退一,马2进4,马五进七,红得子。其次,第5着车九退二,退车吃马,黑应车2退2,如改走将5退1,车九退一,红得子。第三,第7着车九平六,边车平肋道,亮车捉底士。第四,第15着车六进六,挥车斩士,黑应车2平3,如改走将5平6,则车六平九,黑难守和。第五,马七退五,左马中调,至此,黑缺士少象,招架不住。

1. 车七平九	炮5进1	2. 马三进五	马6进5
3. 车九退二	车2退2	4. 车九平六	炮5退1
5. 车六退四	车2进1	6. 马五退七	炮5进5
7. 相三进五	马5退6	8. 车六进六	车2平3
9. 车六平四	马6退4	10. 马七退五	**红胜**

第230局

车双马炮四兵仕相全对车双马炮四卒士象全

河北申 鹏——湖北李雪松

(2006年9月20日弈于湖北武汉)

第4届象甲联赛

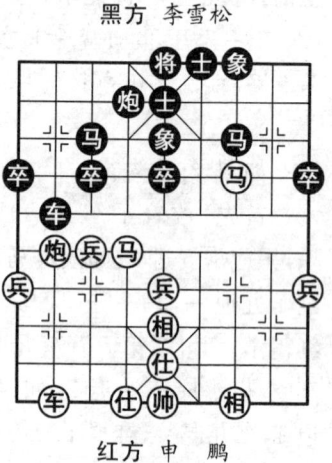

黑方 李雪松

红方 申 鹏

如图,红方先行。

首先,首着兵七进一,拱兵弃兵,妙手,摆脱牵制,车炮有作为。其次,第3着炮八进四,伸炮让马道,再马六进八,在黑方右翼做文章。第三,第15着炮六退二,退炮打车,再轰边卒,非常有戏。第四,尾着马九退七,退马做杀,再炮九进三,继续做杀,胜矣!

1. 兵七进一	车2平3	2. 炮八进四	车3平7
3. 马六进八	车7退1①	4. 马八进七	炮4退1
5. 马七进九	炮4平2	6. 炮八平六	炮2平4
7. 炮六退二!	卒5进1	8. 炮六平九	炮4进3②
9. 车八进九	士5退4	10. 马九退七	**红胜**

注:① 如改走马3退1或退2,则马八进九三子归边。
② 如改走卒3进1,则马九退八,红三子集结。

第231局

车马炮兵单缺相对
车马炮卒士象全

北京张申宏——开滦景学义

(2006年9月27日弈于浙江余姚)

第4届象甲联赛

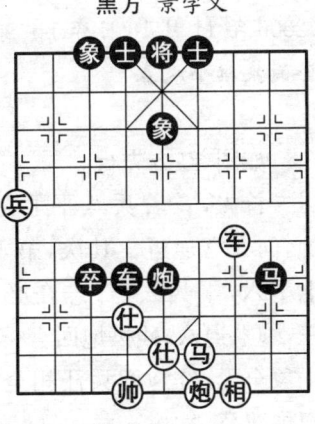

黑方 景学义

红方 张申宏

此局将读者带进"曲径通幽处，禅房花木深。"的意境。

如图，黑方先行。

首先，首着炮5退2，退炮欲平肋道，恰到好处。其次，第5着象5进3，中象右调，亮将炮打边兵。第三，第17着车5进2，弃炮斩中士，算准可得回一子。第四，尾着车5平6，中车左调食炮，车卒单缺相必胜车单士。

1. ……	炮5退2	2. 车三退一	炮5平4
3. 帅六平五①	象5进3	4. 马四进五	马8进7
5. 车三退二	车4平5	6. 车三进四	炮4平1
7. 车三平七	炮1退2	8. 帅五平六②	炮1平4
9. 车七平六	车5进2！	10. 车六进二	车5平1
11. 帅六进一	车5平6	**黑胜**	

注：① 如改走车三平六，卒3平4，帅六平五，马8进7，伏象5退7，再卒4进1，黑胜。

② 可改走炮四进二，既可架中炮，又可防卒往下拱。

第232局

车炮四兵仕相全对车双炮双卒

河北苗利明——云南黄仕清

(2006年11月16日弈于广东深圳)

全国象棋个人赛

如图,红方先行。

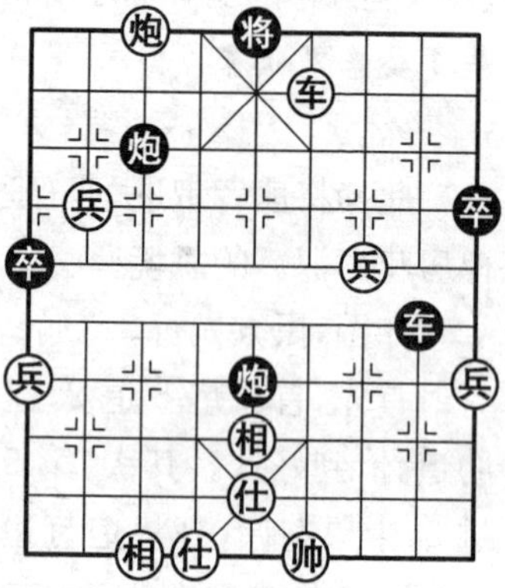

首先,首着兵八平七,平炮捉炮,向九宫逼近。其次,第17着兵七平六,平兵入宫,志在必得。第三,炮七退八,残棋炮回宫,至此,黑士象全无,红炮四兵仕相全必胜黑双炮双卒。

黑方 黄仕清

红方 苗利明

1. 兵八平七	炮3平2	
2. 兵七进一	炮2进6	
3. 仕五进六	车8进4	4. 帅四进一 车8退3
5. 车四进一	将5进1	6. 车四退一 将5退1
7. 车四进一	将5进1	8. 车四退五 炮2退2
9. 兵七平六	车8平6	10. 车四退一 炮2平6
11. 兵一进一	炮5平4	12. 炮七退八 **红胜**

第233局

双车马双炮双兵单缺仕对
双车马双炮四卒单缺象

四川谢卓淼——河南李少庚

(2006年11月21日弈于广东深圳)

全国象棋个人赛

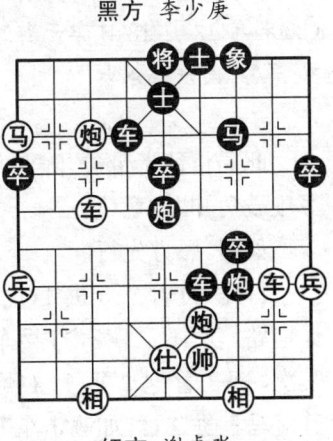

黑方 李少庚

红方 谢卓淼

此局将读者带进"旌旗荡野塞云开,金鼓连天朔雁回"的意境。

如图,黑方先行。

首先,首着炮5平6,中炮左调,牵住牛鼻子。其次,第7着车1平6,右车左调,兑车妙手,黑炮摆脱牵制,黑如误走车6平5,炮四平三,炮7平6,车四退一,黑劣红优。

第三,尾着卒7进1,拱卒捉车,红如接走车二进一,则卒7进1,黑胜势。红又如改走车二退一,则象7进5,再卒7进1,伏抽车,黑胜势。

1. ……	炮5平6	2. 炮七平三	车4平1
3. 炮三退二	炮6进1	4. 车七平四	车1平6
5. 车四进二	士5进6	6. 炮三退二	卒7进1

黑胜

第234局

车双马炮四兵仕相全对
车马双炮四卒士象全

河北申　鹏——厦门陈富杰

(2006年12月18日弈于浙江慈溪)

第3届"波尔轴承杯"

此局将读者带进"陈变龙蛇活，军雄鼓角知"的意境。

如图，黑方先行。

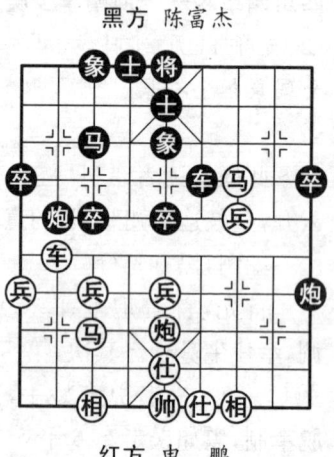

黑方 陈富杰

红方 申 鹏

首先，首着卒5进1，虎口拱卒让炮路，伏炮2平7，打兵车捉马。其次，第3着炮2平7，右炮左调，红应马三进二，红如改走车五平一，炮9平7，车一平三，车6平7，车三退一，炮7进5，黑得车。第三，第5着炮7进3，伸炮捉马，红应仕五进四，如改走马七退八，炮9平7，相三进一，车6平8，黑得子。第四，尾着车6进1，红如接走相三进一，后炮平8，车一平二，炮8进2，马二进七，炮7平2，仕四进五，炮7平8，车二平三，前炮平9，黑胜。

1. ……	卒5进1！	2. 车八平五	炮2平7
3. 马三进二	炮7进3	4. 仕五进四	车6进4
5. 车五平一	炮9平7	6. 马七退五	车6进1

黑胜

第235局

双车双马炮四兵单缺相对
双车马炮四卒士象全

广东黄海林——黑龙江陶汉明

(2006年12月19日弈于浙江慈溪)

第3届"波尔轴承杯"

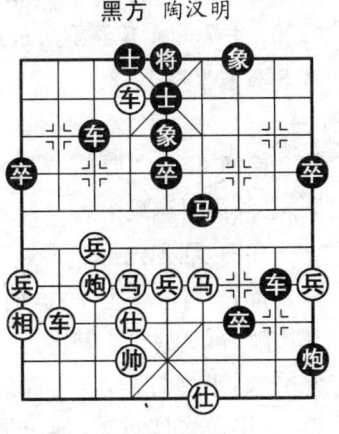

黑方 陶汉明

红方 黄海林

韩非子说:"战阵之间,不厌诈伪。"此言妙也。

如图,红方先行。

首先,首着兵五进一,拱兵巡河,左炮保右马。黑应马6进5,应改走象5进3,兵七进一,马6进5,炮七平五,车8平6,炮五进三,将5平6,黑势不弱。其次,第5着炮五进三,挥炮吃中卒,伏杀,黑应将5平6,如改走车3退2,较顽强。第三,第7着炮五进二,挥炮吃中卒,入局妙手。第四,尾着炮五平一,伏炮一进一的凶着。

1. 兵五进一①　　马6进5　　2. 炮七平五　　车8平6
3. 炮五进三　　将5平6　　4. 炮五进二　　车3退2
5. 炮五平一　　**红胜**

注:①红如误走炮七进四,则马6进5,帅六平五,将5平6,帅五退一,炮9进1,仕四进五,车8平6,红没戏,黑捷足先登。

第236局

车马双炮三兵仕相全对
车马双炮三卒士象全

北京蒋　川——广东吕　钦

(2007年7月4日弈于广东广州)

第5届象甲联赛

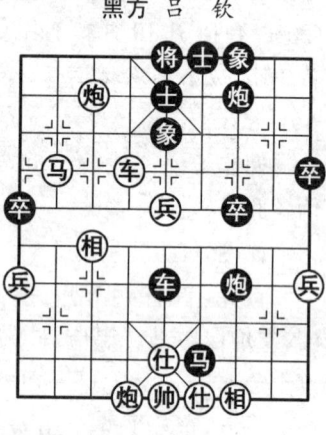

黑方 吕 钦

红方 蒋 川

徐海东说:"要指挥自己的部队,必须同时调动敌人。"言之有理。

如图,红方先行。

首先,首着炮七平九,炮口平炮开边陲,再觅战机。其次,第5着炮九平八,平炮打车,将车逼到墙角。第三,尾着车四进二,伸车捉炮,黑如接走炮7进1,马八进七,将5平4,车四退四,将4进1,车四平六,士5进4,车六平五抽马胜。

1. 炮七平九	车5平2①	2. 相七退五	车2进3②
3. 炮九平八	车2平1	4. 车六平四	马6退5
5. 炮八平三	炮7退5	6. 车四进二	**红胜**

注:① 如改走车5退2,则炮六进三,红优。

② 应改走车2平3,较积极。

第237局

车马双炮双兵仕相全对
车双马炮三卒士象全

北京蒋　川——上海洪　智

(2007年8月15日弈于北京)

第5届象甲联赛

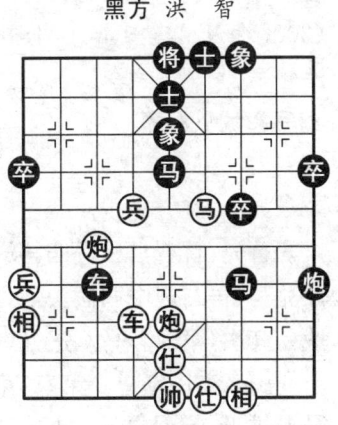

黑方 洪　智

红方 蒋　川

如图,红方先行。

首先,首着马四进六,右马左调,欲奔卧槽,非常有戏。其次,第3着炮五进三,进中炮挤马,颇含蓄。第三,第13着炮七进五,飞炮轰底象,再开边,有戏,有好戏。第四,尾着兵九进一,以下红马七退九,再马九进八杀。

1. 马四进六	车3平4	2. 炮五进三!	将5平4
3. 马六进七	车4进1	4. 仕五进六	象5退3
5. 兵六进一	马5退4	6. 炮五平六	马7退6
7. 炮七进五	马6进4	8. 炮七平九	前马进2
9. 炮六平八	马2进4	10. 帅五进一	前马退6
11. 帅五平六	马4进3	12. 炮八平六	马3退4
13. 兵九进一	**红胜**		

第238局

双车双马炮双兵仕相全对
双车双马炮卒士象全

厦门谢　岿——煤矿郝继超

(2007年9月5日弈于内蒙古呼和浩特)

全国象棋个人赛

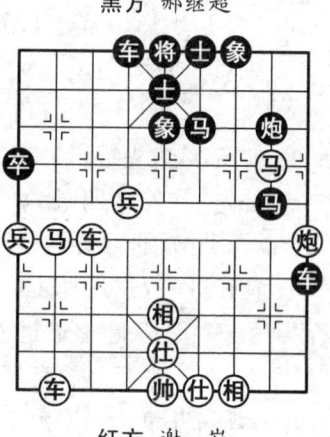

黑方　郝继超

红方　谢　岿

如图，红方先行。

首先，首着马二进四，跃马挂角硬兑马，再右炮中调摆头炮，非常有戏。其次，第5着马八进九，马踩边卒，亮车，循序渐进。第三，第17着马七进五，弃马踩士，妙手，由此步入佳境。第四，尾着兵六平五，平兵保中炮，至此，红净多双兵，胜势不可动摇。

1. 马二进四	士5进6	2. 炮一平五	士6进5
3. 马八进九	将5平6	4. 马九进七	车4平3
5. 马八进六	车9平6	6. 车八平二	马8退6
7. 炮五进二	炮8平9	8. 车二退二	车6退2
9. 马七进五！	士6退5	10. 车七平四	车6进1
11. 车二平四	车3进3	12. 车四进二	将6平5
13. 兵六平五	**红胜**		

第239局

双车马双兵仕相全对
双车炮双卒象

成都李艾东——湖北程进超

(2007年9月7日弈于内蒙古呼和浩特)

全国象棋个人赛

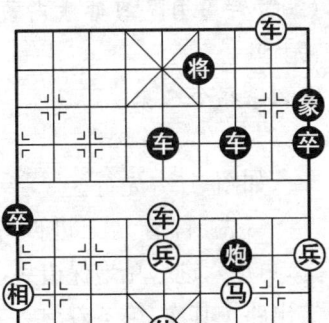

黑方 程进超

红方 李艾东

如图,红方先行。

首先,首着车五平二,中车右调,联车觅战机。其次,第11着车八进二,伸车兑车,再车二平三,吃象捉炮,有戏。第三,第19着兵五进一,拱兵欺车,仗马二进三抽车。第四,第21着车三退六,潜台词是兵五平四,诱炮吃兵,再车三平四捉死炮,黑如炮6进1,车四进一,车6进2,马二进三,抽车。

1. 车五平二	象9退7	2. 相三进五	卒1进1
3. 相九退七	卒1平2	4. 后车平四	车5平6
5. 车四平八	车6平2	6. 车八进二	车7平2
7. 车二平三	炮7平6	8. 兵五进一	车2平5
9. 马三进二	炮6退4	10. 兵五进一	车5平6
11. 车三退六	卒2进1	12. 兵五平四	炮6进2
13. 车三平四	**红胜**		

第240局

车马双炮三兵仕相全对
车马双炮三卒单缺象

广东黄海林——煤矿谢业枧

(2007年9月7日弈于内蒙古呼和浩特)

全国象棋个人赛

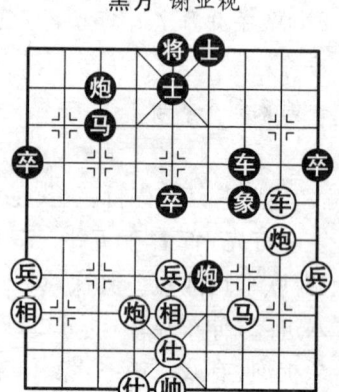

黑方 谢业枧

红方 黄海林

如图,红方先行。

首先,首着马三进四,跃马捉车,再炮六进一兑炮保边兵,思路决定出路。其次,第7着炮二平三,捉车,黑如让车,红车吃象,又如黑落象,红车吃当头卒,捉马。第三,尾着相五进三,凶相毕露,妙手,黑丢子,以下黑如接走车7进3,车五退二,炮3进5,马六进五,红得子。

1. 马三进四	车7退1	2. 炮六进一	炮6平4
3. 马四退六	马3进4	4. 炮二平二	车7平3
5. 车二平三	马4进5	6. 炮三退四	车3进4
7. 炮三进三	车3退4	8. 车三平五	车3平7
9. 相五进三	红胜		

第241局

双马双炮双兵双仕对双马双炮双卒士象全

火车头杨德琪——浙江陈寒峰

(2007年9月8日弈于内蒙古呼和浩特)

全国象棋个人赛

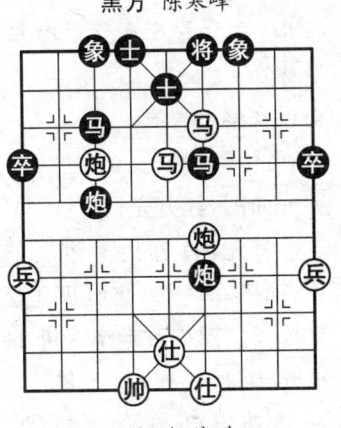

黑方 陈寒峰

红方 杨德琪

如图,红方先行。

首先,首着炮七平四,左炮右调,打马兑子,算准马五进七可得子。其次,第9着炮五进二,进炮打卒,此着也可改走马七进六,炮3退2,马二退四,将5平6,炮五进四,炮3平4,炮五平一,红胜势。第三,尾着兵九进一,至此,红多子,边兵渡楚河,胜矣。

1. 炮七平四	炮6退3	2. 马四进二	将6平5
3. 马五进七	炮3退1	4. 炮四平五	象7进5
5. 炮五进二	卒9进1	6. 炮五平九	炮6进3
7. 兵九进一	**红胜**		

第 242 局

车双马双炮兵仕相全对
车双马炮三卒士象全

上海浦东葛维蒲——火车头宋国强

（2007年9月8日弈于内蒙古呼和浩特）

全国象棋个人赛

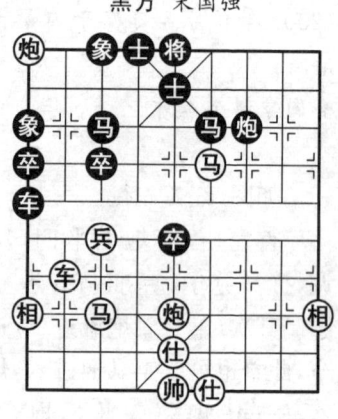

黑方 宋国强

红方 葛维蒲

如图，红方先行。

首先，首着兵七进一，拱兵弃兵，逼黑车吃兵，再马四退五，吃中卒捉车。黑如改走卒3进1（如将5平6，兵七平八，车1进1，车八平一，黑难堪）车八平二，红优。其次，第5着车八平三，左车右调捉炮，再车三平二做杀，步步到位。第三，第13着炮五平四，中炮右调，凶着，伏马四进六双杀。第四，尾着马七进六，跃马捉死车，胜矣。

1. 兵七进一　　车1平3　　2. 马四退五　　车3平9
3. 车八平三　　炮7平9　　4. 车二平二　　将5平6
5. 车二进六　　将6进1　　6. 马五进四　　炮9平7
7. 炮五平四　　车9平6　　8. 马四退二　　炮7退1[①]
9. 马七进六　　红胜

注：① 黑如改走马3进5，则马七进六，马5进4，马二进三，绝杀。

第243局

车马双炮兵仕相全对
车马双炮三卒士象

河北张 江——大连金 松

(2007年9月11日弈于内蒙古呼和浩特)

全国象棋个人赛

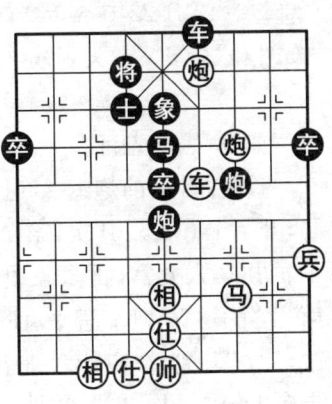

如图,红方先行。

首先,首着车四平五,右车中调食中卒,捉马捉炮。其次,第13着马三进五,右马中调,奔赴前沿。第三,第19着马五进四,进马捉炮,再炮九进四,欲打闷宫,黑要解杀必丢子,输矣。

1. 车四平五	车6进1	2. 车五进一	炮5平4
3. 炮三平九	车6进5	4. 车五进一	炮7进2
5. 车五退三	炮4退1	6. 炮九退四	车6平4
7. 马三进五	炮7退5	8. 车五进一	炮4退1
9. 车五进一	炮7平5	10. 马五进四	炮4进1
11. 炮九进四	红胜		

张江快棋战胜金松挺进十六强。

第244局

双车马双炮三兵仕相全对
双车双马双炮三卒士象全

河北陈 翀——北京蒋 川

(2007年12月22日弈于浙江宁波)
"勤州杯"全国象棋大师冠军赛

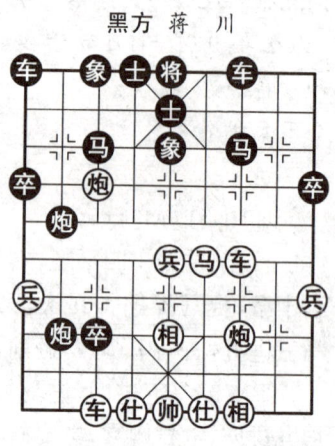

黑方 蒋 川

红方 陈 翀

如图，黑方先行。

首先，首着前炮退2，退炮拴车马，开了个好头。其次，第7着卒3平4，拱卒入九宫，再塞象眼，含蓄。第三，第13着炮2进2，伸炮兵行线，欲摆头炮，红应仕六进五，如改走车七进三，炮2进3，仕六进五，车7进3，炮八平三，炮2平1绝杀。

第四，尾着炮2平5，右炮中调摆当头，志在必得，伏车2进3，炮三平八，车7进9，再卒4平5，帅五平六，车7平6杀。

1. ……	前炮退2	2. 炮三进五	马3进5
3. 马四进五	前炮平7	4. 相五进三	卒3平4
5. 炮七平八	车1平2	6. 炮三退一	卒4进1
7. 相三退五	炮2进2	8. 仕六进五	炮2平5

黑胜

第245局

车马双炮四兵仕相全对
车马双炮三卒士象全

北京靳玉砚——开滦杨德琪

(2008年3月9日弈于北京)

第6届"威凯房地产杯"

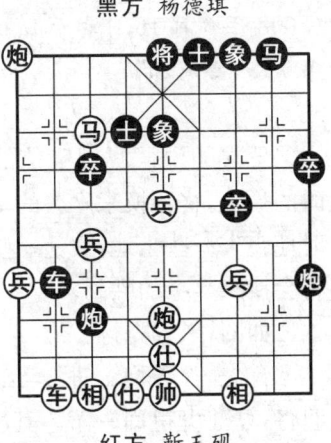

黑方 杨德琪

红方 靳玉砚

此局将读者带进"曲终人不见,江上数峰青"的意境。

如图,红方先行。

首先,首着兵五平六,平兵炮叫将,逼黑飞象,再兵六进一捉士。其次,第9着马七进六,跳马入宫,意味深长,再马六退四捉马,有戏。第三,尾着帅五平四,黑如续走炮2平6解杀,则马四退五,象3进5,马五退六,红得子。

1. 兵五平六	象5进3	2. 兵六进一	将5进1①
3. 车八进三	炮9平2	4. 兵六进一	象3退1
5. 马七进六	象1退3	6. 兵六平五	将5平4
7. 马六退四	马8进9	8. 兵五平六	将4平5
9. 帅五平四	红胜		

注:① 上将解杀,无可奈何,因红有兵六平五,象7进5,兵五进一,士6进5,马七进八的凶着。

第246局

双车双炮三兵仕相全对
双车马炮三卒单缺象

湖北柳大华——山东谢 岿

（2008年6月16日弈于山东淄博）

第7届"嘉周杯"

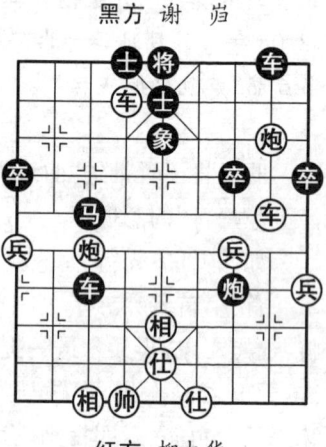

黑方 谢 岿

红方 柳大华

罗瑞卿说："我们坚信，忍受暂时的痛苦，将会换来永久的幸福；暂时地丧失一些土地，蒙受一些损失，将会换来整个的胜利。"

如图，黑方先行。

首先，首着炮7进3，弃炮冲底叫将，算准可得回一子。其次，第3着车3进3，挥车食相叫将，是炮7进3的连贯动作。第三，第5着车3退4，退车食炮，再掩护黑马过楚河擒将。第四，至此，黑进马捉车，伏车马冷着做杀，胜哉。

| 1. …… | 炮7进3 | 2. 相五退三 | 车3进3 |
| 3. 帅八进一 | 车3退4 | 4. 车六退六 | 马3进5 |

黑胜

第247局

车双马炮四兵仕对
车双马炮双卒士象全

河北阎文清——江苏徐 超

(2008年7月14日弈于广东惠州)

第6届象甲联赛

伊万诺夫说:"定下决心的过程就是进行选择。"

如图,黑方先行。

首先,首着炮3进8,伸炮过楚河,保马,再循序渐进。其次,第3着车8进4,挥车叫将,退马叫将,再退车做杀,咄咄逼人。第三,尾着炮3平6,右炮左调,白食一马,黑胜势。

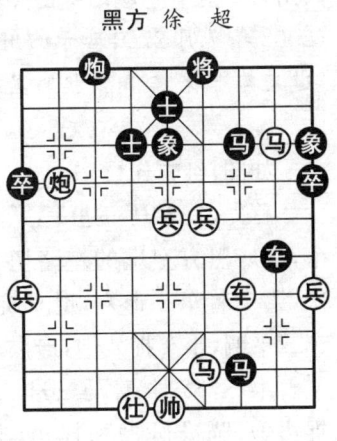

黑方 徐 超

红方 阎文清

1. ……	炮3进8	2. 车三进四①	车8进4
3. 帅五进一	马7退6	4. 帅五平六	车8退4
5. 炮八退四②	炮3平6	黑胜	

注:① 可改走帅五进一,较顽强。

② 如改走仕六进五,炮3平5,帅六退一,车8平4,帅六平五,车4平2,炮八平六,车2进4,炮六退六,炮5平1,车3退5,炮1进1,红难抗衡。

第十一章 兑子射门

第248局

车双马炮三兵仕相全对车马双炮三卒士象全

四川才 溢——厦门陈富杰

(2008年7月27日弈于四川眉山)
"道泉茶叶杯"全国象棋明星赛

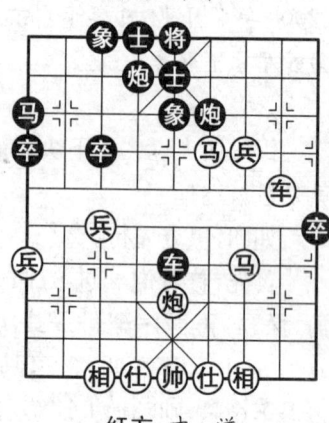

黑方 陈富杰

红方 才 溢

如图,红方先行。

首先,首着马三进一,跃马吃边卒,红从黑方空虚的左路切入。其次,第7着车二退六,退车捉车,再车二平四,平车捉死炮,逼黑车换双子。第三,第19着马三进二,跳马捉边炮,瞄准卧槽和挂角,非常有戏。第四,尾着帅五平六,亮帅助攻,黑如士6进5,则马二进三,将5平6,马三退五,伏车六进一做杀和马五进七,得子手段,红胜势。

1. 马三进一	炮4进2	2. 车二进四	士5退6
3. 马四退三	炮6进3	4. 车二退六	车5退2
5. 车二平四	车5进3	6. 相七进五	炮6平9
7. 车四平六	炮4平5	8. 仕六进五	炮9退4
9. 兵三平四	炮5进2	10. 马三进二	炮9平3
11. 车六进五	炮5平6	12. 帅五平六	**红胜**

第249局

马双炮三兵单缺仕对
马双炮三卒单缺象

云南黎德志——北京蒋 川

(2008年11月4日弈于广东顺德)

全国象棋个人赛

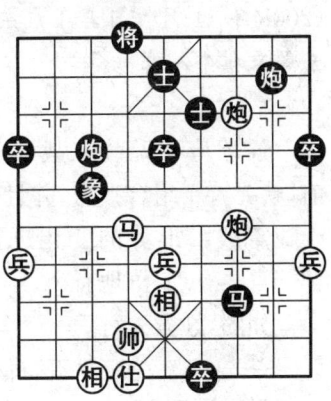

黑方 蒋 川

红方 黎德志

如图,黑方先行。

首先,首着马7退5,左马中调吃中兵,瞄准红马。其次,第3着马5进3,中马右调硬兑马,走出混沌。第三,第9着卒6平7,平底卒喂相,有见地,再炮8平7关炮。第四,尾着炮3平1,边炮捉边卒,至此,黑多卒又关住红右炮,胜矣。

1. ……	马7退5	2. 帅六平五	马5进3
3. 马六退七	炮3进4!	4. 前炮进一	象3退5
5. 前炮平四	卒6平7	6. 相五退三	炮8平7!
7. 炮三退三	将4平5	8. 炮三平一	炮3退4
9. 兵九进一	将5平6	10. 帅五退三	象5进7
11. 相三进五	卒9进1	12. 炮一平五	炮3退1
13. 炮五进五	炮3平1	**红胜**	

第250局

双车马双炮三兵单缺仕对
双车马双炮三卒士象全

四川才　溢——江西刘　昱

(2008年11月9日弈于广东顺德)
全国象棋个人赛

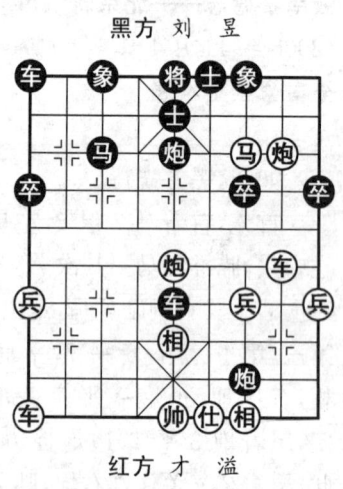

黑方 刘　昱

红方 才　溢

蒙哥马利说："在战斗打响之前，就要善于组合兵力，并且也要善于随着战术形势的变化进行再组合。"言之有理，掷地有声。

如图，红方先行。

首先，首着炮二平五，挥炮轰中炮，黑中路攻势削弱，再车二平四，做杀。其次，第5着马三退五食马，胜利在望。第三，尾着仕四进五，至此，黑全局被动，红取胜只是时间问题。

1. 炮二平五　　象3进5　　2. 车二平四　　马3进5
3. 马三退五　　炮7平4　　4. 车九平六　　炮4退8
5. 仕四进五　　红胜

胜得此局，小将才溢以C组第七名晋级决赛。

第251局

车马双炮三兵仕相全对
车双马炮双卒士象全

四川才　溢——广东黎德志

(2009年6月弈于湖南耒阳)

蔡伦竹海杯全国象棋精英赛

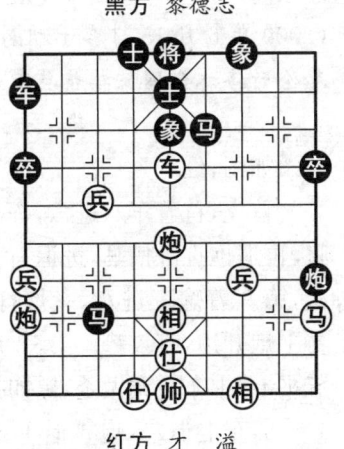

黑方　黎德志

红方　才　溢

武元甲说:"强大的后方一直是取得胜利的决定因素。"言之有理。

如图,红方先行。

首先,首着车五平一,中车右调吃边卒,捉炮通马道。再车一平四捉马,黑应马6退8,如改走将5平6,则马一进二,再马二进三,黑难应。其次,第7着马一进二,弃炮奔边马,有胆有识。第三,第9着马二进三,马口捉马,志在必得。第四,尾着马三进一,铁马赴边陲,做杀,黑如接走马8进6,车四进一,黑没戏。

1. 车五平一　　炮9平1　　2. 车一平四　　马6退8
3. 帅五平四　　马3退2　　4. 马一进二　　马2进1
5. 马二进三　　马1退3　　6. 马三进一　　**红胜**

第252局

车双马炮兵仕相全对
车双马炮单缺象

北京蒋　川——四川才　溢

(2009年6月15日弈于湖南耒阳)

蔡伦竹海杯全国象棋精英邀请赛

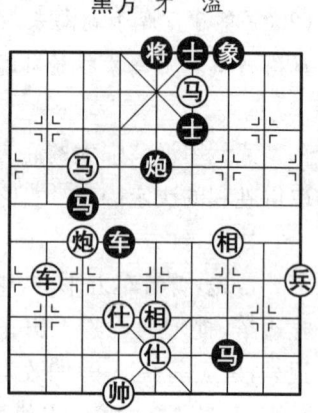

黑方　才　溢

红方　蒋　川

如图，红方先行。

首先，首着车八进六，挥车两次将，再退炮捉卧槽马，进退有方。其次，第9着炮三进八，飞炮打底象，再平炮开边，有攻势。第三，尾着车五平七，中车左调做杀，黑如接走将4平5，车七退二，炮4退1，车七退四，炮4进1，车七平五，炮4平5，车五平八，得马胜。

1. 车八进六	将5进1	2. 车八退一	将5退1
3. 炮七退三	车4退2	4. 炮七平三	炮5平3
5. 炮二进八	士6进5	6. 炮三平一	车4平9
7. 车八进一	士5退4	8. 车八平六	将5进1
9. 马四退二	炮3平4	10. 帅六平五	马3进2
11. 马二进三	将5进1	12. 车六平五	将5平4
13. 车五平七	**红胜**		

此局获胜，蒋川取得五连胜，向夺冠目标冲刺。

第253局

车双马炮双兵单缺仕对
车双马炮双卒单缺象

湖北汪 洋——上海孙勇征

(2009年6月21日弈于广东惠州)

第7届象甲联赛

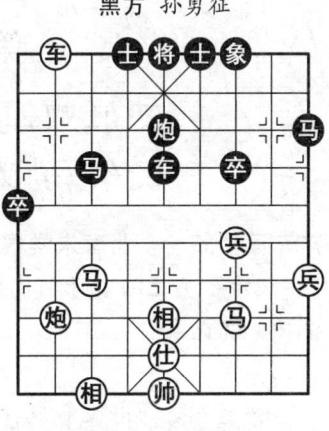

红方 汪 洋

首先,首着红马七进六,骏马越楚河,再马三进五,跳连环马。其次,第11着炮八进七,飞炮冲底叫将,打乱黑方防守,非常有戏。第三,第19着马七进八,跃马捉马,再跃马挂角。第四,尾着马六退四,马口叫将,精彩。黑如接走将5平6,车七退三,马4进3,炮五平四杀;又如将5平4,炮五平六,马4退6(车3平4,车七平六杀)车七退三得车;再如将4退1,车七退三,马4进3,马四退五,得马胜。

1. 马七进六	车5平4	2. 马三进五	炮5进3
3. 车八退三	马9退7	4. 马五进七	车4进1
5. 车八平七	马7进5	6. 炮八进七	将5进1
7. 车七平五	炮5平4	8. 炮八平四	卒1进1
9. 炮四退六	卒1平2	10. 马七进八	车4平3
11. 炮四平五	车4进3	12. 马八进六	车3进5
13. 仕五退六	车3退3	14. 车五平七	马5进4
15. 马六退四!	红胜		

第十二章 运子射门

(50 局)

第 254 局

双车双马炮三兵双仕对
双车马双炮三卒单缺士

广东蔡福如——北京朱学增

(1966 年 5 月 2 日弈于河南郑州)

全国棋类比赛

拿破仑说:"世界上只有两种强大的力量,即刀枪和思想;从长远看,刀枪总是被思想战胜的。"此言一语中的,掷地有声。

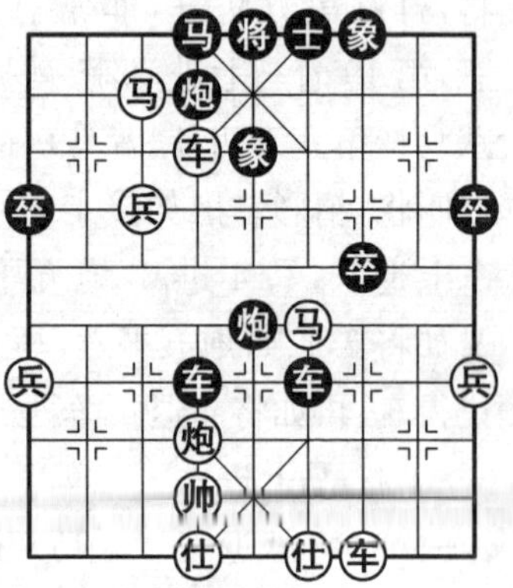

如图,黑方先行。

首先,首着车6进2,进车叫将,逼红撑仕解杀,缩小红帅的活动空间。其次,第3着黑车借炮力,车口吃炮做杀,观者皆惊,纹枰变色,堪称大师射门秀。

黑方 朱学增

红方 蔡福如

1. ……　　车 6 进 2　　2. 仕六进五　　车 4 进 1

黑胜

第 255 局

双车双马双炮三兵仕相全对
双车双马双炮双卒单缺士

辽宁郭长顺——浙江陈孝堃

(1989年2月28日弈于北京)

少林口乐杯棋圣赛

黑方 陈孝堃

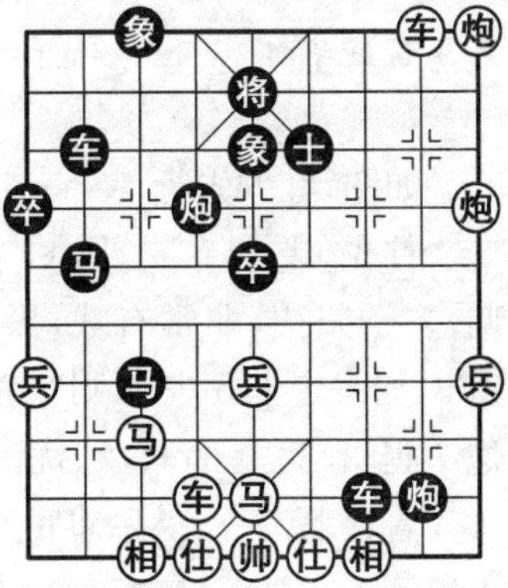

红方 郭长顺

克劳塞维茨说："出敌不意的效果是,使敌人在某一地点面临远远出乎他意料的优势兵力。这种数量上的优势与总的数量优势十分不同,它是军事艺术中最重要的有效手段。"

如图,红方先行。

红方马五进三！中马右调,弃车拦车,漂亮。黑如接走车7平4或炮8平4,则车二退一,将5退1,后炮平三,绝杀；黑又如接走车7退1,车六平二啃炮,四子集结,敲定胜局。

1. 马五进三！　　红胜

第256局

车马炮双兵仕相全对
车马双炮四卒士象全

火车头金　波——吉林洪　智

(2000年4月13日弈于北京)

第3届巨丰杯

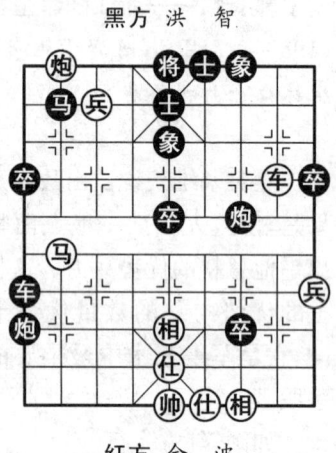

黑方 洪 智

红方 金 波

如图,红方先行。

首先,首着车二平六,右车左调,多子归边,非常有戏,黑应炮7退3,如改走士5进4,则车六进一,炮7退3,兵七平八,红优。其次,第3着兵七进一,拱兵冲底炮叫将,逼黑落士。第三,尾着车六进二,进车塞象眼,做杀,伏兵七平六,绝杀。

1. 车二平六　　炮7退3　2. 兵七进一　　士5退4
3. 车六进二　　**红胜**

第257局

车马炮三兵单缺相对
车马炮双卒士象全

四川李艾东——广东黄海林

(2000年11月10日弈于安徽蚌埠)

全国象棋个人赛

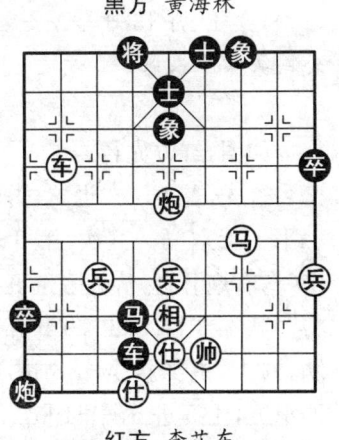

黑方 黄海林

红方 李艾东

刘伯承说:"用兵打仗是一种诡诈的行为。将帅要善于以各种手段隐慝自己的企图。"言之有理。

如图,黑方先行。

首先,首着马4进2,扬鞭跃马捉底仕,逼帅上三楼,非常有戏。其次,第3着炮1平2,平炮打车,妙手,红如接走车八平九黑马2进4,帅六进一、炮2退2,相五进七(如仕五进六,车4平6杀)车4退1,相七退五,车4平5,连杀。

1. ……　　马4进2　　2. 马三进四①　　炮1平2

黑胜

注:① 应改走炮五平六,较积极。

第258局

车马炮三兵仕相全对
车双马双卒单缺象

河北张　江——深圳汤卓光

（2000年11月13日弈于安徽蚌埠）

全国象棋个人赛

黑方 汤卓光

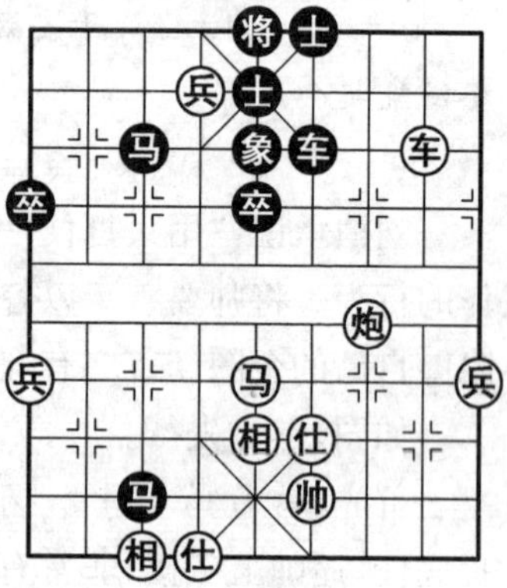

红方 张　江

如图,红方先行。

首先,首着车二退二,退车伏车二平七捉双马。其次,第3着炮三平一,右炮开边,伏炮一进五冲底叫将。第三,尾着车二平四,弃马攻软肋,好棋,黑如接走车8进1,则仕四退五,士5进6,车四进二,绝杀。

1. 车二退二　　前马退4　　2. 炮三平一　　车6平9
3. 马五进三　　士5退4　　4. 马三进二　　车9平8
5. 炮一进五　　士6进5　　6. 车二平四　　**红胜**

第259局

双车双马炮双兵仕相全对
双车双马炮三卒单缺象

哈尔滨张晓平——火车头崔 岩

(2000年11月14日弈于安徽蚌埠)

全国象棋个人赛

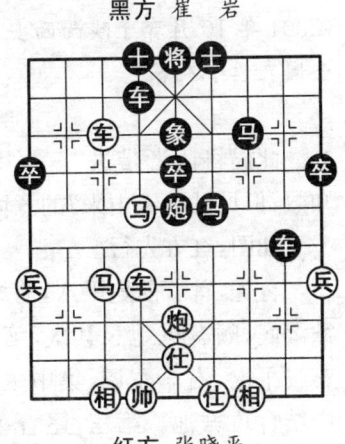

黑方 崔 岩

红方 张晓平

克劳塞维茨说："迅速而猛烈地转入进攻,是防御的最光彩的部分。"

如图,红方先行。

首先,首着炮五平八,中路没戏转左路,另辟战场,黑如误走车4平2,则马六进五,红速胜。其次,第11着车五平三,中车右调伏抽车,凶着。第三,尾着炮八退三,回炮再平肋助攻,黑难堪。

1. 炮五平八	马7进8	2. 炮八进七	将5进1①
3. 车七退一	将5平6	4. 车七平五	炮5进2
5. 炮八退四	象5进3	6. 车五平三!	炮5退5
7. 炮八退三	红胜		

注:① 如改走士4进5,车七进二,车4退1,马六进五,马6退5,车七平六,红速胜。

第260局

双车马双炮五兵仕相全对
双车马双炮三卒士象全

火车头才　溢——广东朱琮思

（2001年10月弈于陕西西安）

全国象棋个人赛

此局将读者带进"三军甲马不知数，但见动地银山来"的意境。

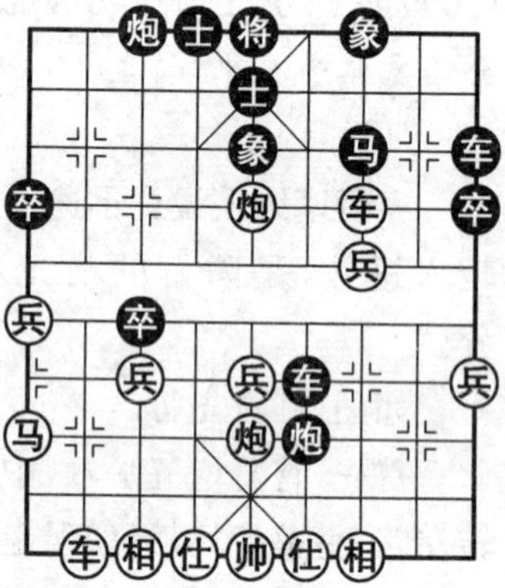

如图，红方先行。

首先，首着前炮平八，前炮左调欲沉底，颇有见地。其次，第11着车三平七，右车左调，集中主力，边中结合攻城池。第三，尾着车八平六，至此，黑中车受制，红有车六进八，再车七进三的凶着，胜算在握。

黑方　朱琮思

红方　才　溢

1. 前炮平八！	车6平5	2. 仕六进五	炮6平1
3. 相七进九	马7退6	4. 兵七进	车9平7
5. 炮八进二	象5进7	6. 车三平七	象7退5
7. 车八平六	红胜		

第261局

双车马双炮兵仕相对
双车双炮三卒单缺象

天津徐健秒——江苏王　斌

(2003年8月4日弈于浙江磐安)
磐安伟业杯全国象棋大师冠军赛

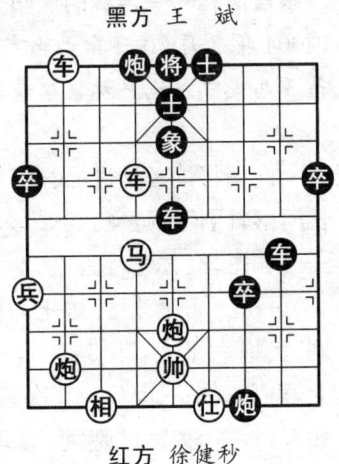

黑方　王　斌

红方　徐健秒

此局将读者带进"雾失楼台,月迷津渡,桃源望断无寻处"的意境。

如图,红方先行。

首先,首着车六进二,挥车塞象眼,妙手,如改走马六进四,车8平3,马四进五,车3进3,车六退五,车5进3,帅五进一,车3平4,红没戏。其次,第3着车八平七,平车挤炮,伏车七退二,再炮八进八。第三,尾着车七退二,退车做杀,伏炮八进八的凶着,红胜势。

1. 车六进二　　车8平5　　2. 车八平七　　后车平8①
3. 车七退二　　**红胜**

注:① 如改走前车平4,则炮八进八,车4退4,车七退四,红胜。

第262局

车马炮双兵仕相全对车双马卒士象全

广东黄海林——吉林胡庆阳

(2004年2月20日弈于北京)

第3届威凯房地产杯象棋精英赛

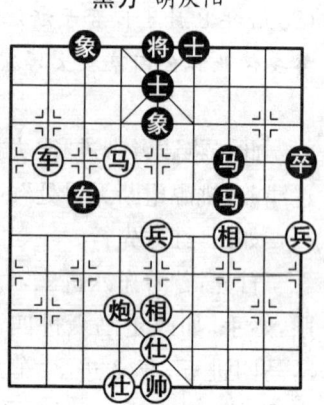

黑方 胡庆阳

红方 黄海林

此局将读者带进"大漠孤烟直,长河落日圆"的意境。

如图,红方先行。

首先,首着相五进七,中相左调,伏炮六平七,车3平4,马六进七,再车八平三谋马。其次,第7着兵五进一,拱兵过楚河,含蓄。第三,第11着炮七平六,平炮打车,再平炮中路,打开局面。第四,至此集中火力,四子联攻,红胜。

1. 相五进七	车3退2	2. 炮六平七	车3平4
3. 车八平七	后马退8	4. 兵五进一	士5进6
5. 兵五平四	马7进9	6. 炮七平六	车4平2
7. 炮六平五	将5平4	8. 马六进七	**红胜**

第263局

车双马炮三兵单缺仕对
车双马炮卒士象全

沈阳金 波——广东黄海林
(2004年2月21日弈于北京)
第3届威凯房地产杯象棋精英赛

此局将读者带进"度沙风破肉,攻垒雪平壕"的意境。

如图,黑方先行。

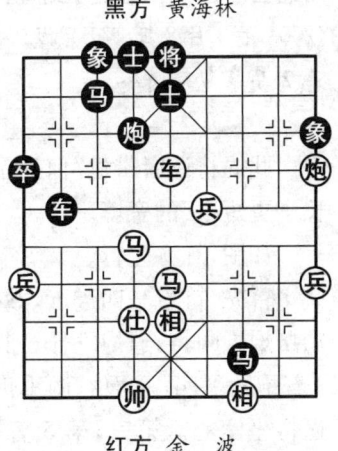

首先,首着车2进2,挥车捉中马,伏车2平4的凶着。其次,第3着马7退6,退马挤马,颇含蓄。第三,尾着车2退2,退车捉仕做杀,红如接走马五进七,则车2进1,帅六退一,马6退4得子;红又如接走帅六退一,则车2平4,帅六平五,车4进2杀。

1. ……　　　车2进2　　2. 炮一平三　　马7退6
3. 炮三进二　车2进3　　4. 帅六进一　　车2退2

黑胜

第264局

车双马双炮四兵单缺相对
车双马双炮五卒士象全

河北苗利明——黑龙江于幼华

(2004年9月8日弈于黑龙江哈尔滨)

第2届象甲联赛

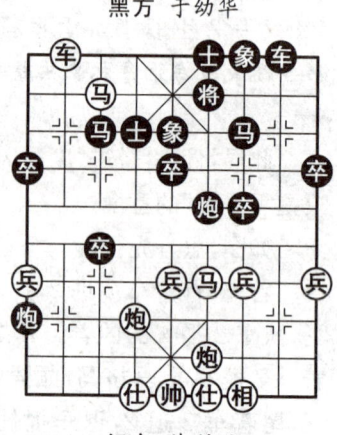

黑方 于幼华

红方 苗利明

此局将读者带进"何处是归程，长亭更短亭"的意境。

如图，红方先行。

首先，首着马四进五，妙手。跳马挤炮炮叫将，逼炮吃仕。其次，第3着炮六平四，左炮右调重炮叫将，逼将坐窝心。第三，第5着车八平五，左车中调坐将座，逼将到空虚的右翼，再收拾残局。第四，尾着前炮平六，前炮左调叫将，黑如接走马3进4，则马七退九，绝杀。又如接走卒3平4，炮四平六，车8进5，兵三进一，红胜。

1. 马四进五	炮6进5	2. 炮六平四	将6平5
3. 车八平五	将5平4	4. 前炮平六	**红胜**

第265局
车马炮仕相全对双车双士

湖北李智屏——广东黄海林

(2004年10月20日弈于广东惠东)

第2届象甲联赛

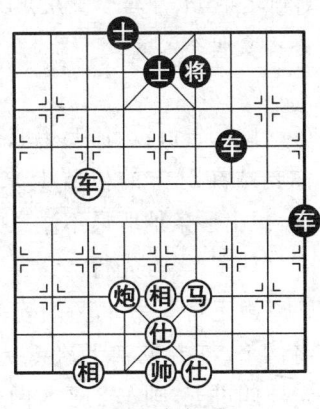

黑方 黄海林

红方 李智屏

伏龙芝说:"指挥员的本领就是善于从他所掌握的五花八门的手段中,采用当时当地收效最大的手段。"此局体现了这种理念。

如图,红方先行。

首先,首着马四进三,马跃相口拦车,有戏。其次,第5着炮六进一,进炮是进马的后续动作,欲左炮右调,有见地。第三,第9着马三进五,进马过河助战,欲捉士。第四,尾着仕五退六,伏炮四平五打死车,胜哉。

1. 马四进三	车9退2	2. 车七平四	士5进6
3. 炮六进一	车7平4	4. 炮六平四	将6平5
5. 马三进五	车9进3	6. 马五进四	车4平5
7. 炮四退二	车9平4	8. 仕五退六	**红胜**

第266局

车双马三兵单缺相对
双车卒士象全

上海谢靖——四川汤卓光

（2004年11月弈于重庆）

全国象棋个人赛

黑方 汤卓光

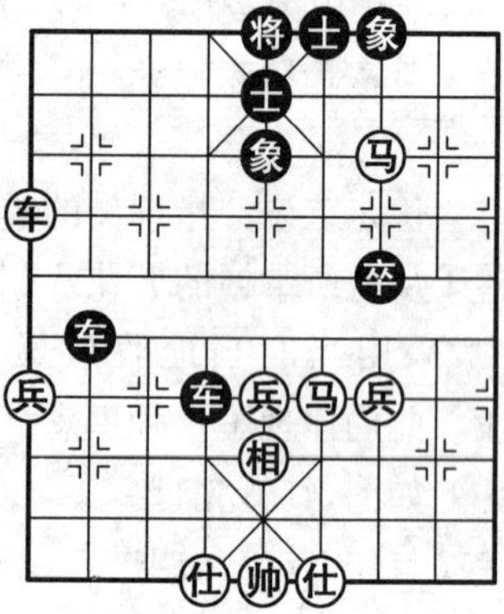

此局告诉读者，要想取得胜利，你要站在对方的位置上来加以考虑，想出一条他所最不注意的路线。

如图，黑方先行。

黑走将5平4，一着定乾坤，亮将伏杀，红方见状无法抵抗。如接走仕四进五，则车2平8做杀，帅五平四，车8进4，帅四进一，车4平5，车九平四，车5进1，再长短车杀。

1. ……　　　将5平4！　　**黑胜**

红方 谢靖

第267局

双车双马炮双兵仕相全对
双车马双炮三卒单缺士

四川谢卓淼——湖南谢业枧

(2004年11月弈于重庆)

全国象棋个人赛

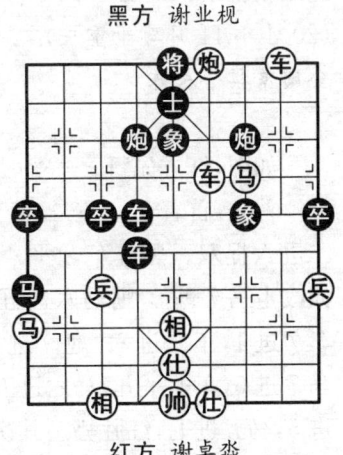

黑方 谢业枧

红方 谢卓淼

此局将读者带进"怒涛卷霜雪,天堑无涯"的意境。

如图,黑方先行。

首先,首着象5退7,中象左调让炮路,非常有戏。其次,第3着马1进3,进马做杀,凶着。第三、第5着将5平4,亮将伏前车进4,仕五退六,炮4平5,再车4进5连杀。第四、第7着炮4平6,右炮左调,亮将,伏前车进4,仕五退六,车4进5,绝杀。

1. …… 　　象5退7！　2. 车二平三① 　马1进3！
3. 马九退七② 　将5平4！　4. 车四平五 　炮4平6！
5. 炮四退一 　士5退6 　**黑胜**

注：① 如改走马九退八,较积极。

② 如改走炮四退一,士5退6,炮四平六,前车进四,仕五退六,炮4平5,黑胜势。

第268局

双车双马三兵仕相全对
双车马炮四卒双士

北京杨德琪——江苏廖二平

(2004年11月弈于重庆)

全国象棋个人赛

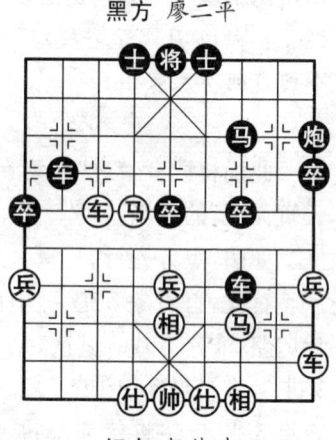

黑方 廖二平

红方 杨德琪

如图,红方先行。

首先,首着车一平二,亮车伏车二进六捉双。黑应车2平4顶马,如改走马7进5,则马六进五;又如车7进1,车二进六,炮9进4,(如马7进5,车七平九)马六进五,马7进5,马五进七,红胜势。其次,第5着马三退五,右马中调,再中马左调,战术灵活。第三,第9着车七平八,平车再掩护肋马奔卧槽。第四,尾着车二退三,虎口捉车,黑如接走车4退2,则车二平七,红胜定。

1. 车一平二	车2平4	2. 车二进六	马7进8
3. 马三退五!	车7平8	4. 马五进七	车8退1
5. 车七平八!	炮9进4	6. 马六进八	士6进5
7. 车二进二	士5退6	8. 车八平五	士4进5
9. 车二退三	红胜		

第269局

车马双炮双兵双仕对
车马炮双卒单缺士

四川朱琮思——湖南黄仕清

(2004年11月弈于重庆)

全国象棋个人赛

克劳塞维茨说:"只有能够左右对方的人才能够做到出其不意,而只有行动正确的人才能左右对方。"言之有理,掷地有声。

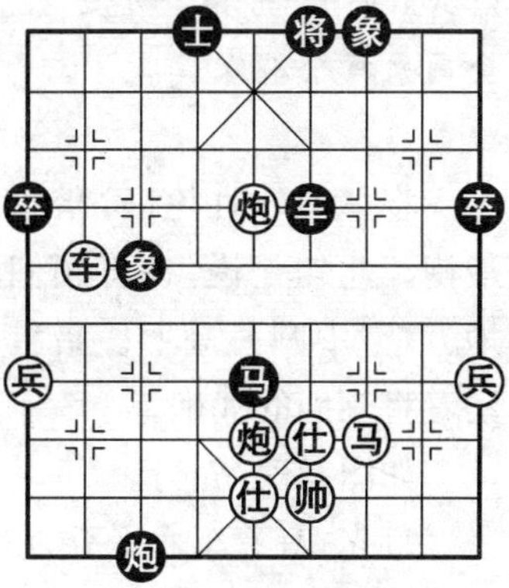

如图,黑方先行。

首先,首着马五进三,中马右调颇含蓄,其次,车6平8,左右包抄擒红帅,伏马3进4,仕5退6,车8进5杀。第三,尾着车8平7,避开马口伏杀,红防不胜防,必遭滑铁卢。

1. ……　　　马5进3　　2. 后炮平六　　车6平8!
3. 马三退四　　车8平7　　**黑胜**

第270局

车炮兵仕相全对车炮双卒

河北阎文清——黑龙江谢　岿

（2004年11月弈于重庆）

全国象棋个人赛

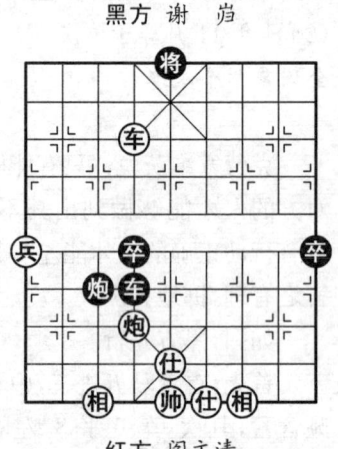

黑方　谢　岿

红方　阎文清

　　将军营外月轮高,猎猎西风吹战袍。此句是说,在将领们驻扎的地方,空中圆月高照。猎猎西风吹动着将领们的战袍。

　　如图,红方先行。

　　首先,首着车六平五,左车中调叫将,再亮中路,有戏,黑应将5平4,如改走将5平6,则炮六平四,红胜势。其次,第3着炮六退二,回炮底线,意味深长,黑如接走炮3退5防守,红兵九进一长驱直入,至此,黑全局被动,放弃抵抗。黑如不走炮3退5,红有仕五进六,打车,再车五平六杀。

　　1. 车六平五　　将5平4　　2. 炮六退二　　**红胜**

第 271 局

马炮三兵仕相全对
马炮三卒士象全

湖北汪　洋——河北张　江

（2005 年 3 月 29 日弈于北京）

“威凯房地产杯”全国象棋排名赛

黑方 张　江

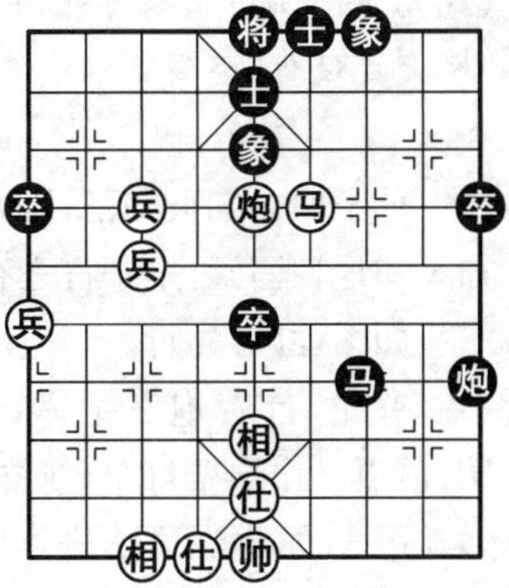

红方 汪　洋

蒙哥马利说：“在战斗打响之前，就要善于组合兵力，并且也要善于随着战术形势的变化，进行再组合，这些都是将才炉火纯青的标志。”

如图，红方先行。

首先，首着炮五退一，缩炮让马道做杀，伏马四进六，将 5 平 4，炮五平六杀。其次，第 3 着马四进六，右马左调，挂角叫将，再炮五平六叫将，逼黑垫马。第三，尾着马六进八，跳马双将，黑如接走马 4 退 3（如将 4 平 5，前兵平六食马）前兵进一，得子胜。

1. 炮五退一	马 7 退 6	2. 马四进六	将 5 平 4
3. 炮五平六	马 6 退 4	4. 马六进八	**红胜**

第272局

双车马双炮四兵仕相全对车双马双炮双卒士象全

河北阎文清——广东朱琮思

(2005年5月4日弈于上海)

"城大建设杯"全国象棋大师冠军赛

黑方 朱琮思

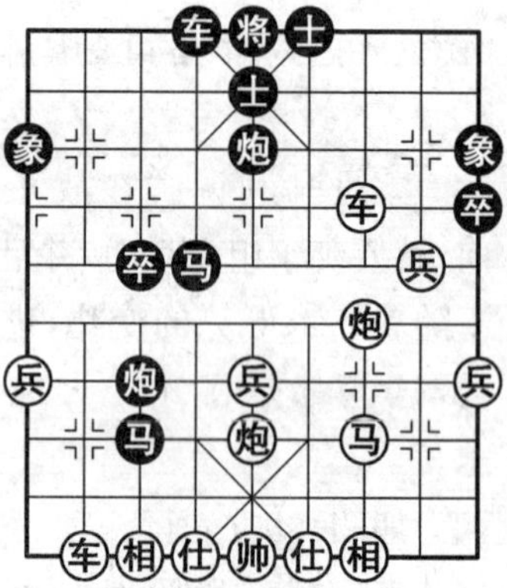

红方 阎文清

孙子曰:"知彼知己,胜乃不殆,知天知地,胜乃可全。"言之有理。

如图,红方先行。

首先,首着炮三平六,右炮左调,借黑马作炮架打车,新鲜。黑应炮5平4,如改走马4进6,炮五进五,士5进6,炮六平五,马6退5,仕六进五,红胜定。其次,第3着炮六进三,伸炮兑炮,黑应马3进2,如改走车4进2,车八进九,象1退3,仕六进五,红胜定。第三,尾着炮六平二,左炮右调欲沉底,再伸车斩底象。此局,红右炮连发三炮定乾坤,黑招架不住,停钟认负。

1. 炮三平六　　炮5平4　2. 炮六进三　　马3进2
3. 炮六平二　　**红胜**

第 273 局

马双炮双兵双相对
双马炮双卒双士

广东黄海林——火车头崔 岩

(2005年5月5日弈于上海)

"城大建设杯"全国象棋大师冠军赛

克劳塞维茨说:"即使不能取得绝对优势,也要巧妙地使用军队,以便在决定性的点上造成相对的优势。"此局体现了这种战理。

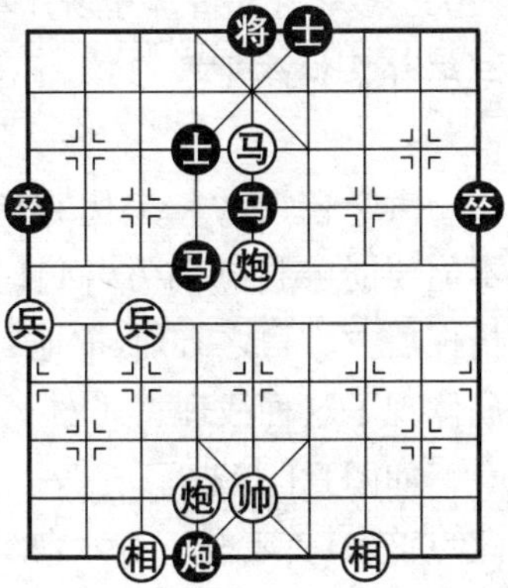

如图,红方先行。

首先,首着帅五退一,退帅捉炮,逼炮吃相,让出位置给左炮,有利于中路进攻,思路决定出路。其次,第3着炮六平五,左炮中调,重炮轰中马,凶着。黑如接走马4进5,则相七进五;又如接走马4退5,则后炮进五,将5平4,后炮进二,红得子胜定。

1. 帅五退一！　　炮4平7　　2. 炮六平五　　**红胜**

黑方 崔 岩

红方 黄海林

第274局

双车马炮四兵单缺相对
双车马炮双卒士象全

北京张申宏——上海林宏敏

(2005年9月5日弈于浙江杭州)

三环杯象棋公开赛

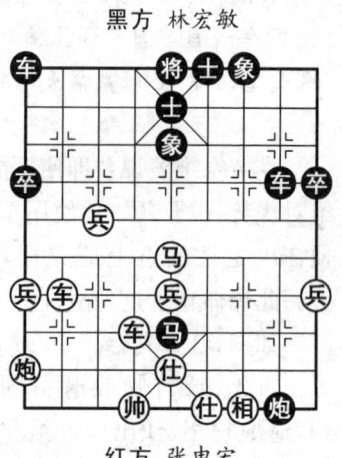

黑方 林宏敏

红方 张申宏

洪学智说:"一个优秀指挥员,不但要能够指挥前方,而且要学会指挥后方。"言之有理,掷地有声,此局体现了这种战理。

如图,红方先行。

首先,首着马五进六,驱马过楚河,伏马六进七杀,逼黑防范。其次,第3着车八进六,虎口献车,妙,黑难堪,如黑接走车3平2,马六进七杀;又如士5进4,马六进四,将5进1(如将5平4,车六进五杀)车八退一,车3进1,车八平七杀。

1. 马五进六　　车1平3　　2. 车八进六　　**红胜**

第275局

马炮双兵仕相全对马炮双卒士象全

沈阳苗永鹏——通信潘振波

(2005年11月2日弈于山西太原)

全国象棋个人赛

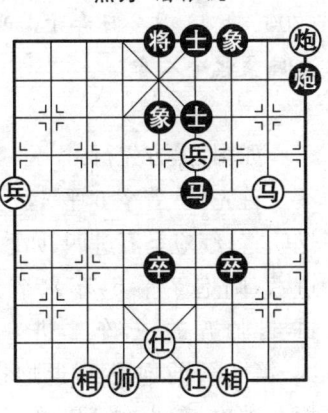

黑方 潘振波

红方 苗永鹏

如图,黑方先行。

首先,首着炮9平4,左炮右调,再马6进4有攻势,如误走士6退5,自堵炮路。其次,第5着马4进2,跃马捉边兵,欲奔卧槽做杀。第三,尾着将5平4,至此,红无法阻拦黑卒4进1,再卒4平5的杀着。

1. ……	炮9平4！	2. 兵四进一	马6进4
3. 帅六平五	马4进2	4. 仕五退六	马2进3
5. 帅五进一	卒7进1	6. 兵四进一①	炮4进4
7. 炮一退三	炮4平2	8. 炮一平六	卒5平4
9. 帅五平四	卒7进1	10. 帅四进一	炮2进2
11. 炮六平五	将5平4	**黑胜**	

注：① 如改走马二退四防守,有变化。

第276局

双车双马炮三兵仕相全对
车马双炮四卒士象全

上海胡荣华——煤矿汤卓光

(2005年11月2日弈于山西太原)

全国象棋个人赛

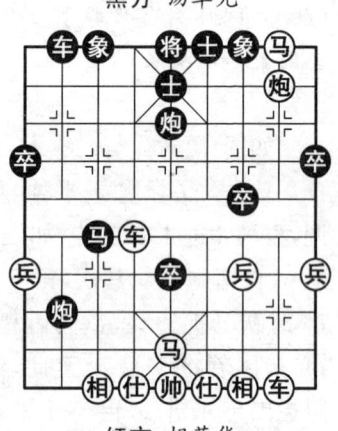

黑方 汤卓光

红方 胡荣华

如图,黑方先行。

首先,首着卒5平4,平卒挡车炮叫将,红应马五进四,如改走马五进六,则炮2平5,车六平五,马3进4,帅五进一,车2进8杀。其次,第5着前炮退1,退炮挤马,再挥车进攻,有戏。第三,第7着车2进8,挥车下2路,再卒4进1做杀。第四,尾着卒4平5,红如接走仕四进五(如炮二平五,马3进4杀)卒5进1,帅五平四,卒5平6,帅四平五,车2平5,绝杀。

1. ……	卒5平4!	2. 马五进四	炮2平5
3. 车六平五	前炮退1	4. 车二进二	车2进8
5. 马四进三	卒4进1	6. 炮二退五	卒4平5

黑胜

第 277 局

车马双炮三兵仕相全对
车马双炮卒士象全

山西周小平——湖北李望祥

(2006 年 10 月 3 日弈于广东东莞)

第 2 届杨官璘杯

约翰·柯林斯说:"战略大师们善于巧妙地利用自然环境,趋利避害,既承认受其制约,又尽量使大自然为自己服务。"言之有理。

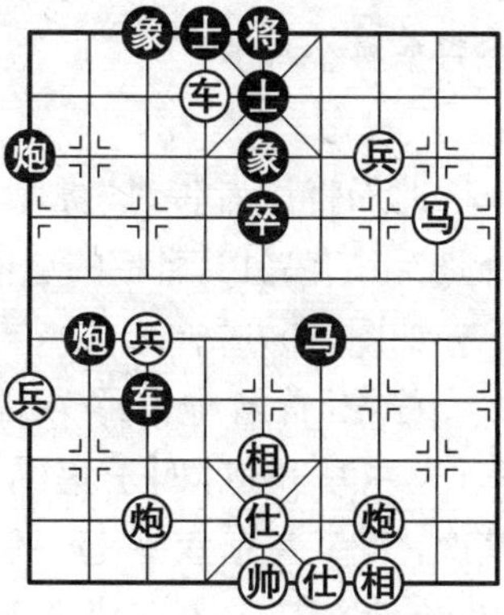

如图,红方先行。

首先,炮三平四,平炮弃相锁将门,飞弹。其次,第 3 着马二进三,马踏卧槽,逼黑将离开将座。第三,第 5 着兵三平四,平兵入宫炮叫将,逼黑解杀。第四,尾着兵四进一,拱兵叫将,黑如接走将 6 平 5,兵四进一,双杀。

黑方 李望祥

红方 周小平

1. 炮三平四　马 6 进 5　2. 马二进三　将 5 平 6
3. 兵三平四　马 5 退 6　4. 兵四进一　**红胜**

第278局

车马双炮三兵仕相全对
车双马炮四卒士象全

厦门汪　洋——上海浦东董旭彬

(2006年11月15日弈于广东深圳)

全国象棋个人赛

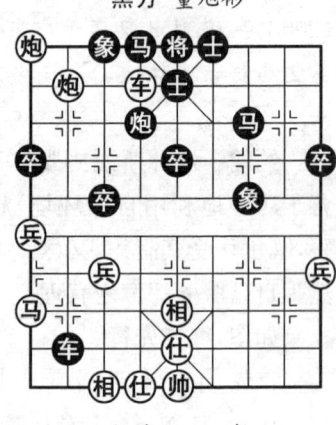

黑方　董旭彬

红方　汪　洋

此局将读者带进"虎踞龙蟠何处是？只有兴亡满目"的意境。

如图，红方先行。

首先，首着炮九平八，平炮捉车，为左马开道，四子集结，有戏。其次，第5着车六平七，平车捉底象，掩护左马进入前沿阵地，有气势。第三，尾着后炮平五，后炮中调摆当头，伏车六进一杀，黑如接走炮4平3，马七进五，马6退5，车六退四，再车六进五杀。

1. 炮九平八	车2平4	2. 马九进八	车4退5
3. 车六平七	象7退5	4. 马八进七	马7进6
5. 后炮退二	车4进3	6. 车七平六	车4退1
7. 后炮平五	红胜		

第279局

车马双炮双兵仕相全对
车马双炮卒士象全

黑龙江聂铁文——河北张　江

(2006年11月23日弈于广东深圳)

全国象棋个人赛

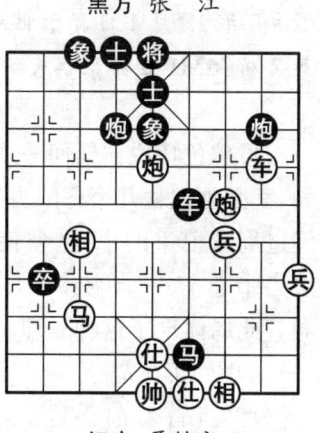

黑方　张　江

红方　聂铁文

此局是一则精彩的射门秀。

如图,黑方先行。

首先,首着卒2平3,平卒捉马,再循序渐进。其次,第6着车6平5,左车中调,再掩护黑卒入宫,有见地。第三,尾着象5退7,落象炮打车,妙手,再炮4平5,强势凸现,黑胜势。

1. ……	卒2平3	2. 马七退六	卒3平4
3. 炮三平二	炮8平6	4. 炮二退四	车6平5
5. 车二进三①	炮6退2	6. 炮五平一	象5退7

黑胜

注: ① 昏招,应改走车二平四,炮6平7,炮二平三,较顽强。

第280局

双车三兵单缺相对
车双炮卒士象全

厦门汪　洋——重庆洪　智

(2006年12月4日弈于北京)

第2届MM1世界象棋大师赛

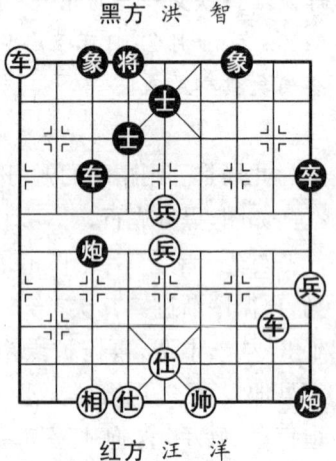

黑方　洪　智

红方　汪　洋

贝尔色特说："任何一个战争计划，都必须包含几个作战方案，须要经过周密慎重的思考，要使几个方案当中总有一个能够保证夺取胜利。"此局体现了这种战理。

如图，红方先行。

首先，首着前兵进一，车口拱兵，欺车不敢离开3路线，再前后平六，捉车窥士，寻找感觉。其次，红可接走车二进七，捉死象，胜矣。

1. 前兵进一　　车3进1　　2. 车二进七　　**红胜**

第281局

车马炮三兵双仕对
车炮三卒士象全

厦门汪　洋——开滦杨德琪

(2006年12月12日弈于浙江宁波)
"交通建设杯"象棋大师冠军赛

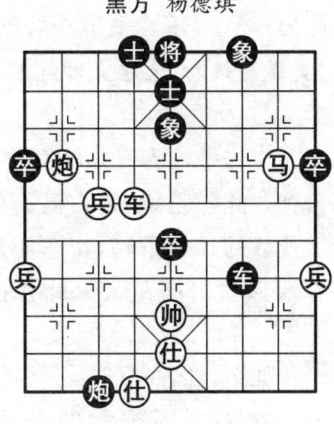

红方　汪　洋

大开阵角卧中军,凯歌如雷四壁起。此句是说,虚开阵地一角诱敌深入,而把中军埋伏在这里,胜利的歌声象雷声一样由四面发起。

如图,红方先行。

首先,首着帅五平六,中帅左调,亮帅助攻,寻找入局的感觉。其次,第3着炮八平五,左炮中调摆当头,马炮任车吃。黑如接走将5平6(如车7平5,马二进三,将5平6,车六平四,士5进6,车四进二杀)则车六平四,将6平5,车四平三,车7进1,马二进四,将5平6,炮五平四,红胜。

1. 帅五平六!　　车7退3　　2. 炮八平五!　　　红胜

第282局

车马炮三兵仕相全对
车马炮双卒士象全

大连金 波——重庆王跃飞

(2006年12月13日弈于浙江宁波)
"交通建设杯"象棋大师冠军赛

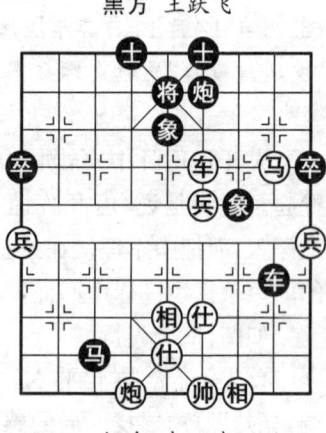

红方 金 波

自古平戎有良策,将军不用倚云梯。此句是说,自古已有好的安定戎族的计谋策略,将军不用倚仗着云梯去击破敌人。此言掷地有声。

如图,红方先行。

首先,首着炮六进四,伸炮河沿,欲再平四或平五,寻找攻击点;给黑出难题,黑应车8退1,如改走车8平5,则炮六平四,红胜势。其次,尾着马二退三,退马相口炮捉车,回马金枪。黑如逃车,则炮六平五,象5进3,马三进五,象3退5,马五进七,象5进3,车四平五,象3退5,牛五进一杀。

1. 炮六进四　　车8退1　　2. 马二退三　　**红胜**

第283局

双车炮双兵仕相全对
双车马双卒士象全

北京靳玉砚——厦门汪　洋

(2006年12月13日弈于浙江宁波)
"交通建设杯"象棋大师冠军赛

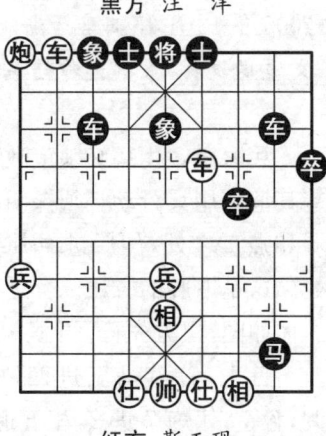

黑方　汪　洋

红方　靳玉砚

此局将读者带进"仰天坠雕鹄，回首贯长鲸"的意境。

如图，红方先行。

首先，首着车八退一，退车伏车八平四或车八平六的凶着。其次，第7着车四进七，进车象腰，双车胁士，做杀，厉害。第三，中相左调，攻不忘守，细棋。如误走车八平六，车6进6，仕五退四，马8进6，帅五进一，车八进八，黑胜。

1. 车八退一　　车3进1　　2. 车四退五　　车3平4
3. 仕四进五　　士6进5　　4. 车四进七　　士5进6
5. 车四平一　　车8退2　　6. 车八退一　　车4平7
7. 相五退七　　红胜

第 284 局

双车马炮双兵仕相全对
车双马双炮三卒士象全

厦门汪　洋——北京张　强

（2006 年 12 月 15 日弈于浙江宁波）

“交通建设杯”象棋大师冠军赛

黑方 张　强

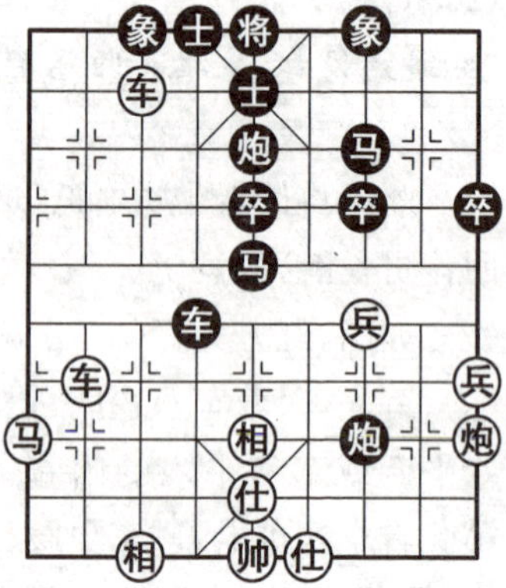

红方 汪　洋

兵家曰：“用兵必须审敌虚实而趋其危。”用兵行动必须探明敌军虚弱和强实之处，然后进军其要害之处。这是取胜的方法。言之有理。

如图，黑方先行。

首先，首着马五进四，中马右调，含蓄，伏炮 7 进 2，相五退三，马 4 进 6 杀。其次，第 3 着炮 7 退 1，退炮捉车，伏炮 8 平 5 摆当头，有戏。第三，尾着前炮退 2，退炮让马道，伏马 4 进 6 杀。

1. ……	马 5 进 4	2. 仕五进六[1]	炮 7 退 1
3. 车八退二	炮 7 平 5	4. 仕四进五	前炮退 2

黑胜

注：① 红如改走炮一退一，炮 7 平 1，相七进九，炮 5 进 5，黑优。

第285局

车双马炮双兵仕相对
车马炮卒单缺象

北京蒋　川——河北申　鹏

(2007年8月19日弈于天津)

"天津南开杯"环渤海省市象棋精英赛

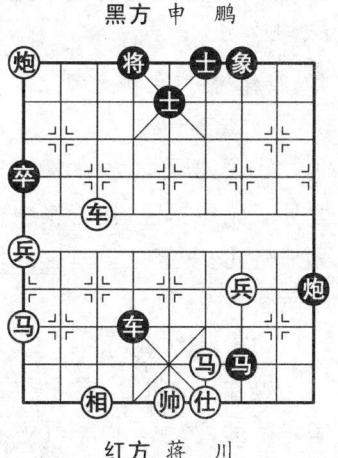

黑方 申 鹏

红方 蒋 川

此局将读者带进"将军营外月轮高,猎猎西风吹战袍"的意境。

如图,红方先行。

首先,首着马九进八,进马巡河做杀,伏车七进四,将4进1,马八进七,将4进1,车七退二,将4退1,车七进一,将4退1,车七进一杀。其次,帅五平四,平帅四路三楼,算准有惊无险。黑如接走车4平6,马八进九(如车七平六,将4平5,车六退一,红多子胜)炮9退5,车七进四,将4进1,炮九退一,红胜定。

1. 马九进八　　车4进2　　2. 帅五进一　　马7退5
3. 帅五进一　　马6退4　　4. 帅五平四　　**红胜**

第 286 局

双车马双炮兵仕相全对
双车马双炮双卒士象全

江苏徐　超——河北陈　翀

(2007 年 12 月 23 日弈于浙江宁波)

“勤州杯”全国象棋大师冠军赛

黑方 陈　翀

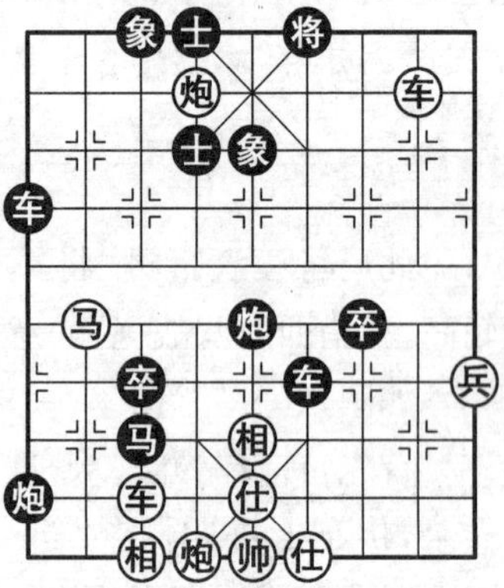

红方 徐　超

“运筹策帷帐之中，决胜于千里之外。”此句是说，在营帐中全面策划战略，能决定在千里以外作战的军队获得胜利。

如图，黑方先行。

黑方马 3 进 5，跃马踩中士，一着定乾坤，飞弹。以下红方有三种应法，均难逃败局。一、马八进九，车 6 进 3，炮六平四，炮 1 进 1，相七进九，马 5 进 3，黑胜。二、仕四进五，炮 1 平 5，马八进九(如车七平五，车 1 进 5)前炮平 4，相五退三，车 6 平 5，相三进五，车 5 进 1，黑胜。三、如车七平五，车 1 平 6，前炮平四，后车平 4，再车 4 进 5，黑胜定。

1. ……　　　　马 3 进 5!　　　**黑胜**

第287局

双车双马双炮三兵单缺相对
双车双马双炮双卒士象全

河北陈　翀——开滦景学义

（2008年6月11日弈于河北石家庄）

第6届象甲联赛

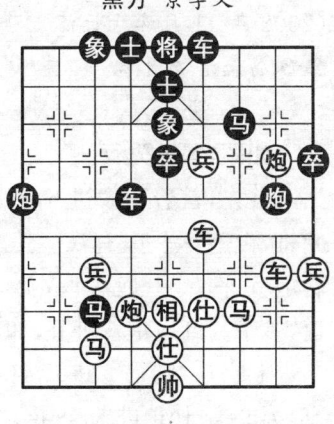

黑方　景学义

红方　陈　翀

此局将读者带进"四边伐鼓雷海涌，三军大呼阴山动"的意境。

如图，黑方先行。

首先，首着车4平7，右车左调捉马，逼红表态，再车7平2，左车右调，有戏。其次，第5着炮8平5，左炮中调摆当头，伏车2进5照将。第三，第7着马7进8，车口捉车，新颖，红如车二进二，则车2进5，抽车胜。第四，尾着车7平8，平车伏马8进7，跃马做杀的凶着。

1. ……	车4平7	2. 马三退一	车7平2
3. 马一进三	炮8平5	4. 帅五平四	马7进8
5. 车四平九	车6进3	6. 炮二进三	车2进5
7. 帅四进一	车6平7	8. 相五进三	炮5平6
9. 车二平四	卒5进1	10. 炮二平一	车7平8

黑胜

第288局

车双马双炮四兵单缺相对
车双马双炮四卒士象全

天津孟 辰——大连金 松

(2008年11月弈于天津)

第3届天津南开杯

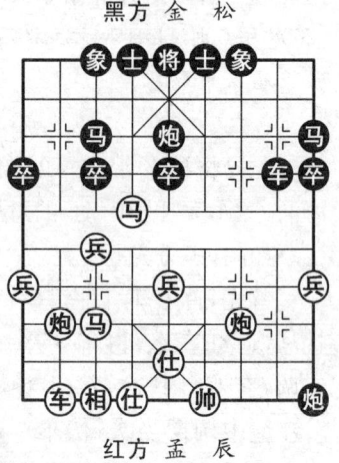

如图,黑方先行。

首先,首着车8进6,挥车冲底叫将,再炮5平6,有戏。其次,第3着炮5平6,中炮右调,弃马占肋道,妙手。红应炮八进五,如改走马六进七吃马,则马9进7,红胜。第三,第9着士6进5,正招,如误走象5退7,红炮八平四,黑胜有难度。第四,尾着将5平6,如红接走炮五平一,则炮6进6,炮一平四,炮6平7,师六平五,炮7进1杀。

1. ……	车8进6	2. 帅四进一	炮5平6
3. 炮八进五	车8退1	4. 帅四退一	象7进5
5. 炮三进七	士6进5	6. 马六进五	象3进5
7. 炮八平五	将5平6	黑胜	

第289局

双车马双炮三兵仕相全对
双车马双炮三卒士象全

北京蒋　川——湖北汪　洋

（2008年11月弈于广东东莞）

第3届杨官璘杯

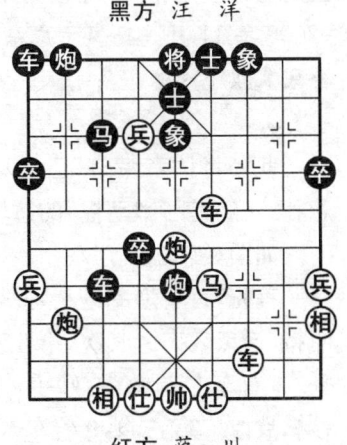

黑方　汪　洋

红方　蒋　川

巴顿说："不让对手进攻你的办法就是你去进攻他……。"此言妙也。

如图，红方先行。

首先,首着炮五进二,伸炮卒行线,非常有戏。其次,第3着马四进三,跃马做杀,伏马三进四,再炮五平六杀。第三,第5着炮八平六,平炮肋道,继续做杀,伏马三进四,将5平4,兵六进一杀。第四,尾着车四平六,右车左调,伏马三进四,将5平4,兵六进一,马2进4,车六进三杀;黑又如接走将5平4,则兵六进一,马2进4,车六进三,将4平5,马三进四杀。

1. 炮五进二　　炮5退1　　2. 马四进三　　炮2进1
3. 炮八平六　　马3退2　　4. 车四平六　　**红胜**

第十二章　运子射门

第290局

车马双炮兵单缺相对
车马双炮三卒单缺士

上海浦东董旭彬——黑龙江陶汉明

(2008年11月6日弈于广东顺德)

全国象棋个人赛

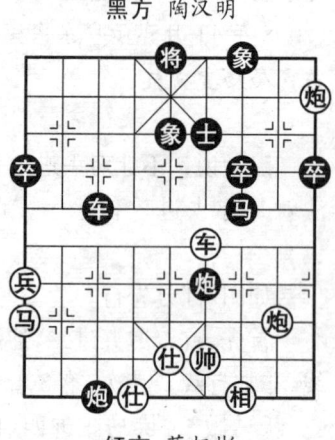

黑方 陶汉明

红方 董旭彬

此局将读者带进"五更鼓角声悲壮,三峡星河影动摇"的意境。

如图,红方先行。

首先,首着炮二进七,挥炮沉底叫将,逼黑表态。其次,第3着车四平八,右车左调做杀,妙手,左右包抄擒敌酋。第三,第9着车八进四,挥车叫将,逼将上3楼,再退炮叫将,有戏。第四,尾着炮一平三,黑如接走将5平6(将5平4,车八退一,车3退2,车八平七杀)车八平五,再炮二退一,绝杀。

1. 炮二进七　将5进1　　2. 车四平八!　象5退3
3. 炮二退一　将5退1　　4. 炮　进一　　将5进1
5. 车八进四　将5进1　　6. 炮一退二　士6退5
7. 炮一平三　红胜

第291局

车马双炮双兵仕相全对车双马炮双卒士象全

江苏徐　超——大连金　松

(2008年11月17日弈于广东东莞)

第3届杨官璘杯

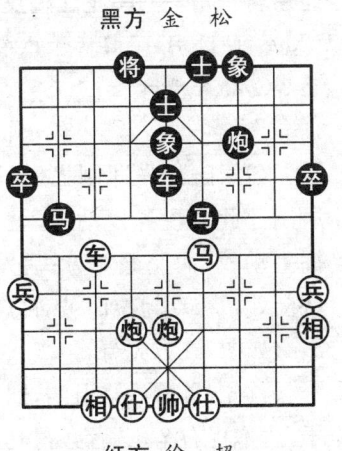

黑方　金　松

红方　徐　超

此局将读者带进"秦楼休怅望，不日凯歌还"的意境。

如图，红方先行。

首先，首着炮五退一，中炮退窝心，伏重炮捉车等手段，颇含蓄。其次，第5着马六进八，跃马欲奔卧槽，有戏，黑应炮8退1，应改走马2退4，较积极。第三，第7着车七进五，象口冲车叫将，入局妙手。第四，第9着马八进六，跃马挂角叫将，再车七平六，伏炮六平五打车等手段，胜矣。

1. 炮五退一　　炮7平8[①]　2. 马四进六　　将4平5
3. 马六进八　　炮8退1　　4. 车七进五　　士5退4
5. 马八进六　　将5进1　　6. 车七平六　　**红胜**

注：① 如改走将4平5，则炮六平五，车5平4，车七进五，车4退3，车七退四，马6进4，前炮平三，象7进9，马四进三，象9退7，马三退五，红胜势。

第292局

双马炮双兵仕相全对马双炮双卒士象全

北京蒋　川——黑龙江陶汉明

(2008年11月17日弈于广东东莞)

第3届杨官璘杯

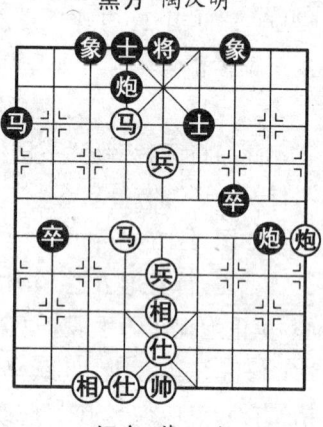

黑方　陶汉明

红方　蒋　川

名家曰："先即制人,后则为人所制。"此句说先发动的,就可以掌握主动权,而制服对方;后发动的,就会处于被动地位而被对方所制。

如图,红方先行。

首先,首着后马退四,回马捉双子,边炮捉右卒,二者必得其一。其次,第5着马六退七,回马压马头,黑应士4进5,如改走炮4平3,则前兵平六,炮3进3,兵六平七,红胜势。第三,尾着马七进五,左马中调捉左炮,肋兵捉马,必得其一,红胜势。

1. 后马退四	炮8平6	2. 炮一平八	马1进3
3. 马六退七	士4进5	4. 前兵平六	象7进5
5. 炮八进二	炮4平3	6. 马七进五	**红胜**

第293局

车双马双炮三兵仕相全对车马双炮三卒士象全

北京蒋　川——浙江黄竹风

（2008年12月弈于浙江宁波）

"北仑杯"全国象棋大师冠军赛

此局将读者带进"掌心天外揽一手，挟雷射天弹指间"的意境。

如图，红方先行。

首先，首着炮五平二，中炮右调，重炮捉炮。其次，第7着后炮退一，退炮机警，如改走前炮进三，则马6进8，车二退三，车8进2，黑摆脱困境。第三，尾着帅五进一，上帅妙手，至此，黑必丢子，红胜势。

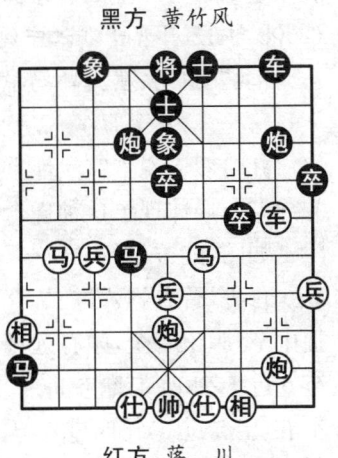

黑方　黄竹风

红方　蒋　川

1. 炮五平二！	卒7进1	2. 马四进六	卒7平8
3. 后炮进三	马4进6	4. 后炮退一	马6进7
5. 帅五进一	**红胜**		

第294局

双车马双炮双兵仕相全对
双车马双炮四卒单缺象

沈阳金　松——上海浦东葛维蒲

(2008年12月弈于浙江宁波)

"北仑杯"全国象棋大师冠军赛

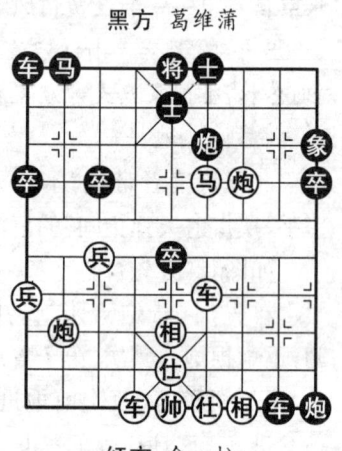

黑方　葛维蒲

红方　金　松

扎哈罗夫说："突然性是胜利的先导。"此局体现了这种理念。

如图，红方先行。

首先，首着炮八进二，弃车伸炮捉中卒，胆识双全，颇有远见。黑应卒5进1，如改走炮6进4，则炮八平五，士5进6，马四进六，马2进4（如将5进1，炮三平五，将5平4，马六进八杀）炮三平五，将5平4，马六进八，红胜。其次，第7着兵七进一，拱兵送兵让炮路，再炮八平五，有戏。第三，尾着车五平八，中车左调捉马，做杀，一着定乾坤。

1. 炮八进二!	卒5进1	2. 车四平五	车1进2
3. 车六进五	炮6退1	4. 兵七进一	车8退4
5. 炮八平五	车1平5	6. 车五平八	**红胜**

第295局

车双马双炮三兵单缺相对
车双马双炮四卒士象全

河北申　鹏——大连金　松

(2008年12月1日弈于天津)

第3届天津南开杯

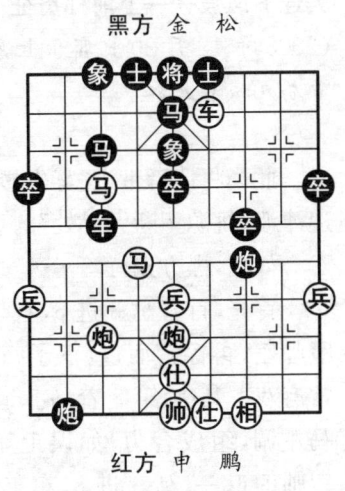

黑方　金　松

红方　申　鹏

　　古德里安说："在尚未发动攻势之前,应首先考虑地形的条件。"此局体现了这种战理。

　　如图,红方先行。

　　首先,首着炮五平一,中炮右调捉边卒,欲从边线切入,黑应马3退1,如改走炮2退8,则炮一进四,炮7平8,炮一进三,炮8退5,车四进一,绝杀。其次,第3着马七进六,跃马堵住黑中马出路,凶着,黑如接走炮2退6护边卒,则后马进七,既可马踏中象又可炮一进四打边卒,黑大势已去。

1. 炮五平一　　马3退1　　2. 马七进六　　**红胜**

申鹏此局获胜后,越战越勇,最终蝉联此次赛事冠军。

第296局

车双马三兵仕相全对
车双马双卒士象全

大连卜凤波——上海孙勇征

(2008年12月20日弈于上海)

首届九城置业杯

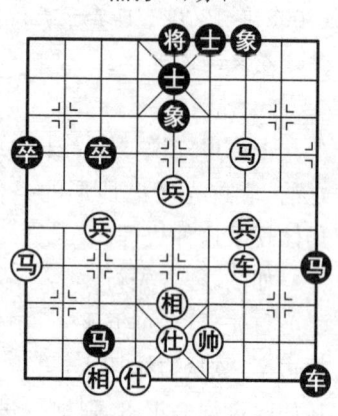

黑方 孙勇征

红方 卜凤波

此局将读者带进"雾失楼台,月迷津渡,桃源望断无寻处"的意境。

如图,黑方先行。

首先,首着马3进5,右马中调蹬帅座,再穿宫而过,三子归边,非常有戏。其次,第3着马5退7,中马左调,组成合力,如误走车9退1,帅四退一,马9进8,车二退二,车9平8,帅四平五,和棋。第三,尾着马9进8,红如接走帅四进一,马7退6,车八平四,马8退7,帅四退一,车9进1,相五退三,车9平7,红胜。

| 1. …… | 马3进5 | 2. 车三平二 | 马5退7 |
| 3. 车二平八① | 车9退1 | 4. 帅四退一 | 马9进8 |

黑胜

注:① 黑如走车二平三,则马七退九,红难应;又如车二退一,则马7退6,红败势。

第297局

马炮双兵单缺相对
马炮卒士象全

广东黄海林——上海洪 智

(2008年12月21日弈于上海)

首届九城置业杯

如图,红方先行。

首先,首着兵三进一,拱兵再兵七进一拱兵,双兵左右包抄城池,非常有戏。其次,第11着炮四平五,右炮中调,再运马助攻,黑九宫告危。第三,尾着马二进三,拍马赶到,再马三退五,绝杀。

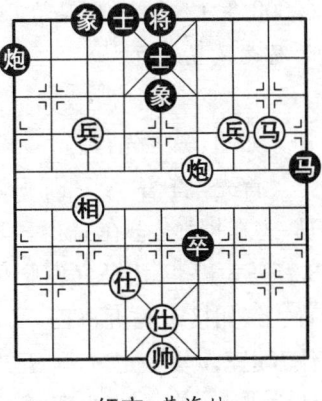

黑方 洪 智

红方 黄海林

1. 兵三进一	马9退7	2. 兵七进一	象5进3
3. 炮四进一	士5退6	4. 兵七进一	将5进1
5. 兵三平四	炮1进1	6. 炮四平五	马7进5①
7. 马二进三	**红胜**		

注: ① 如改走马7进6,则马二退四,炮1平3,兵四平五,将5平6,炮五平四,象3退5,兵七平六!马6退4,炮四退三,马4进6,马四进五,马6退5,马五退三,马5退7,仕五进四,红胜势。

第298局

马双炮双兵仕相全对
双马炮双卒士象全

广东黄海林——上海孙勇征

（2008年12月23日弈于上海）

首届九城置业杯

黑方 孙勇征

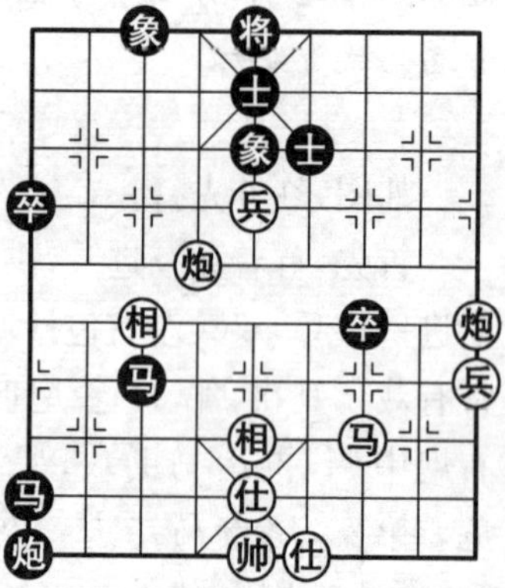

红方 黄海林

如图，黑方先行。

首先，首着卒7进1，拱卒捉马，志在摧城，志在必得。其次，第3着马3进4，跃马九宫捉中马，凶着。红如接走马五进四，马1进3，仕五退六，马3退4，帅五进一（如仕六进五，前马进2双杀）炮1退1，帅五退一（如帅五平六，马4进2杀）前马退6，帅五进一，马4进2，炮六退四，马2退4，妙杀。

1. ……　　卒7进1　　2. 马三进五　　马3进4

黑胜

棋坛司令胡荣华大为赞叹："如此精彩的连珠杀法，已好几年没有在大赛上看到了！"

第299局

车马炮双兵仕相全对车双马卒

北京蒋　川——上海孙勇征

（2008年12月27日弈于上海）

首届九城置业杯

如图，红方先行。

首先，首着炮六退七，退炮回九宫，攻中带守，颇有见地。其次，第11着帅五平四，平帅四路，思路决定出路。第三，尾着相五退七，中相左调，再炮七平四，胜利近在咫尺。

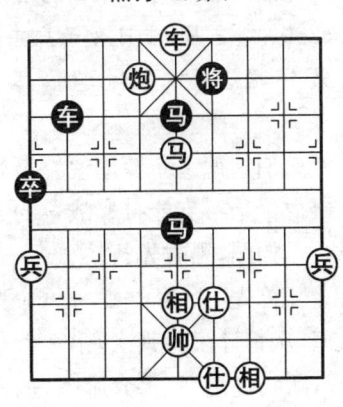

黑方 孙勇征

红方 蒋 川

1. 炮六退七　　车2平4
2. 炮六进三　　车4平2
3. 炮六退三　　车2平4
4. 炮六平七　　车4平2
5. 炮七进一　　前马进4
6. 帅五平四　　马4退5
7. 仕四进五　　前马进7
8. 帅四退一　　马7进8
9. 帅四平五　　马8退9
10. 炮七进一　　马9进8
11. 相五退七　　**红胜**

第300局

车双兵仕相全对马双炮卒士象全

湖北洪　智——广东曹岩磊

（2009年2月14日弈于广东广州）
第15届合生迎春杯

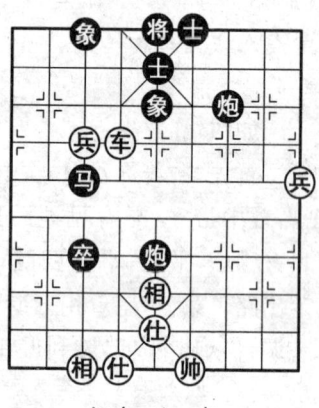

黑方　曹岩磊

红方　洪　智

伯纳德·布罗迪说："最好的威慑力量是一支能打赢战争的力量。"

如图，黑方先行。

首先，首着炮7平6，平炮肋道，从长计议。其次，第3着马3进2，跃马过楚河，再奔卧槽，凶着。第三，尾着炮5退3，退炮做杀，红如接走车六退三捉马，则马3退4，绝杀。

1. ……　　　　炮7平6　　2. 车六退二　　马3进2
3. 兵一平二　　马2进3　　4. 兵二进一　　炮5退3

黑胜

第301局

双车马炮三兵仕相全对
双车马炮三卒士象全

云南赵　剑——北京金　波

(2009年4月12日弈于山东新泰)

全国象棋团体赛

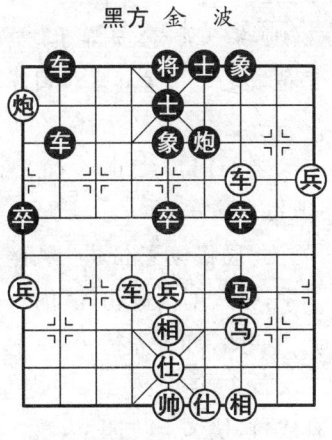

黑方　金　波

红方　赵　剑

如图,黑方先行。

首先,首着炮6进6,伸炮塞相眼,伏马7进5吃中相。其次,第3着前车进7,挥车冲底叫将,红应仕五退六,如改走车六退三,马7进5,车六平八,马5进3,帅五平六,车2进9杀。第三,尾着车2进3,进车下2路,伏马8进7,帅五平四,车2平5啃中仕,以下黑有卒6进1或炮1平4手段。

1. ……	炮6进6	2. 车三平四	前车进7
3. 仕五退六	炮6平1	4. 炮九平七	炮1进1
5. 炮七退八	前车退3	6. 车六平八	车2进6
7. 车四退三	卒7进1	8. 马三进一	车2退1
9. 马一进二	马7退9	10. 仕四进五①	马9退7
11. 车四进二	卒7平6	12. 车四平五	卒6进1
13. 马二进三	马7进8	14. 兵五进一	车2进3

黑胜

注:① 应改走马二进四,较积极。

第302局

双车马双炮三兵仕相全对
双车马双双炮四卒单缺象

中国汪　洋——中国洪　智

（2009年5月24日弈于江苏淮安）

首届振达·韩信杯象棋国际名人赛

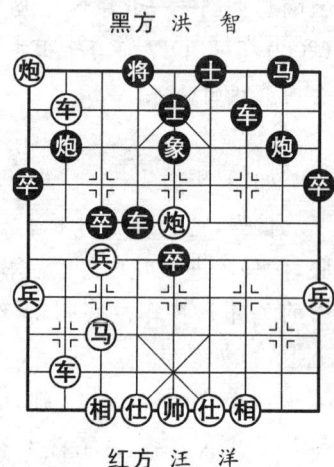

黑方　洪　智

红方　汪　洋

老子曰："大道至简。"言之有理，掷地有声。

此局将读者带进"掌心天外揽一手，挟雷射天弹指间"的意境。

如图，红方先行。

首先，炮五平七，中炮左调，胸有成竹，伏炮七进四杀，黑如接走象5进3，则前车进一，将4进1，后车进六，红胜势。

1. 炮五平七　　红胜

第303局

车双兵仕对车双卒双士

上海万春林——河北申鹏

(2009年7月1日弈于上海)

此局,双方抢跑道,拼速度,看谁领先冲刺到终点。

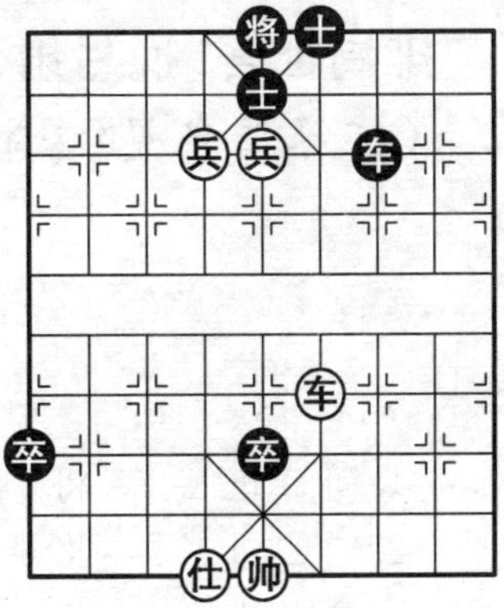

如图,黑方先行。

首先,首着卒1平2,边卒向中卒靠拢,向九宫靠拢。其次,第21着士5进6,撑士亮将,解杀还杀。第三,第23着车7进7,挥车叫将,帅四进一,卒5平6,红如接走帅四进一,车7平6,绝杀。

黑方 申 鹏

红方 万春林

1. ……	卒1平2	2. 兵五进一	士6进5
3. 兵六进一	车7进7	4. 车四退三	车7退7
5. 车四进三	车7进7	6. 车四退三	车7退8
7. 车四进三	车7进8	8. 车四退三	车7退7
9. 车四进三	卒2平3	10. 帅五平四	卒3平4
11. 车四进五	士5进6	12. 车四平二	车7进7
13. 帅四进一	卒5平6	**黑胜**	

附　录

排局征答"挽弓射天狼"、"高纬度战栗"题解
（征答信息见《象棋特级大师入局秀》前言）

一、挽弓射天狼
红先胜

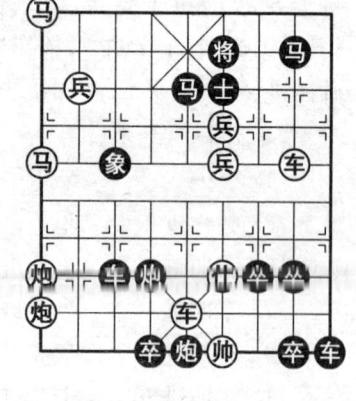

1. 车二进三　　将6退1
2. 车二进一　　将6进1
3. 前兵进一　　将6进1
4. 兵四进一　　将6退1
5. 兵四进一　　将6进1①
6. 车五进六　　将6平5
7. 前马退七　　炮4退6
8. 马九进七　　将5退1
9. 前马退六　　炮4进1
10. 车二退一　　将5退1
11. 马六进四　　将5平6　　12. 马四进六　　炮5退8
13. 车二进一　　将6进1　　14. 后炮平四　　炮4平6
15. 马六退五　　炮5进1②　16. 车二退一　　将6退1
17. 马七进六　　将6平5　　18. 车二进一　　炮6退2

19. 车二平四　　将5进1　　20. 炮九进六　　将5平4
21. 兵八进一　　将4进1　　22. 车四平六

注： ① 如改走将6平5,则车二退一,将5退1,前马退七,炮4退6(如将5平4,车二进一,将4进1,马九进七,将4进1,前马进五杀)车二进一,将5进1,马七退六,炮4进1,车五进六,将5平4,车五平六,将4进1(如将4平5,车六进二杀)车二平六,红速胜。

② 如改走象3退5,则炮九进六,炮5退1(如炮5进2,马七进六,车3退6,车二退一杀)车二退一,将6退1,马五进三,红速胜。

二、高纬度战栗

红先和

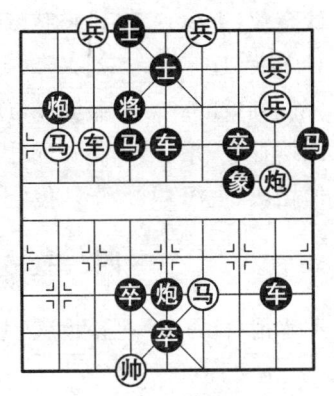

1. 车七平六　　将4平5
2. 车六平五　　将5平6
3. 车五平四　　将6平5
4. 马八退六　　将5平4
5. 车四平六　　将4平5
6. 车六平三　　将5平4
7. 车三平六　　将4平5
8. 车六平一　　将5平4
9. 车一平六　　将4平5
10. 车六平八　　将5平4　　11. 车八进一　　将4退1
12. 车八进一　　将4进1　　13. 马六进八　　将4平5
14. 车八退一　　士5进4　　15. 马八退六　　将5平6
16. 车八平六　　将6退1①　　17. 前兵平三　　将6退1
18. 马六进五　　将6平5　　19. 兵七平六　　将5进1

20. 兵三平四	将5平6	21. 车六进一	将6进1
22. 兵二平三	将6平5	23. 炮二进二	车8退5
24. 兵三平二	卒4进1	25. 车六退七	卒5平4
26. 帅六进一	炮5平1	27. 马四进五	炮1退5

(余着从略)

注: ① 如改走象7退5,则后兵平三,将6退1,兵二平三,将6退1(如将6平5,马六进四杀)车六进二,红速胜。又如改走炮5退5,则后兵平三,将6退1,兵二平三,将6平5(如将6退1,马六进五,将6平5,兵七平六,将5进1,前兵平四,将5平6,车六进一杀)马六进四,炮5平6,前兵平四,将5平6,兵三平四,将6平5,兵四平三,将5平6,兵三进一,将6退1,车六进二,红速胜。

三、"挽弓射天狼""高纬度战栗"获奖名单:

谈金仪(上海)	岳长胜(辽宁)	戴敏玉(上海)
林翠荣(辽宁)	刘兴隆(上海)	章 杰(上海)
张震列(江苏)	慈勤亮(辽宁)	万 军(上海)
谢培福(广东)	高 远(山东)	俞幼良(上海)
傅培庆(上海)	于 俊(上海)	李冬生(上海)

四、"挽弓射天狼"获奖名单:

罗永清(江苏)　　孙长成(上海)

后 记

我虔诚地感谢上苍,赐予时间,赐予空间,赐予搏一记的机会。这本不起眼的拙作,是我躺在病榻上,在同仁、战友和朋友的关注、鼓励和帮助下,拼搏出来的。面对读者,实话实说。

首先,我要感谢诸位同仁,没有同仁们的关注和支持,这本棋稿是不能如期付梓的。我的同仁有:顾群、蔡莲珍、史倩予、王红燕、陆丽萍、冯菊、李英、黄芳、张庆苓、蔡亚莲、董长璟、张红香、王荣良、吴慧珍、裴秋静、郑广明等。

其次,我要鸣谢诸位战友(43年前赴黑龙江嫩江农场五分场知青),没有战友们的关心和支持,这本棋书是不可能呱呱坠地的。我的战友有:刘荣富、蒯素云、罗美丽、黄海珠、张洪生、王宝发、柏银娣、冯淑贤、郑素芳、陈冬兰、潘美君、支腊珍、杨桂芬、陆世妹、周秀姣、袁锦芳、邱为民、曹胜田、秦丽宝、朱新毅、张肖章、项仁益等。

第三,我要叩谢诸位朋友,没有朋友们的支持和鼓励,这本拙作是不可能问世的。我的朋友有:徐金富、傅华放、金东海、刘菊娟、陈励、沈惠娟、万安吉、刘冻坤、曾令元、袁哲昌、杜锦铭、于芳、朱建平、杨金华、薛振荣、王令愉等。

棋坛英杰　为人师表
——深切怀念挚友万安平先生

2月9日,上海科普出版社编辑郭子安约我去万安平家探望,顺便送些慰问金。因我急于赶稿及忙于琐事,决定推迟几天探望。14日晨,万夫人来电说,夫君于13日11时在华山医院不幸去世,终年63岁。万安平的身体近来渐差,但走的这么快,真没想到。

勤奋工作　业绩突出

万安平生于1948年,上海市嘉定县人,中共党员,大学中文系毕业。曾先后担任黑龙江农场教师、上海普陀区街道共青团干部、普陀区图书馆副馆长。他一生勤勤恳恳、任劳任怨,无论在农场、街道办事处,还是在图书馆,总是一心扑在工作和事业上,干一行、爱一行、精一行、敬业爱岗,默默奉献,处处以身作则,不计名利和个人得失。由于他工作勤奋,成绩突出,被评为文化系统先进和"好党员"称号,还记大功四次和年度记功三次。

著书立说　勇斗病魔

1963年起,万安平参与棋类活动,尤其酷爱象棋残、排局。任《象棋世界》杂志和报纸编委、棋友排局研究会副主席。他曾获1977年黑龙江省国际象棋比赛第六名,荣获全国象棋排局比赛第九、第五和第三名,在国内外报刊发表排局、棋诗、采访和棋话等作品数百篇,其传略已载入《世界名人录》等权威辞书中。他创作的排局不仅类型多,且多有奇思妙想、图美着精之佳局。非常难得的是在容易出错的排局创作中,他几乎难有差错,他还多次策划全国象棋排局比赛,如"东新杯"书海拾贝全国象棋排局征局大赛等。

2005年冬,他被查出晚期肺癌,同病房八位病友,不到半年走掉七位,只他一人活着。他向被誉为"业余棋坛总司令"石毅主席汇报病情的信件中说,护士长说他以后将天天挣扎在生死线上,他说:"人总是要走的,况且绝大多数只能活两位数,我已活到两位数,没什么可遗憾的"。多么淡定而非凡的心态!此后他不畏绝症,乐观生活,积极配合医生治疗,顽强与病魔作斗争,不仅照常在多家棋刊及报纸上发表排局等作品,而且还在古道热肠的上海科普出版社郭子安编辑的不断鼓励、支持和时常嘱其劳逸结合、保重身体的关照下,他边治病,边编书,调整心态,自得其乐,四年多出版了《象棋11冠军中局风采》《象棋11冠军残局飞刀》《象棋13冠军残局飞镖》《象棋特级大师入局秀》等四本棋书,(前两本与我合作)字数约一百万字。他写的残局棋书具有不落俗套、独自创新的风格。书中他的文字数量与原局着法数量之比,在所占篇幅中为二比一,这在残局棋书中是不多见的。由于写法与众不同,又颇具文采,很受读者欢迎。在当下多数棋书只出初版的窘况下,他的棋书却能再版,实属不易。如今他的第五本棋书《象棋大师射门秀》也已脱稿,即将出版。出版社约他写的第六本残局棋书(同时约我写中局棋书),也已纳入今年的初步计划中。

象棋名家崔鸿传曾向万安平约稿,规定子数在10子以内,红方为马炮兵各一子的少子局。这种规定兵种和子数的少子局,创作难度极高,一般作者只能望尘莫及。然而万安平在病魔缠身的压力下,竟在两个月内创作11局,而且多数在20回合以上,其中有四局在30回合以上。可见他有多么深厚的排局创作功力和毅力!

万安平还担任中华棋友诗社副社长和《象棋世界》诗词部主任,负责审校诗词的稿件。他严格按照诗词格律要求,写了七绝44首以及其他格式的诗词,如描述《桔中秘》等10余种象棋古谱的内涵、赞扬谢侠逊等当代10多位象棋名家,以及很多棋坛逸事,如对我的排局"智斗"赋诗解说等，涉及内容广泛，受到大家的好评。

情谊深厚　胜似兄弟

1980年春，在万安平所在的曹杨街道图书馆举行的上海市排局界迎春茶话会上，我初次见到他，就被他的热情好客所折服。以后他又出资举办排局棋友的聚会，获得大家的赞扬。多次相见后，我感到他待人真诚厚道、慷慨大方，办事总是为他人想的多，为自己考虑的少，并且他的知识也很渊博，对排局又多有佳作问世，我深感自己交了一位知己、挚友。随着时间的推移，我俩的友谊愈加深厚。每星期我俩总要多次电话联系，从排局研究、棋坛诸事、社会现象到家庭琐事，无话不谈，使我从中增长见识，获益良多。我感到与万安平的关系，不是兄弟，胜似兄弟，情谊深厚，永生难忘。

1997年至2007年，在上海《新民晚报》每周一篇排局的《棋牌方圆》栏目中，在相当长的一段时间内，排局作品总是由我俩互相交替发表；后来在该报《棋牌乐》的栏目中，每周一篇排局也由我俩包下来，而且我俩在该报中的所有作品，无一出错。在2005年出版我主写的《象棋11冠军中局风采》和他主写的《象棋11冠军残局飞刀》的书名，都是他取的，这两本书中我俩还相互共同署名，以后我出的棋书也都是他取的书名。

2000年，他对我在排局的经历、体会、展望等问题上，以问答形式写了长达约七千字的题为"排局生涯再回首"的采访文章，发表在《象棋天地》（第四辑）上；又以我在排局活动中发生的真人真事的趣闻轶事为素材，用幽默风趣、引人入胜的笔法写了"痴迷排局撞大树"、"高手绰号叫'出车'"等10多篇棋话作品，发表在2000年至2004年的《棋牌世界》杂志上。这些作品内容新颖、颇有意思，所以引起读者不小的反响。还被人在网站上发布流传。如今，这些作品已成为我和万安平友谊的象征和永恒难忘的纪念。

深切悼念　棋史留名

　　《象棋世界》杂志社总编辑石毅、社长兼主编石秋励惊闻万安平去世的消息后，非常重视，很快联名发来唁电，高度评价万安平为"我国当代杰出的棋谱作家，著名的象棋理论、文艺、排局大师。先生之崇高品德与学术成就有口皆碑。他的去世是我国象棋排局界无可挽回的重大损失"。青岛王首成棋友也很快在各有关网站发了万安平去世的讣告，以周知大家，并予悼念。

　　追悼会于2月16日举行，参加人数有一百多人。上海棋界参加的有孙尔康、郭子安、谈金仪、俞齐明、高佩玉、周厚人、戴跃钰、朱鹤洲，送花圈的有葛维蒲、杨柏伟、朱方傅、吴一江、黄大昌家属。

　　追悼会的正面高挂万安平的遗像和"沉痛悼念万安平同志"的横幅，两边垂挂直书悼联，上面写有："楚河汉界残局论战誉满棋坛，唐诗宋词言志抒怀情系荒友"。会场两旁摆满了花篮、花圈，墙壁两旁排满了悼念者的条幅。整个会场布置得庄严肃穆，大家的心情都非常沉痛。先由万安平所在的普陀区图书馆馆长司颖致悼词，再依次由黑龙江农场代表刘荣富、《象棋世界》杂志社代表朱鹤洲、万安平之子万力致悼词，都对万安平的一生作了高度、中肯的评价。当我读完石老和秋励社长委托我宣读的唁电后，情不自禁地泪流满面——万安平从此离我们而去，排局界失去了一位精英，而我再也不能与他相见、问候、倾诉、交谈。想起这些，怎不令我悲痛万分！

　　2月16日，上海《新民晚报》刊出重情重义的万安平生前的遗嘱："对长期来关心和帮助自己的战友、各级领导、棋友、亲朋好友深深地表示由衷的感谢。丧事从简，并将自己的骨灰回归大海"。

　　我的挚友万安平，请一路走好。

朱鹤洲
2011年2月20日于上海

体育休闲类图书介绍

书 号	书 名	定 价
5020	象棋大师射门秀	19.80元
4496	象棋特级大师入局秀	18.00元
3963	象棋攻防新战术	22.00元
4129	象棋实战短局精选	17.00元
4172	象棋13冠军中局烽火	23.50元
4008	象棋13冠军残局飞镖	19.00元
2649	象棋11冠军中局风采	18.00元
2118	象棋11冠军残局飞刀	15.80元
2745	象棋实用布局新招	18.00元
2548	象棋实用残局新招	14.00元
1406	象棋实用残局精选	12.00元
1791	象棋实用残局精选(第二集)	12.00元
1794	从四十分八十分到桥牌	13.50元
2362	中国木兰拳新套路	18.00元
4077	与星星做朋友	18.00元
3938	休闲潜水	20.00元
2429	野营秀	20.00元
3048	攀岩运动	20.00元
2590	洞穴探险	26.00元
3520	酒巴圣经	288.00元
3981	欧洲经典美食游	39.80元
3980	欧洲浪漫美食之旅	39.80元
3547	香港自由行全攻略	29.00元
2976	上海旅游休闲地图	5.00元
5123	上海地图·大城区详图	8.00元

上海科学普及出版社邮购部
社址：上海市中山北路832号　　邮编：200070
电话：021-56559076　56553571　　E-mail：pspsh@vip.sina.com